财经公文写作

主　编　张忠义　卢建超

西南财经大学出版社
中国·成都

图书在版编目(CIP)数据

财经公文写作/张忠义,卢建超主编.—成都:西南财经大学出版社,2024.5
ISBN 978-7-5504-6148-2

Ⅰ.①财… Ⅱ.①张…②卢… Ⅲ.①经济—公文—写作 Ⅳ.①F

中国国家版本馆 CIP 数据核字(2024)第 065752 号

财经公文写作
CAIJING GONGWEN XIEZUO
主编 张忠义 卢建超

策划编辑:冯 梅 邓克虎
责任编辑:冯 梅
责任校对:高小田
封面设计:张姗姗
责任印制:朱曼丽

出版发行	西南财经大学出版社(四川省成都市光华村街 55 号)
网　　址	http://cbs.swufe.edu.cn
电子邮件	bookcj@swufe.edu.cn
邮政编码	610074
电　　话	028-87353785
照　　排	四川胜翔数码印务设计有限公司
印　　刷	四川煤田地质制图印务有限责任公司
成品尺寸	170 mm×240 mm
印　　张	19.625
字　　数	331 千字
版　　次	2024 年 5 月第 1 版
印　　次	2024 年 5 月第 1 次印刷
书　　号	ISBN 978-7-5504-6148-2
定　　价	58.00 元

前　言

党政机关公文是党政机关实施领导、履行职能、处理公务的具有特定效力和规范体式的文书，是传达贯彻党和国家的方针政策，公布法规和规章，指导、布置和商洽工作，请示和答复问题，报告、通报和交流情况等的重要工具。因此，熟悉党政公文写作知识，掌握党政公文写作技能就成为广大公务员应具备的基本能力。为适应《党政机关公文处理工作条例》（以下简称《条例》）、《党政机关公文格式》（以下简称《格式》）出台，作者特编著《财经公文写作》一书，以满足大家学习公文写作知识，提高公文写作水平之需。

该书具有以下四个特点：

（1）体现公文改革精神。《条例》《格式》打破了党委机关公文和行政机关公文各成体系的局面，这对公文写作具有里程碑的意义。因此本书无论是写作理论介绍，还是范例解析都紧扣《条例》和《格式》的改革精神。

（2）新作经典充分兼顾。公文数量浩如烟海，本书在选择例文时不仅选择近期力作，而且选择了一些格式规范、代表性较强的经典公文，详解15种公文的写法，目的是让读者在学习公文写作知识的同时，享受经典例文带来的美感。

（3）重点详解写作规律。写作公文同做其他事情一样，抓住了规律就能事半功倍。为此，笔者对本书的定位不是应用文大全，而是仅限于15种公文。书中用大量的篇幅对每种公文的特点和写作方法进行了详细讲解，有助于读者尽快掌握写作要领。

（4）普及财经法规知识。本书所选取的例子以现行财经法规文件为主，故本书既是公文写作工具书，也是财经法规工具书。

本书作为一本工具书，专业性比较强，适合于各级党政机关工作人员，尤其是财经工作者学习掌握公文写作知识使用，也可作为参加公务员考试、事业单位招聘考试考生的参考读物。

卢建超拟定本书编写大纲，并编写第 1 至 3 章、第 12 至 15 章、第 17 章，张忠义编写第 4 至 11 章、第 16 章、第 18 章。最后，由卢建超统稿。

本书在写作中参考了许多相关公文写作的专著，采用了大量的文件资料，得到了一些专家、领导、同仁及有关单位的帮助与指导，西南财经大学出版社为本书的出版发行提供了大力支持，谨此一并表示衷心的感谢！

笔者虽然长期工作在公文写作处理的第一线，积累了丰富的公文写作实战经验，且乐于研究公文写作理论，但水平仍然十分有限，加之编写时间短暂，书中不足之处在所难免，恳请读者给予批评指正。读者提出的建议可发邮箱 pyhlljc@ 126. com。

作者

2024 年 3 月

目　录

第一章　绪　论

第一节　公文概述

一、公文的概念

公文是公务文书的简称，有广义和狭义之分。广义的公文是指党政机关、社会团体、企事业单位在公务活动中所形成的，具有规范体式和直接效用的文字材料。狭义的公文是专指党政机关在处理工作事务过程中写作的具有法定效力和规范体式的公务文书，是依法行政和进行公务活动的重要工具。换句话说，凡是党政机关用于处理公务的文书，都是公文。否则，就不能称之为公文。本书采用狭义公文的观点进行讲解。

对于公文的基本概念，我们要注意法定性公文和一般性公文的区别。所谓法定性公文，是指有关文件规定各级机关要规范使用的主要文种，具体是指《党政机关公文处理工作条例》（中共中央办公厅、国务院办公厅2012年4月16日发布）规定的15种公文。

所谓一般性公文，是泛指机关单位除法定性公文以外的一切处理公务的文书，其包括的范围很广，可以将它们细分为许多类别，如管理性公文、事务性公文、技术性公文等。而它们中的每一类别，又都可包含若干种文书在内。管理性公文如规定、办法、细则、章程、制度、守则等，事务性公文如计划、总结、调查报告等，会议性公文如会议记录、讲话稿、开幕词、闭幕词等，技术性公文如技术鉴定书、说明书、投资预测等。总之，它可以说是机关单位除15种公文之外处理一切公务的文书。很显然，对这些公务文书的分类是很繁多的。不过，我们需要注意，对这些公务文书的分类，有时有交叉的现象发生。以材料公文为例，它有典型材料、考核材料、综述材料等的区别，但是，在许多情况下，其他的公文也可成为行政事务某一专题的材料，如述职报告是汇报性质的，但它又可以作为上级对某一机关单位或某一个人的考核材料。

一般性公文和法定性公文是有区别的。首先，它们不是《党政机关公文处理工作条例》规定各级党政机关要规范使用的主要文种，因此，它们的制作格式与后者比较有很大的不同，它们一般不需要文件的版头，也不需要加盖印章。其次，它们的使用范围也往往是内部性的，一般不能在公务沟通方面和其他机关发生联系。例如一个单位的总结或规定，不能发给其他机关，作机关之间沟通公务、处理公务用。最后，两者在写作的各方面也有一定的区别，例如仅就标题而言，法定性公文标题的事由项要用“关于”二字引出，而其他公文标题的写作则不必使用“关于”二字，前者如《关于××××××报告》《关于××××××的请示》等，后者如某学会《×××学会200×年工作总结》等。

综上所述，“公文”一词，从文体适用的范围看，是包括法定性公文和其他一般性公文在内的。

二、公文的特点

公文是属于说明文范畴的一种应用文体，与其他文体有着明显的区别，其主要特征是：

（一）法定性

公文是由法定作者制成和发布的。所谓法定作者，是指依法成立并能以自己的名义行使权利和承担义务的组织和个人。如党政机关、社会组织、企事业单位，都是依据一定的法律、条例、决定等建立和合法存在的。它们都是法定的作者，均可根据工作需要，在自己的职能和权限范围内制作并发布文件。如中共中央文件、国务院文件、财政部文件、××省人民政府文件、×××市财政局文件。用领导人的名义作为文件的作者，并不是以个人的身份出现。领导人的职务是经过委任或经过选举程序后，由上级批准的，所以，也是法定的作者。如国务院令、财政部令。但机关和其他社会组织从事公文撰拟的人员不能视为法定的作者。

（二）政策性

党和国家的方针政策是一切工作的生命线，也是公文写作的准则和依据。各级党政机关作为各级党委、政府的组成部门，它们所制发的规章和规范性文件等公文，反映政治、经济、社会活动，传递相应的工作要求、标准和信息，其本身就是党和国家的政治经济方针、政策和法律、法规的载体。如有关工作的通知、决定和意见，以××部令名义颁布的有关规章等，规定有关单位和个人应该做什么、不应该做什么、鼓励做什么、反对做什么，等等，这些内容都充分体现了公文具有鲜明的政策性。

（三）权威性

公文是党和国家权力与意志的体现，代表着行文机关的意图、要求，是机关的喉舌，具有权威性，具体体现在两个方面：一是其作者具有法定的权威性；二是其内容具有法定的权威性。于是，公文就具有行政领导、行政指挥的权威和行政上的约束力，一经发布施行，就具有明显的法定效力，例如，财政机关在其职权范围内所制发的财政公文，受文机关或个人都必须严格遵守，认真贯彻实施。有的机关公文本身就是命令、决定、法规、规章，其约束力极强，有令必行，有章必遵。违者，即追究法律和行政责任。

（四）规范性

为维护机关公文的权威性，其写作必须遵照有关规定和要求。无论是公文的体式（包括公文的文体、文种、格式等），还是公文处理的程序，都有严格、统一的规范，必须共同遵循，不能自行其是，随心所欲地使用文种名称、设置行文关系或更改其固定的制发程序和行文体式，以便写作、阅读、承办、归档、查询，最终达到行文的目的。例如，财政机关作为国家党政机关，其公文的体式必须严格按照《党政机关公文处理工作条例》及其有关规定执行。由此可见，规范性是公文特有的属性。

（五）时效性

制发公文的目的是处理公务活动中的实际问题，它是上下联系和沟通的桥梁。公文一般是针对已经办、正在办或将要办的事情起草的，它的办理过程和执行效用均有明显的时间限度，即公文应当在一定时限内办理完毕。公文都是在一定的时间范围内有效，而不是永远有效。虽然有的公文具有历史文献价值，但从总体上说，它还是着眼于现实效用的。公文在现行工作中形成，在现行工作中使用，为推动现行工作服务。一旦它们的执行使命完成，那些对日后工作有查考利用价值的文件资料就将转化为档案保存，对今后的工作仍然起着查考、凭证作用。

（六）求实性

公文是为解决实际问题而写，它强调的是方针政策的正确和客观事实的真实，反映在写作态度和文风上，必须具有求实的特点。该特点要求：一是写作态度要认真。公文是以组织的名义发布的，体现的是党政机关的意志和意图，必须对组织负责。二是写作的材料要真实。公文中所反映的事实不仅要真实准确，容不得半点虚假，而且所引数据要反复核对，准确无误。三是提出的办法、措施要切实。公文大多是针对实际问题而写的，具有较强的目的性、针对性和实用性，文中提出的办法、措施要切实可行，不可超越现实条件搞跳跃式发展。四是语言要朴实。公文写作有时需要对材料进行综合和概括，但就总体而言，其语言要朴实无华，实实在在，主要使用叙述、说明、议论这三种表达方式。

（七）专业性

专业性主要表现在：一是内容的专业性。介绍专业性特点，我们以财政机关的公文为例进行说明。不管是反映财政实践活动的，还是透视并传递财政经济信息，抑或是表述财政经济研究的成果，其内容的专业性特点都十分突出。如果不以财政活动为内容，也就不称其为财政机关的公文了。二是作者的专业性。财政机关的公文要求作者必须具有经济学、财政学、管理学方面的专业知识，谙熟财政管理之道，是财政管理方面的行家里手。三是理论术语的专业性。处理财政工作离不开财务、税收、会计、审计、经济法等学科的原理和方法，于是写作财政公文就经常使用财政直接支付、税基、税率、会计准则、会计制度等专业术语。四是表达形式的专业性。财经公文写作中常常大量运用数据和专业术语。如财经公文在反映财政实践活动的过程中，需要运用大量的数据做定量分析，人们往往要从数据中发现问题，并运用数据来说明、分析、解决问题。

第二节　公文的种类和作用

一、公文的种类

公文的分类是指根据公文的名称、使用范围、流向、行文方向和密级等对公文进行区分，以便了解不同公文的共性和个性。对公文进行分类处理，有助于提高公文处理的传递速度，保证公文处理的安全，提高公文处理的质量和效率。

公文通常有以下分类。

（1）按照公文的名称分类。根据《党政机关公文处理工作条例》的规定，公文的文种可以分为 15 种，即决议、决定、命令、公报、公告、通告、意见、通知、通报、报告、请示、批复、议案、函、纪要。

（2）按照公文的使用范围分类。公文按其使用范围可以分为专用公文和通用公文。专用公文是指在专门的业务活动中形成与使用的公文，具有很强的专业性。如财政机关使用的处罚决定书、罚款通知书；法院使用的刑事判决书、民事判决书、调解书、裁定书等；检察院使用的起诉书、抗诉书、批准逮捕决定等。通用公文相对于专用公文而言，是指没有专业限制的，各级党政机关、企事业单位、社会团体普遍使用的公文，具有广泛的适用性，如通知、报告等。

（3）按照公文的流向分类。公文按其流向可以分为收文和发文。收文是指其他机关或单位发送给本机关的公文；发文是本机关制发的公文，按其发送对象，又可以分为对内发文和对外发文。对内发文是指发给本机关内设机构的公文，对外发文是指发给本机关以外其他机关和单位的公文。

（4）按照公文的行文方向分类。公文按其行文方向可以分为上行文、平行文和下行文三种。上行文是指具有隶属关系的下级机关向上级机关呈送的公文，如请示、报告。平行文是指同级机关或不相隶属机关之间送交的公文，如函。下行文是指有隶属关系的上级机关向下级机关发送的公文，如命令、决定、批复、通知等。

（5）按照公文是否涉密分类。公文按其是否涉及国家秘密可以分为密级公文和普通公文。密级公文是指涉及国家秘密的公文，按其涉及国家秘密的等级又可分为秘密公文、机密公文和绝密公文三种。普通公文是指不涉及国家秘密的公文，一般可以对外公布；但有些属于本单位或本系统内部使用的公文，虽然不属于涉密公文，但也不宜对外公布，带有一定的秘密性质。

另外，公文还有其他一些分类。如按照其制发机关的不同，可以分为党内公文、行政公文、事业单位公文、企业公文、社会团体公文等；按其特点和作用，可以分为规范性公文、指示性公文、报请性公文、知照性公文、纪录性公文等；按其处理要求，可以分为承办性公文和参阅性公文；按其办理时间的要求，可以分为紧急公文和常规公文；按其内容的不同，可以分为重要公文和一般公文等。

公文并不按照行业划分种类，本书之所以以《财经公文写作》命名，主要是因为书中内容介绍和案例选取以财政部门公文为主。

二、公文的作用

公文作为党政机关传达、贯彻党和国家的方针、政策，联系和处理机关工作的一种工具，具有十分重要的作用。

（1）规范和准绳作用。公文有相当一部分是用于发布各种法规、条例、规程、规则、规定、办法和实施细则的，属于法规性、规范性文件，具有法律的规范和准绳作用。这类法规性公文一经制定、发布，就必须贯彻执行。

（2）领导和指导作用。各级党政机关上级同下级之间具有领导与被领导的关系，上级机关向下级机关发布的命令、决定、意见和通知等公文，具有领导和指导作用。

（3）宣传和教育作用。各级党政机关发布的有关文件，是贯彻党和国家方针、政策的重要载体，通过公文的形式，进行必要的宣传，可以统一广大干部群众的思想认识，增强其遵守和执行政策的自觉性、主动性，更好地发挥政策引导作用。

（4）沟通和信息作用。公文可以把国家的方针政策，政府的工作决策、部署以及上级机关的意图，传达给下级机关，也可以把广大干部群众的意见、要求，下级的情况和问题反映给上级。因此，公文具有沟通上下、交流信息的作用。

（5）公务依据和凭证作用。公文的法定效力和权威性决定了公文是开展有关公务活动的依据，也是公务活动的真实记录和文字凭证。

第三节　公文写作是公务员的一门必修课

一、公务员学习公文写作的必要性

（一）公文写作是做好党政机关工作的有力工具

毛泽东同志指出：一个革命干部，必须能看能写，又有丰富的社会常识与自然常识，以为从事工作的基础与学习理论的基础，工作才有做好的希望，理论也才有学好的希望。这一段话把“能看能写”与革命工作的关系说得十分清楚。“能看能写”对一个公务员来说尤为重要。党政机关工作的范围十分广泛，公务员处理日常工作事务离不开公文写作。以财政机关为例，为了加强财政管理，布置开展工作，财政部门需要写作命令（令）、通知、意见等；预算收支完成进度情况要经常向领导汇报，就需要写报告；下级机关对上级公文中的个别地方存在疑惑，要请求上级机关给予解释说明，则需要写请示；财政部门与其他单位商洽工作，则需要写函。工作诸多环节以及业务联系沟通信息等都要写。当前我国正处在改革发展的关键阶段，新事物、新问题不断涌现，哪些该扶持，哪些该取缔，都要分析研究，都要定制度、立规章，这些都属于公文写作的范围。所以，公文在党政机关工作中是不可缺少的有力工具。

（二）公文写作水平是公务员能力高低的体现

改革开放以来，发展经济成为各级党委、政府的中心工作。公务员肩负着社会主义经济建设的重任，不仅要精通本行的业务，还要通过写作把本单位、本部门的业务工作表达出来。这种表达通常要本着两条原则：一是对领导负责、对组织负责；二是对群众负责、对人民负责。实现这两条原则的重要工具之一则是写作能力。

公务员要根据领导的指示或组织的决定，对某一情况作专题调查研究工作，然后写出情况报告，形成对某项工作的初步意见，为领导作决策时提供参考。公务员往往还需要通过写作汇报材料反映群众的意见和呼声，帮助群众解决问题。另外，为了沟通部门与部门之间的情况，交流经验，推动工作的进一步发展，还需要写经验交流方面的各种材料。

综上所述，公务员的工作能力与写作水平是分不开的，可以说，写作水平的高低是衡量工作能力高低的重要指标之一。

二、公文写作需要具备的素质

财经部门的公务员必须具备较强的公文写作能力，才能胜任工作。要想写好政策性、思想性和业务性都很强的公文，除了需要掌握各类公文的基本写法外，还应具备以下六种素质。

（一）政治素质——硬

政治素质硬，就是要求公务员必须具备较好的政治品质。首先要求公务员具有明确的政治方向、坚定的政治立场、敏锐的政治洞察力和政治鉴别力，要求其自觉地在政治思想上同党中央保持高度一致。其次要求公务员严守纪律，严格遵守保密制度。公文写作必须符合机关领导集体的意图和愿望，公务员必须坚决服从领导，要自觉地维护和促进领导班子的团结，决不能自以为是，阳奉阴违。公文大多具有一定的机密性，这就要求公务员必须具有十分坚定的保密观念，不该说的话坚决不说，决不能卖弄“小聪明”。最后还要求公务员实事求是，一切从实际出发，理论联系实际，一切依靠群众，一切为了群众。公文要正确反映事物的本来面貌，这就要求公务员应有求实精神，一是一，二是二，不虚报，不浮夸。同时还要求把中央和上级的路线、方针、政策同本地区、本部门、本单位的实际结合起来，提出贯彻执行的具体意见和办法。

（二）政策水平——高

公文写作是一项政策性、理论性都很强的工作，这就要求公务员必须具备一定的政策理论水平。公文写作离不开政策的指导和保证，政策的实施效应与公文质量密不可分。在一定程度上，公文写作就是执行政策、依靠政策、理解政策、表达政策的过程。因此，公务员必须要有较高的政策水平，并是政策的自觉维护者和执行者。

政治理论水平的高低直接决定公文写作的成败。较高的政治理论水平对提高公务员正确的分析、综合、判断、推理、比较、抓住本质、鉴别是非曲直的能力，起着非常重要的作用。没有较高的政治理论水平，就写不好公文。

（三）业务工作——精

事业有分工，隔行如隔山。任何公文的写作同本行业、本部门的业务工作都有着十分紧密的联系。公务员如果对业务不熟悉，不了解本机关、本单位的职责，不掌握党和国家对这项工作的政策规定，或只知其然，不知其所以然，靠闭门造车，机械照搬，要想写出符合本地区、本部门、本单位的客观实际，并具有很强的指导性的公文是不可能的。由此写出的公文很容易出现反映工作情况抓不住要害和重点，指导工作和解决问题抓不住症结和关键，提出的措施和办法行不通，或者顾此失彼，这就容易出现主观主义、瞎指挥等情况，甚至造成工作上的失误。因此，精通本行业、本部门业务工作是我们从事公文写作的重要基础，它既包括对专业知识的钻研，也包括对实际工作的掌握。只有做到心中有数，才能有的放矢。

精通业务主要包括以下四方面：

（1）要弄清党政机关的工作职责、业务范围、基本工作规律和当前的中心任务是什么，经常与哪些机关和部门发生工作联系，都有什么联系等。

（2）要经常学习与研究上级领导机关、上级主管部门发来的文件，熟悉有关指示意见、工作部署与要求。还要经常调查了解本机关下属单位的工作情况，分析它们存在的问题，总结新鲜经验，做到心中有数。

（3）要积极学习与本行业、本部门工作有关的专业理论和业务操作技能等，不断更新知识，避免满足现状和墨守成规。

（4）熟悉本单位和本部门的工作历史。可以通过查阅大事记与主要的档案文件等，了解本单位和本部门过去的主要工作活动，对重大问题的处理以及形成的主要文件等。

（四）文字功底——深

有了正确的理论指导，掌握有关的方针政策、业务知识和实际工作情况，就能够找出问题的关键，研究处理的方法，做到胸有成竹，明确需要制发的文件应该主要写些什么内容。但是，要把已经酝酿好了的意图，准确、简练、完整地表述出来，还要靠文字表达能力。所以，还需要学习语法修辞，弄清各种词类、词义，掌握一定数量的词汇，这样才能选择适当的词语准确表达思想内容。学习语法规则，学会遣词造句，才能避免出现病句和文理不通的现象。另外，还要学习写作知识，学会怎样表明主题、确立观点，选取材料、安排结构以及掌握各种标点符号的正确使用方法；要使概念明确，说理有力，思想脉络清晰，还要学习逻辑知识等。

学习了上述各种知识，关键还在于能够熟练地掌握和运用，还要在"多读""多思""多写"上面下功夫。"多读"是指找一些优秀的公文仔细阅读；"多思"是指找一些公文的草稿研究它的修改功夫，自己起草的公文经单位领导或其他同志修改后，对其中修改的地方一定要认真体会、总结经验；"多写"是指要经常练习写作，可以先从简短的公文写起，然后逐步写些篇幅较长的、重要的公文。文笔是磨出来的，写作能力是一步一步提高的，做好公文写作工作，也要靠在实践中不断总结经验，提高写作公文的技能。

（五）知识结构——佳

"读书破万卷，下笔如有神"是杜甫在《奉赠韦左丞丈二十二韵》里的一句让后人千古传诵的诗句，其意是说广博的知识对于写作的重要性。公文写作是一门综合性学科，牵涉面广。一个合格的公务员，不仅要学习马克思主义理论、习近平新时代中国特色社会主义思想，熟悉本单位业务，掌握公文写作的基本知识，而且应掌握与本职工作密切相关的语法学、逻辑学、修辞学、心理学、社会学、文章学等专业知识。只有博览群书，融会贯通，才能在撰写公文时得心应手，熟练地掌握技巧。如果知识结构不合理，知识面较窄，或对本单位工作了解较少，就很难写出高质量的公文。

（六）调研能力——强

没有调查就没有发言权。调查研究是我们认识世界和改造世界的正确途径，是我们搞好一切工作的基础和前提。撰写公文通常有两条最基本的要求："上要着天，下要着地。""着天"就是知上晓上；"着地"就是立足现实。撰写公文虽然也要看一些二手材料，以获得综合性的知识，但着力点必须放在立足实际，掌握第一手材料上。这就需要开展调查研究，体会切身感受。通过调查，可以获得丰富的第一手资料，取得对所要调查事物的各种现象、各个方面以及这一事物同其他事物的外部联系的感性材料。通过研究，对第一手材料进行一番去粗取精、去伪存真、由此及彼、由表及里地改造、加工和制作，就可以得到对事物整体的、本质的、内在联系的认识，得出比较正确的结论，据此才能提出新思路，制定新措施，解决新问题，开创新局面。

在我国建设社会主义市场经济，新旧体制转换的今天，必然会出现许多新情况、新问题。在这种情况下，更需要与时俱进，大兴调查研究之风。公务员要能够潜下心来，深入下去，真正了解实际情况，掌握实际问题。同时，要培养出在调查研究基础上进行综合分析的能力，把事物内部本质性的东西挖掘出来，从个别事物中找出同类事物的基本特征和共同规律，升华思想，实现由感性认识到理性认识的飞跃。这样，写出的公文才会深入浅出，言之有理，言之有物，使人耳目一新，并具有普遍的指导意义。因此，作为公务员，加强调查研究和综合分析能力的培养是十分必要的。

三、公务员加强公文写作修养的途径

公务员加强公文写作修养应从以下三个方面着手。

（一）完善自我，勇于创新

要具备上述的基本素质，绝非一朝一夕之功。这就要有一个不断学习，不断实践，不断提高，不断创新的过程。具体说来，公务员要成为合格的公文写作人才，就应该不断地从思想政治上、业务水平上、学习上和生活上等各方面完善自我，要不断地迎接挑战，勇于创新，善于创新。目前，我国正处在改革发展的关键阶段，新问题、新局面、新举措、新成果会不断出现，需要人们不断地进行新的概括与总结。传统的内容虽然很有价值，但传统的方法是不受欢迎的。公务员应该具有强烈的创新意识，如果拿不出新内容、新思路，找不到新角度，提不出新观点，写出来的公文自然是不受欢迎的。

（二）博览群书，潜心钻研

公务员应该具备较宽的知识面。那么，如何做到这个“宽”呢？这就要求博览群书，不断地增长知识，努力构建合理的知识结构。

所谓“开卷有益”，是说书本凝聚着前人和他人通过实践积累起来的智慧。公务员要勤于、勇于、善于向书本学习，通过不断的阅读，不断地增加知识。读书要博，贵在持之以恒，细水长流，潜移默化。首先要克服急躁情绪，不能浅尝辄止，半途而废。其次要围绕公文写作这个中心，不能随心所欲，漫无边际地泛泛而读；否则，事倍而功半。最后还要脚踏实地，善于积累，才能水到渠成。

（三）深入实践，勤学苦练

公文写作不只是一项文字工作，它来源于实践，又反过来指导实践，正所谓“实践出真知”。只有深入实践，才能获得丰富的第一手材料，才能独具慧眼地挑选到内容真实的第二手、第三手材料，才能增长生活经验和丰富社会阅历，才不至于写出“蜻蜓点水式”的公文。

勤学苦练、锲而不舍、持之以恒，是一切技艺进入佳境的必由之路。公文写作也不例外。只有付出艰辛的劳动，才可能写出合格的公文。坚持勤学苦练，关键在于要树立崇高的理想和良好的职业道德，只有这样，才能激发出勤学苦练的动力，才能在公文写作这一领域成就一番事业。

第四节 公文写作的要求与步骤

一、公文写作的基本要求

公文是一种应用文，它同一般文章有共同性，撰写公文也应当符合一般文章的要求，例如主题鲜明、结构紧凑、层次清楚、文字流畅等。但公文是一种处理公务的工具，这是它不同于一般文章的特殊性。因此，公文的撰写还有一些特殊要求。概括起来讲，撰写公文的基本要求是：准确实际、生动及时、简练明了、符合规定体式。以下分别具体说明。

（一）准确实际

公文写作与供读者欣赏的文学创作不同。写公文不能像文学家、作家那样，对生活中的素材加以选取、提炼、集中，创造典型。公文也与一般的议论文、记叙文不同，不需要通过长篇论证、推导，专门阐明作者个人的某些研究成果；也不需要通过形象细致的描绘，用含蓄的倾向性去感染读者，让读者自己去想象和品味等。公文是办理公务的工具，必须明确表达办理事务的意图，其内容必须准确实际。今天为了实现中华民族伟大复兴的中国梦，党中央号召我们深入贯彻习近平总书记系列重要讲话精神和治国理政新理念新思想新战略，把握时代大势，回应实践要求，团结带领全党全国各族人民同心协力、苦干实干，统筹推进“五位一体”总体布局和协调推进“四个全面”战略布局，其实就是要求我们在指导工作和处理问题时，必须一切从实际出发。

邓小平同志 1978 年在一次讲话中说道：“按实际情况决定工作方针，这是一切共产党员必须牢牢记住的最基本的思想方法和工作方法。”他还说：“我们领导干部的责任，就是要把中央的指示、上级的指示和本单位的实际情况结合起来，解决问题，不能当‘收发室’，简单地照抄照转。”这段话对于我们学习怎样撰写公文来说，是很有指导意义的。

准确实际，指的就是起草公文时，必须以认真严肃的态度，准确地传达和贯彻党和国家的有关方针政策，不能走样子。向上级领导机关、业务主管部门汇报工作情况，反映存在的问题，请求解决工作事项时，必须准确如实地反映实际情况，不虚假、不夸张，不马虎、不片面。向下属机关和单位发出工作指示性意见，答复和批示工作问题时，一定要经过调查研究，准确地按照实际情况决定工作方针，采取解决实际问题的可行的措施，不走形式，不搞瞎指挥。在起草工作部署安排计划时，要根据实际情况办事，不能只凭热情，不讲科学态度盲目提一些指标；也不能思想保守、顾虑重重，经过努力可以做到的事，也不肯去积极推行。在拟定一个规章办法时，一定要在认真总结实践经验的基础上，反复周密考虑，决不能草率从事，造成前后矛盾、朝令夕改。总之，公文的内容如果离开了

"准确实际"这四个字的要求，就会成为一纸空文，难以施行，干扰工作甚至造成损失。

公文内容要写得准确实际，在工作作风、思想作风上，要求必须有认真负责、一丝不苟的工作精神和老老实实的写作态度。在写作方法上，要注意缜密思考、反复斟酌，不清楚的地方一定要弄清楚再下笔，文字要朴实，注意分寸；引用的事实、数字、人名、地名等，都必须认真核对，避免出现差错。

（二）生动及时

文学作品可以靠它曲折的故事情节扣人心弦；记叙文章可以因写人写景生动逼真等来吸引读者。写公文都是直截了当处理事务，公文的生动性又怎么体现出来呢？公文的生动性主要表现在两个方面。

一是要能够生动地指导实际工作，不要像旧官僚机构的"等因奉此"的例行公文那样。比如，对上级发来的方针政策性的指示、工作部署，只会照抄照转，只起到"收发室""转运站"的作用。或者对本机关的发文，习惯于按老一套经验办事，工作不能与时俱进，不能根据群众的要求和发展变化了的情况，提出新问题、解决新问题、总结新经验。

一个机关运用公文来指导和推动工作，既要坚决遵循中央的方针政策精神，又要善于发现本地区、本单位的典型经验，予以及时总结推广，并善于吸取相关单位的工作经验，结合本地区、本部门的实际情况和具体条件，部署与指导工作，开创新局面。以这样的思想为指导写出的公文，才能够生动地推动工作，为机关工作服务。具体来说，就是要求公文的内容能够及时准确地反映实际情况，所提出的问题能够抓住事物的主要矛盾，所提出的措施切实有力，对于工作的安排有条有理、目标明确，总结的经验新鲜、深刻并具有普遍指导意义等。

二是要求公文使用的语言、选用的材料也要生动，吸引人阅读并具有说服力。公文的语言要朴实、精确，不要使用华丽的辞藻，运用过多的形容和描述。但是，这并不等于说只能写成呆板、枯燥和干巴巴的文字。特别是通报、报告等，也要注意在比较抽象的论述和概括说明中，穿插一些具体事例、具体数字、具体人物的思想反映，选用一些适当的比喻、典型的群众语言和意见等。这样可以使叙述的问题适当形象化一些，有感情，有趣味，生动真实，具有说服力，给人以深刻的印象。

"及时"是指公文的时间性很强，反映情况、指导工作的公文，都要写得适时，抓住关键时机，不要变成“马后炮”。比如，关于开展某项工作的指示性通知，直到面上的工作已近收尾阶段才发出去，这样写公文不可能收到及时推动工作的效果，也不可能引起充分重视。

“及时”和“生动性”也有一定联系，公文发得适时才能积极指导工作，及时反映工作情况。如果拖拖拉拉，贻误时机，就会造成工作被动的局面。

（三）简练明了

无论什么文章，啰嗦拉杂都不好，公文更要求写得简练明了，以便于工作人员迅速阅读和处理，提高办事效率。比如写一份工作报告，不能像报告文学那样，把人物的活动、思想感情写得那么细腻。写一份决议、规定和通知，也不能像写学术论文那样长篇大论，展开详细的分析论证。公文的篇幅要尽可能短些，尽量删除可有可无的段落，以节省阅读的时间。公文的语言，要求用最简练的文字，把发文的意图表达清楚。列宁曾经特别强调过文字简练，他要求：写简短的、“电报式的”、但明白而确切的报告。如果一份公文写得冗长，内容面面俱到，不分巨细，这样不仅会淹没了主要问题，而且领导也根本不会抽出那么多的时间去读。

我们反对文牍主义，不仅要精简公文的数量，而且要精简公文篇幅，才能使机关工作人员摆脱过于繁重的文书处理工作，便于深入基层，多作些调查研究。

上级机关下发公文，如部署或交代工作任务，指示或提出工作意见等，往往需要适当讲明道理，使下级明了它的意义和必要性，以调动广大干部的积极性和自觉性。在阐明意义时，也应简练明了、一目了然。但凡写得好的公文，都是文字精练、简明确切地表达出发文意图的。《中共中央关于建国以来党的若干历史问题的决议》，其中对新中国成立以前 28 年历史的回顾，仅用了 3 400 字，对新中国成立以来 32 年历史的基本估计，也只用了 2 500 字左右。文字虽然不多，但是写得全面、深刻又很鲜明、生动。

若想把公文写得简练明了，首先要对于工作情况、存在的问题、采取的措施和步骤等，有一个清楚的分析和概括。如果在认识上还比较模糊，抓不住症结和工作的主要矛盾，写起来就不可能层次清晰、简练而又明确。所以，要在思想上酝酿成熟了才好动笔。其次，也要在炼字、炼句上下点功夫，要学会用简练的文字准确地说明问题，初稿写出以后，要反复修改，去掉多余的字句。

从写作方法来说，写公文要开门见山，直截了当，不需要作什么铺垫，也不必先写一大串一般化的前提。比如写公文常用“关于……”“为了……”“根据……”“目前……”作开头语直接提出主要问题。还要注意省去不必要的框框和套语，例如，有些公文在开头先写一大串一般化的前提，“当前在……大好形势下，在……思想指导下，在……口号下，在……具体领导下，在……支持下，在……共同努力下……”等，这些文字占了一大段，并没有说出什么具体内容。

为使公文写得明了、主题鲜明，在正文的开头，通常就点明主题，并且要在正文的结尾交代清楚发文的目的和要求。比如是请求批准和指示，是报告情况，是征求意见，是要求贯彻执行，还是供参照执行等。篇幅较长、叙述的问题有多个方面时，应当分清段落或列出条目，层次清楚、眉目鲜明，以便于阅读。

此外，为使文字简洁，在公文中还保留了一些半文言的词语，如“兹将”“业经”“拟于”“希予”“均应”“务须”“以利”“为宜”“当否，请批示”“特此函复”等。这些词语言简意赅，成为公文中常见的专用词语，也是学习撰写公文的同志需要熟悉的。

（四）符合规定体式

撰写公文必须符合统一规定的体式，不能随便标新立异。要根据文种的不同，写全公文结构的各个组成部分。关于公文体式方面的要求，将在本书第二章中将进行详细讲述，此处从略。

二、公文写作的步骤

公文写作是一项政策性、思想性和业务性很强的工作。公文质量关系着党和政府方针政策的贯彻执行，关系到机关单位的工作效率。

公文是一种传递法令政策、处理公务的特殊文字材料。公文写作与一般文章、文学作品的写作方法、写作过程不同，具有自身的独特性。公文的写作过程有如下步骤：

（一）弄清领导意图，明确主题和目的

公务员接受领导者的指示，按照特定的要求，根据实际需要，为解决实际问题，进行公文的写作。因此，在动笔之前，需要很好地理解领导意图。所谓领导意图，就是领导者制定政策、部署工作、处理问题的基本指导思想。撰写公文，首先要弄清楚领导意图的实质，弄清起草公文的性质、行文的目的和任务、范围。公务员在接受了拟制公文的任务后，要和领导共同讨论研究，将领导意图与国家的方针政策、法律法令以及下级的实际情况综合起来，加以分析、比较、融会贯通，使公文准确完整地表达出领导的意图。其次要弄清发文的主题和目的，一般包括下列内容：

(1) 准备使用什么文种？例如，决定写一个向上汇报工作情况的公文，到底是写一份情况简报，还是写一个专题报告？再如，根据下级的来文，决定对下面的工作发一个指导性的公文，究竟是写一个普发的工作意见，还是只针对来文机关写一个批示？是拟写一个规定、办法，还是写一个带有规定性的通知？

(2) 公文的中心内容写什么？主要抓什么问题？主要的指导思想和解决问题的主要意见、措施是什么？汇报情况时想重点反映什么问题？请示事项时主要拟请领导机关答复或解决什么问题等。

(3) 发送和阅读的对象是什么范围？例如，写一个工作总结，主要是向上级领导机关汇报情况，还是主要向下属单位介绍工作经验？写一个决定或通知，是给下属机关领导干部、有关部门的工作人员阅读，还是需要向全体干部、职工或向人民群众传达或公布。

(4) 发文的具体要求是什么？例如，是只要求对方机关了解，还是要求对方答复？是要求对方认真贯彻执行，还是供对方参照或参考等。

上述问题归纳起来说，就是这个发文想采取什么方式、主要讲什么问题，具体要达到什么目的。这些问题经过工作人员周密思考，根据实际工作的需要来定，先要做到心中有数，才能在落笔时考虑公文的结构和内容的详略等。

(二) 收集有关材料，进行调查研究

发文的目的和主题明确以后，就可以围绕这个主题收集材料和进行一定的调查研究工作。这一步工作，并不是每一个文种的写作都需要专门进行的。比如：写一份简短的命令、通知，一份内容比较简单的公函，呈报一项请示等，一般并不需要专门做收集材料和调查研究工作，在了解发文意图之后，稍加考虑就可以提笔写作了。而对于问题比较复杂，或者虽然有了原则性的意见、观点或结论，但还需要予以具体分析归纳和叙述说明的问题（例如拟定工作计划、工作总结，起草规章、条例等），往往都需要进行材料收集和调查研究工作。

毛泽东同志说："没有调查就没有发言权。""一切结论产生于调查情况的末尾，而不是在它的先头。"为完成公文写作，花费时间，投入精力，做有计划的调查、采访，有意识地收集写作材料是十分必要的，这样才能抓住要害，写出的公文才能有针对性地指导工作，提出的意见和措施才能切实解决问题。

占有大量翔实可靠的材料是写好公文的基础。怎样获取材料呢？第一，到工作当中收集实际材料。调查采访，深入基层，到广大干部和群众中去了解情况，通过召开一系列调查会、座谈会，听取意见，掌握新情况，分析研究新问题，这是获得材料的主要途径。第二，收集和阅读有关的公文材料。学习公文，学习理论，博览群书，从书籍报刊和有关公文资料中获取写作材料。

如要写一个年度全面性的工作报告，需要查阅原来拟定的工作计划、上级机关颁发的主要的领导性公文、下级机关报送的主要公文、本机关在这期间发过的主要公文、召开的重要会议的公文、本机关的大事记、有关统计报表等，还要向本机关各个部门了解工作情况和工作体会，找有关人员一起座谈酝酿等。在全面收集材料的基础上，研究本年度主要进行了哪几项工作，取得的主要成绩和原因，发生过什么重要问题，工作中的主要缺点，主要经验和教训等。

收集材料和调查研究是一个充分酝酿的过程，不仅使基本观点逐渐深化和成熟，还要注意发现典型材料、收集有关统计数据等，为公文的写作奠定基础。

（三）拟出提纲，安排结构

简短的公文不需要先拟提纲就可以写作。写篇幅比较长的公文，则需要先拟出一个写作提纲。提纲是对要写的公文先作一个通盘设计，把它的主要骨架勾画出来，使写作能够按照提纲顺利进行，避免中途返工。

提纲的详略程度，应根据公文的具体情况和个人的习惯、写作的熟练程度来定。对于篇幅不太长的公文，可以大致安排一下正文的结构，先写什么问题，依次再写什么问题，分几段、几层意思等，提纲可以写得简略些。对于篇幅比较长、非常重要的公文，往往需要拟出比较详细的提纲，包括正文一共分几个部分，每一部分讲几个问题，各个大小问题的题目和要点，在哪一部分、哪个问题里使用什么具体材料等。重要的指导性公文，为了使写作少走弯路，避免大的返工修改，以及为了集思广益，在主要执笔人拟出初步提纲以后，还可以召集一定的会议进行讨论与修改补充，使提纲更臻完善。由起草小组或两人以上共同起草的公文，尤其需要很好地充分研究写作提纲，以避免写出之后前后重复，脱节或者相互矛盾等。

（四）撰写初稿，征求意见

正文以外的各个组成部分应当怎样写，将在第二章进行阐述，这里主要讲正文的起草问题。关于这个问题着重讲两点，一个是要注意观点鲜明，观点和材料要结合得好；另一个是文字简练，交代问题要清楚。

1. 观点鲜明，材料得当

公文和理论性、科学研究性质的文章不同，写论文要有大量的材料、充分的论据来论证作者的观点、主张和研究成果。写公文是为了传达制发机关的意图，制发机关处理工作问题的意见、决策、结论等，也就是一份公文的观点。例如：说明某项方针、政策和办法；对于某项工作成果和存在的缺点、问题的评价；对于某个人的问题或某个事件所作的结论；对于某个问题的处理意见等，都可以说是公文的观点。公文既然是传达发文机关意见的工具，就必须写得观点鲜明，使人读了以后容易了解，不至于含混不清，或者产生疑问和误解。有些公文，为了使收文机关深刻理解发文意图的必要性和可行性，或使人比较具体地了解工作情况、存在的问题和经验教训等，有必要适当运用一些材料来说明问题，不能只写一些抽象的道理和概括性的评论。比如，针对当前工作情况所发的指示或指导性意见，有必要指明当前工作中的主要经验和存在的问题，值得注意的倾向。在指明应当怎样做或介绍某个机关的经验时，要说明这样做有什么益处，或同时指出不应当怎样做。介绍某个单位的教训时，要说明它造成了什么不利后果等。在写这些问题时，都可以适当举例说明，有材料有分析。材料从实践中来，又提出指导实际工作的意见和措施，观点和材料结合得好，会使人读了感到生动而信服。

又如，写一份通报，往往都要运用一定的典型事例、典型人物的材料，来说明情况或经验教训。如用生动的事实、明确的观点表彰与宣传先进事迹和好的经验；用有关单位或人员的错误事实和缺点，指出应当吸取的教训，来教育下属单位和人员。

观点和材料结合得好，才能达到准确性、鲜明性、生动性的要求。反过来说，只有观点没有实际材料，或堆积了一些材料没有鲜明的观点，都说明观点和材料结合得不好，都是需要加以修改和纠正的。

人的认识来源于实践，公文的观点都是从实际工作活动中抽象出来的。材料也就是实际情况，是得出结论的根据。我们写公文的时候，把得出的观点连同形成这个观点的材料（当然要选择有代表性的）一起用文字反映出来，这本来是合乎规律的，并不难做到的事，主要是应当注意使用的材料要恰当、贴切。如果材料和观点不协调，结合得不紧密，有可能是对于具体材料还缺乏认真的分析，思路还没有理清，观点还不准确，或者材料选取得不恰当。如果是观点和材料脱节或者没有实际材料说明问题，既可能是收集材料和调查研究的功夫还不够深入，也可能观点本身缺少实际材料做基础，有一定主观推断的成分。

有些公文属于处理日常工作问题，例如写一个具体问题的通知，一个简要的批复等，一般不需要运用具体材料来阐明观点和意见，也没有什么不容易理解的道理，主要把意图说清楚就可以了。

2. 文字简练，表达清楚

公文是送给领导机关或者有关机关、下属机关的负责人和工作人员读的，对方已经了解的问题和需要从一份公文了解什么问题，起草公文时应当有一个正确的估计。一方面，一般的道理，工作的详细过程和问题的细枝末节等，不需要都写上去，不能老是怕说得不明白，就写得啰嗦冗长，这是不可取的。另一方面，也不能为了简便省事，把需要说明的情况和问题交代得不清楚，使对方读了莫名其妙，这也是不符合要求的。正确的写法，应该是需要简略的地方就简略，需要详细的地方就详细，即做到详略得当。一般叙述性的文字应当简练，要交代的重点必须具体写明白。比如，公文当中涉及的人名、地名、机关名称、事物名称、年月日等，要写清楚，不得滥用省略。正文里面提到的机关名称，应当写全称或者是通用的简称，如中国共产党河北省委员会，可写通用简称“河北省委”。简称必须是人所共知的，并且要注意不能和其他机关发生重复或混淆，不能任意乱简乱称，使人误解或看不清。如将“××市财政局”简称为“××市财局”就是错误的。

地名在公文当中应当写全称。比如上海、重庆，在电报里才简称“沪”“渝”。县以下不为人们所熟悉的地名，前面应当加上它所属的省、地区、县名。

有些事物的全称很长，也可以使用已经为人们所常用的省略叫法，比如“实现四化”“三个文明”等。但是，必须注意不能自己随意创造一些使人难以理解的说法。

写公文要从对方便于阅读和了解着想，正文当中引用的有关论述，要写明出处。引用其他公文的时候，要写明它的公文标题和发文字号，有的时候还要注明成文日期，所引用的原话应该用引号标明。正文中提到的人名，如果是对方不熟悉的，在第一次出现时，必须写明他的职务、身份和姓名，以后可以简称。正文中在必要情况下使用特别生僻的词语时，应加以注释。例如引用某些方言、群众的语言，应加上普通话翻译。如“有得”“过来的时候”，可加括弧说明是湖南话，指“没有”“过去”的意思。

公文草拟时要广泛征求各方面意见，以达到博采众长、集思广益的目的。征求意见要做到诚恳、谦虚和耐心，放下架子，虚心求教。不论对象，只要言之有理，都要诚恳接受。尤其在听取反面意见时，要坐得住、听得进，反复回味，认真品味。采纳意见既不能随波逐流，人云亦云，照搬照用，也不能自以为是，闭关自守，拒之门外，要从谏如流，将合理的、有建设性的意见汲取过来，为修改文稿奠定基础。

（五）润色加工，修改定稿

公文写作既是一种政策性、思想性和业务性都很强的政治工作，也是一项非常严肃、细致的文字工作。草稿完成后要认真修改。因为公文是传达党和政府方针、政策的工具，文中的字字句句，都关系着党的事业，都关系着人民的切身利益。因此，认真修改，精益求精，是每一位撰写者义不容辞的责任。这是对人民群众负责，对党和政府负责的表现。

修改公文草稿，首先要从内容入手，检查观点是否正确，其基本精神是否符合党和政府的方针、政策、法律、法规以及上级机关的决定、通知，政策界限是否明确，公文中提出的贯彻、落实政策的措施和办法是否切实可行，努力使文章中引用的每一个材料，对于说明主题是充分的、必要的和具有典型意义的。需要核对的事实、数字等都要逐个认真检查，直到准确无误为止。

其次要进行语言文字的加工锤炼。语言文字的改动，绝不单纯是形式上的改动，会直接影响到内容的表述。只有经过修改推敲，才能使公文的语言符合规范，具有公文应有的准确、鲜明、庄重、简明的特点，还要注意标点符号的使用规范。要删去可有可无的语句和段落，补充没有说清楚的地方，调整结构，推敲用词分寸，使观点更加鲜明，表述的文字更简练、准确、得体。

最后要审查文稿格式。国家对公文的种类、名称、用法、用纸规格、书写编排，都有统一规定，从写作体裁、内容结构，到页面安排都有规定的格式。不按这种格式写，就会使收文单位感到费解或不知所云，影响工作。

修改不仅可以提高公文质量，也可以从中提高写作能力，并且为审核签发打下一个良好的基础。

三、公文写作的内容、体例

按照《党政机关公文处理工作条例》，公文的文种分为 15 种，即决议、决定、命令、公报、公告、通告、意见、通知、通报、报告、请示、批复、议案、函、纪要。本书主要从公务员的实际出发，针对他们的学习与工作中的具体情况，兼顾他们知识面和今后实际工作的需要来写作本书的内容，注意突出那些使用频率高、实用性强的文种。

根据上述原则，公文写作部分共分 18 章：

第一章，绪论。公文是一种应用文体，有其独特之处。本章介绍公文的含义、特点、种类和作用，使读者了解公文写作有关要求与方法，以及本书的内容与体例等。

第二章，公文格式与行文规则。主要介绍公文的格式、行文规则和处理方法。

第三章，公文写作的基本要素。现实生活中的任何事物都是内容和形式的统一体，公文也不例外，它是主旨、材料等内容要素与结构、语言等形式要素的有机结合。本章探讨公文在文章构成要素方面的规律，使读者对公文写作的理论和规律有进一步的了解。

第四至十八章，党政机关 15 种公文的写作方法。这些章节均以 2012 年 7 月 1 日起施行的《党政机关公文处理工作条例》为依据编写。

第二章　公文格式与行文规则

第一节　公文的格式

一、公文格式的概念

公文的格式是指正式印发并运行的行政公文各构成要素排列标志的法定性位置及标志样式，也包括正式制发的公文书面印刷、装订的固定格式。公文格式是公文具有法定权威性和组织约束力在形式上的表现，是区别公文与一般文章的重要标志。根据 2012 年 4 月 6 日，中共中央办公厅、国务院办公厅联合印发的《党政机关公文处理工作条例》（以下简称《条例》）的规定，公文格式一般由份号、密级和保密期限、紧急程度、发文机关标志、发文字号、签发人、标题、主送机关、正文、附件说明、发文机关署名、成文日期、印章、附注、附件、抄送机关、印发机关和印发日期、页码等要素组成。

公文的格式在《条例》第三章中做了明确的规定，同时还规定“公文的版式按照《党政机关公文格式》国家标准执行”。认真贯彻这两个法定性公文精神，严格按照有关要求制作公文，掌握规范化的公文制作流程，是国家公务员在公文写作中必须做到和遵守的要求。

这些一般格式当有者必须具备，不当有者不得出现（如密级和紧急程度，就不是每份公文必需的）。而且每一格式项目在正式公文中出现的位置和形式，也都有严格的规定。

二、公文的一般格式

《党政机关公文格式》将版心内的公文格式各要素划分为版头、主体、版记三部分。公文首页红色分隔线以上的部分称为版头；公文首页红色分隔线（不含）以下、公文末页首条分隔线（不含）以上的部分称为主体；公文末页首条分隔线以下、末条分隔线以上的部分称为版记。页码位于版心外。

（一）版头部分

版头部分由份号、密级和保密期限、紧急程度、发文机关标志、发文字号、签发人、版头中的分隔线等要素组成，即公文首页红色分隔线以上的部分。

1. 份号

（1）释义

份号指公文印制份数的顺序号。涉密公文应当标注份号。份数序号是用自动号码印刷机印刷的，每一份公文的份数序号都不一样，这在秘密公文的管理过程中有重要意义。

（2）标注位置与写作方法

如需标注份号，一般用6位3号阿拉伯数字，顶格编排在版心左上角第一行。有些单位的办文人员并不明白流水号的数据意义，他们用“04”“06”等类数字表示公文的顺序号，但两个阿拉伯数字只表示十位数，而很多公文是超过百位数的，这在公文的存储、检索、分发、清退和销毁等程序中，都容易引起管理的混乱。

2. 密级和保密期限

（1）释义

密级和保密期限指公文的秘密等级和保密的期限。涉密公文应当根据涉密程度分别标注“绝密”“机密”“秘密”和保密期限。保密期限是对公文秘密等级时效规定的说明。

（2）标注位置与写作方法

如需标注密级和保密期限，一般用3号黑体字，顶格编排在版心左上角第二行；保密期限中的数字用阿拉伯数字标注。

有关保密的法规还要求公文在密级后面标明时限，超过时限将自动解除秘密。如在“机密”二字之后加注“一年”（3号黑体）字样，与密级之间用实心五星号“★”隔开。

3. 紧急程度

（1）释义

紧急程度指公文送达和办理的时限要求。根据紧急程度，紧急公文应当分别标注“特急”“加急”，电报应当分别标注“特提”“特急”“加急”“平急”。

（2）标注位置与写作方法

如需标注紧急程度，一般用3号黑体字，顶格编排在版心左上角；如需同时标注份号、密级和保密期限、紧急程度，按照份号、密级和保密期限、紧急程度的顺序自上而下分行排列。

4. 发文机关标志

（1）释义

发文机关标志就是我们通常所说的“红头”，由发文机关全称或者规范化简称加“文件”二字组成，也可以使用发文机关全称或者规范化简称（一般党的机关这样使用，不加“文件”二字）。联合行文时，发文机关标志可以并用联合发文机关名称，也可以单独用主办机关名称。

（2）标注位置与写作方法

发文机关标志居中排布，上边缘至版心上边缘为35毫米，推荐使用小标宋体字，颜色为红色，以醒目、美观、庄重为原则。

联合行文时，如需同时标注联署发文机关名称，一般应当将主办机关名称排列在前；如有“文件”二字，应当置于发文机关名称右侧，以联署发文机关名称为准上下居中排布。

如联合行文机关过多，必须保证公文首页显示正文。

5. 发文字号

（1）释义

发文字号是公文的一个重要项目，是发文机关按照发文顺序为不同的公文所编排的顺序号，由发文机关代字、年份、发文顺序号加“号”组成。联合行文时，使用主办机关的发文字号。

（2）标注位置与写作方法

发文字号编排在发文机关标志下空二行位置，居中排布。年份、发文顺序号用阿拉伯数字标注；年份应标全称，用六角括号“〔〕”括入；发文顺序号不加“第”字，不编虚位（即1不编为01），在阿拉伯数字后加“号”字。上行文的发文字号居左空一字编排，与最后一个签发人姓名处在同一行。

（3）注意事项

①机关代字是发文机关名称的极度简缩，但还能识别出是哪一个机

关。如：“国发”是国务院的机关代字；“国办发”是国务院办公厅的机关代字，“中发”是中共中央的机关代字。一些发文数量比较多的机关，可以在“机关代字”中加入部门代字，比如财政部预算司办理的公文，财政部使用的机关代字是“财预”，财政部会计司办理的公文，财政部使用的机关代字是“财会”，根据代字可以看出发文的是什么机关。

②机关代字后用“发”字，有上级下发文件的意思，如“国办发”是国务院办公厅下发文件，“中办发”是中共中央办公厅下发文件，“财办发”是财政部办公厅下发文件，一般单位不要随意使用。如对上级呈送的公文用一“发”字，就会显得不伦不类。函件式公文中要标明文种，如“×政函”等。

③年份就是发文当年的年度，用阿拉伯数码标识，应写全称，不得缩写，如不得把 2003 年减缩为“03”。年份外加六角括号，例如：〔2004〕，不得用圆括号或别的括号。序号是机关发文的流水号，用阿拉伯数码标识，当年所发的第一份公文是 1 号，以后依次顺排即可，序号不编虚位（即 1 不编为 001）。但要注意上级公文在正文中引用下级机关公文的发文字号可用年份简称，而这时要用圆括号，如批复用语“你单位政字〔98〕×号收悉”。而在新闻语体中，经常是用圆括号加年份简称的方法引用公文发文字号的。专业性文件可使用圆括号括住年份全称。

④除命令（令）外，其他公文的序号前不要加“第”字，原因是“×号”已有序数性质，但在专业性文件中，因当年预制的版页有可能用不完，要留待明年使用，因此，它们反倒常用一个“第”字表示连续的顺序号，如“×介字（××××）第×号”等；某些单位用“03”“06”等数字表示行政机关公文的顺序号，是没有文件管理的数据意义的，因为两位数表示文件的总量不会超出百位数，而一个单位一年的发文总量往往会超出百位数。

⑤联合行文只标主办机关发文字号。

6. 签发人

（1）释义

签发人指文件发出的领导人的签名。签名人在其职权范围内必须能对文件负责，上行文应当标注签发人姓名。公文应当经本机关负责人审批签发。重要公文和上行文由机关主要负责人签发。党委、政府的办公厅（室）根据党委、政府授权制发的公文，由受权机关主要负责人签发或者按照有关规定签发。联合发文由所有联署机关的负责人会签。

（2）标注位置与写作方法

签发人由“签发人”三字加全角冒号和签发人姓名组成，居右空一字，编排在发文机关标志下空二行位置（即与发文字号同处一行）。“签发人”三字用3号仿宋体字，后标全角冒号，冒号后签发人姓名用3号楷体字标识。如有多个签发人，签发人姓名按照发文机关的排列顺序从左到右、自上而下依次均匀编排，一般每行排两个姓名，回行时与上一行第一个签发人姓名对齐。

7. 版头中的分隔线

发文字号之下4毫米处居中印一条与版心等宽的红色分隔线。

（二）主体部分

主体部分由标题、主送机关、正文、附件说明、发文机关署名、成文日期和印章、附注、附件等要素构成，即公文首页红色分隔线（不含）以下、公文末页首条分隔线（不含）以上的部分。

1. 标题

（1）释义

公文标题是对公文主要内容准确、简要的概括，由发文机关名称、事由和文种组成。它具有揭示公文主题和内容的功能。结构完整的标题，使人对文件的制发机关、内容和文种一目了然。结构完整的标题既便于公文的登记、阅处、查询、立卷，又便于运用计算机进行公文管理，还可以为档案的整理、鉴定、检索、著录、利用等工作奠定基础。所以，如何准确拟写公文标题就显得非常重要。

（2）标注位置

一般用2号小标宋体字，编排于红色分隔线下空二行位置，分一行或多行居中排布；回行时，要做到词意完整，排列对称，长短适宜，间距恰当。

（3）写作方法

公文标题由发文机关名称、事由、文种组成。例如，在《国务院关于加强预算外资金管理的决定》这一标题中，“国务院”是发文机关名称，“关于加强预算外资金管理”是事由，“决定”是文种。

发文机关名称、事由、文种是公文标题写作的“三要素”。拟写公文标题要力求准确、简要地概括公文的事由，用最精练的文字鲜明突出地表达行文的主要目的，并正确地标明文种。写作发文机关的名称要写全称或规范化的简称，如果文件首页具有制发机关的标志（文头），标题中可以省略发文机关。事由是标题的主题部分，应该准确、简要地概括出公文的内容，多以“关于……”这样的介词结构形式出现，用助词“的”与文种连接。文种是公文文体的名称，用以概括揭示公文的性质和制发的目的。正确使用文种，有利于及时、准确地处理文件。

有些公文标题的制作较为稳定，如议案、通报的标题经常要“三要素”齐备。而报告、请示标题通常不写发文机关（可参考有关章节说明），有些公文标题制作则十分不稳定，如通知，有时只取文种为题。公文的标题通常有下面两种类型：

①完整式。完整式指三要素俱全的标题。其写作通式是：

发文机关+事由+文种

②省略式。省略式指省略一个或两个构成要素的标题。具体可分为三种情形：

一是省略发文机关，其写作通式是：

事由+文种

二是省略事由，其写作通式是：

发文机关+文种

三是省略发文机关和事由，仅以文种为题的标题，也称文种式。

在具体的公文写作中，究竟采用哪种公文标题类型，要根据不同的情况加以对待，例如对有文头的大多数文件说来，其标题因有文件名称而一般可不写发文机关，但对某些例如通过报刊转发的普发性文件说来，由于无文头的关系，它们的标题必须写明发文机关。总体上说，重要的或较重要的文件，要由发文机关或事由加上文种二要素以上构成，一些内容简短、不很重要而且发布面小的公文，即可仅以文种为题，如同是一单位内部的通知，事项重大的，标题必须写明事由项，以引起注意，事项小的则可仅以文种为题。同时，上文提过的行政公文标题事由项要用“关于”二字引出也要引起注意。这和其他公文标题如条例、办法、总结等一般不使用“关于”二字比较，是很具特色的。

原《国家行政机关公文处理办法》规定：“公文标题中除法规、规章名称加书名号外，一般不用标点符号”，而新《党政机关公文处理工作条例》对此没有作专门要求，实际使用中是否加标点可根据需要而定。要注意行政公文的标题原则上是不使用标点符号的，“一般”一词的适用范围是除非不使用标点符号会引起误解，例如《国务院关于“九五”期间深化科学技术体制改革的决定》，其中“九五”如不使用标点符号，不会引起理解的不便，而“一二·九”（运动），如不使用标点符号，就有可能引起阅读的不便。但要注意，标题中引用法规、规章性文件标题必须加书名号。当前，在公文的标题写作中，上述两方面的误例均时有发生，例如：

××省人民政府关于批转《全省地市财政局局长座谈会纪要》的通知

例中所引文件标题并非法规、规章类文件，却用了书名号，应予以删除。又如：

××省财政厅转发财政部会计从业资格管理办法的通知

例中所引财政部原件是规章类文件，应加上书名号。

公文标题的排列形式也是要讲究的，应当使用梯形或菱形，不应使用长方形或沙漏形，它大致以对称、美观为原则，可视具体情况灵活制作，但要注意不要将双音节词或多音节词分拆为两行，如：

××市财政局关于开展二×××年度会
计人员继续教育的通告

标题中“会计”是一个双音节词，应将它们排列为一行。还有多音节词例如“计算机”等。

（4）注意事项

拟写公文标题需要注意以下六点：

①批转、转发文件，在“批转”“转发”二字之前，不可再加入“关于”二字，以防介词重叠，语法不通。

②“发文机关+文种”的标题，可用于公布性文件，如“公布令”“公告”“通告”，而不能用于“决定”“通知”“通报”“报告”“请示”“函”“会议纪要”等内部运行的公文。

③有红色版头的文件，在版头中已标识出发文机关名称，其标题中可以省略发文机关。

④下行文标题常有发文机关，上行文、平行文标题常不写发文机关。

⑤标题的排列格式应注意固定词语不能分开；结构助词“的”不能放在下一行的行首。

⑥应避免出现标题过长、不准确、标题与文件内容不符、文种选用不当等情况。

2. 主送机关

（1）释义

主送机关即公文的主要受理机关，俗称“抬头”或“上款”，是和“抄送机关”相对应的一个公文概念，应当使用机关全称、规范化简称或同类型机关统称。

（2）标注位置

主送机关编排于标题下空一行位置，居左顶格，回行时仍顶格，最后一个机关名称后标全角冒号。如主送机关名称过多导致公文首页不能显示正文，应当将主送机关名称移至版记。

（3）写作方法

文件的主送有上行文和下行文之分，上行文一般主送一个机关。主送机关一栏容易产生错误的地方是上下级关系和直属关系两称呼间的逗号使用问题，例如：

××市人民政府关于××××××的通知

各区、县人民政府、市府直属各单位：

例中，市政府与“各区、县人民政府”属于上下级关系，与“市府直属各单位”属于直属关系，在两者之间应用逗号，而不应用顿号，并且先写上下级关系，直属关系排在其后。在“各区、县人民政府”中，虽然区和县是同类同级别，但同时出现时，一般将县放在区的前面。例子的正确写法如下：

各县、区人民政府，市府直属各单位：

这方面的例子在行文实际中时有发生，在公文写作教科书的引例中也时有误引，应引起注意。下行文的主送机关可以有若干个，排列时，同类型、相并列的机关之间用顿号间隔，不同类型、非并列关系的机关之间用逗号间隔，最后一个主送机关名称后标全角冒号。如财政部《关于加强政府非税收入管理的通知》的主送机关：

各省、自治区、直辖市、计划单列市财政厅（局），新疆生产建设兵团财务局，财政部驻各省、自治区、直辖市、计划单列市财政监察专员办事处：

“各省、自治区、直辖市、计划单列市财政厅（局）”与“新疆生产建设兵团财务局”以及“财政部驻各省、自治区、直辖市、计划单列市财政监察专员办事处”三部分之间属于不同类型的关系，所以它们之间使用逗号间隔。而它们各自内部则属于同类型、相并列的关系，所以机关之间用顿号间隔。

向上级机关行文，特别是上行文中的请示，一般只能写一个主送机关。如需其他相关的上级机关阅知，可以抄送。

（4）注意事项

①大多数公文都有主送机关，但有些向全社会普发的下行文，没有明确的主送机关，可以没有这一项。

②如主送机关名称过多而使公文首页不能显示正文，应将主送机关名称移至版记中抄送之上，标注主送。

3. 正文

（1）释义

正文是公文的主体，用来表述公文的内容。

（2）标注位置

公文首页必须显示正文。一般用 3 号仿宋体字，编排于主送机关名称下一行，每个自然段左空二字，回行顶格。

（3）写作方法

公文正文。正文是公文的内容所在，是公文写作的关键。正文一般分为开头、主体、结尾三个部分。

开头：为什么行文，是制发公文的依据和理由所在。开头大致有以下情况：根据现实中的好、坏现象，具体事件、事故行文；根据事物发展变化行文；根据方针、政策、法令、法规行文；根据某种理论、道理行文；根据上级或对方来文行文等。具体到某篇公文如何开头，应根据发文意图、行文对象和文种特点来确定。

主体：什么事项。公文主体主要是列举材料，申述观点，叙事明理，尤其要把事说清楚。主体部分往往采用分条列项的办法，或加小标题的办法，使条理清楚，要注意事项间的逻辑顺序。

结尾：论断。内容多数是提出要求、措施、办法等。有些公文有规范的结束语，如“特此通知”“以上请示当否、请批示”“此复”等。

内容简单篇幅较短的公文，这三部分之间并没有明确的界限，或“开头”“主体”合为一段，或“主体”“结尾”合在一起，或“开头”“主体”“结尾”合为一段，通常把这种结构叫做“篇段合一”。

在正文写作中，如使用非规范化简称，应当先用全称并注明简称，如使用外文名称，在其第一次出现时要注明中文名称。

4. 附件说明

（1）释义

公文附件的顺序号和名称。

（2）标注位置与写作方法

如有附件，在正文下空一行左空二字编排“附件”二字，后标全角冒号和附件名称。如有多个附件，使用阿拉伯数字标注附件顺序号，使用阿拉伯数码加圆点（如“附件：1. ×××××”）；附件名称后不加标点符号。附件名称较长需回行时，应当与上一行附件名称的首字对齐。

5. 发文机关署名、成文日期和印章

（1）释义

发文机关署名。署发文机关全称或者规范化简称。

成文日期。其又称署时，具体指公文经签发后发出生效的时间。署会议通过或者发文机关负责人签发的日期。联合行文时，署最后签发机关负责人签发的日期。

印章。公文中有发文机关署名的，应当加盖发文机关印章，并与署名机关相符。有特定发文机关标志的普发性公文和电报可以不加盖印章。

（2）标注位置与写作方法

发文机关署名、成文时期和印章的标注位置与写作方法具体分为 5 种情况：

①加盖印章的公文（公文中有发文机关署名的应当加盖发文机关印章，并与署名机关相符）。

成文日期一般右空四字编排，印章用红色，不得出现空白印章。

单一机关行文时，一般在成文日期之上、以成文日期为准居中编排发文机关署名，印章端正、居中下压发文机关署名和成文日期，使发文机关署名和成文日期居印章中心偏下位置，印章顶端应当上距正文（或附件说明）一行之内。

联合行文时，一般将各发文机关署名按照发文机关顺序整齐排列在相应位置，并将印章一一对应、端正、居中下压发文机关署名，最后一个印章端正、居中下压发文机关署名和成文日期，印章之间排列整齐、互不相交或相切，每排印章两端不得超出版心，首排印章顶端应当上距正文（或附件说明）一行之内。

②不加盖印章的公文（有特定发文机关标志的普发性公文和电报可以不加盖印章）。

单一机关行文时，在正文（或附件说明）下空一行右空二字编排发文机关署名，在发文机关署名下一行编排成文日期，首字比发文机关署名首字右移二字，如成文日期长于发文机关署名，应当使成文日期右空二字编排，并相应增加发文机关署名右空字数。

联合行文时，应当先编排主办机关署名，其余发文机关署名依次向下编排。

③加盖签发人签名章的公文。

单一机关制发的公文加盖签发人签名章时，在正文（或附件说明）下空二行右空四字加盖签发人签名章，签名章左空二字标注签发人职务，以签名章为准上下居中排布。在签发人签名章下空一行右空四字编排成文日期。

联合行文时，应当先编排主办机关签发人职务、签名章，其余机关签发人职务、签名章依次向下编排，与主办机关签发人职务、签名章上下对齐；每行只编排一个机关的签发人职务、签名章；签发人职务应当标注全称。

签名章一般用红色。

④成文日期中的数字。

用阿拉伯数字将年、月、日标全，年份应标全称，月、日不编虚位（即 1 不编为 01）。

⑤特殊情况说明。

当公文排版后所剩空白处不能容下印章或签发人签名章、成文日期时，可以采取调整行距、字距的措施解决。务必使印章与正文同处一面，不得采取标识“此页无正文”的方法解决。

6. 附注

（1）释义

附注指公文印发传达范围等需要说明的事项，如公文的发放范围、政府信息公开方式，使用时要注意的事项加以说明的文字，联系人和联系电话等。例如“此件发至县团级”“此件可在媒体上发布”等。

（2）标注位置与写作方法

如有附注，居左空二字加圆括号编排在成文日期下一行，用 3 号仿宋字体标注。“请示”件须在附注处标明联系人和电话，这属于一种特殊的规定和要求。其他公文是否在附注处标明联系电话视情况而定，如布置工作的“通知”。附注不是对公文的内容作出解释或注释，对公文的内容作出解释或注释一般在公文的正文中采取句内括号或句外括号的方法解决。对此，使用附注时要加以注意。

无需特别说明者，可以省略此项。

7. 附件

（1）释义

附件指公文正文的说明、补充或者参考资料。公文的附件是正文内容的组成部分，与公文正文具有同等效力。附件作为与公文正件相关的附属材料，可分为两类：一类是证实公文正件内容的材料，如历史资料、证明人资料、照片等；另一类为公文要传达的有关文件，特指随文发布的其他相关资料。

（2）标注位置与写作方法

公文如有附件，附件应当另面编排，并在版记之前，与公文正文一起装订。“附件”二字及附件顺序号用 3 号黑体字顶格编排在版心左上角第一行。附件标题居中编排在版心第三行。附件顺序号和附件标题应当与附件说明的表述一致。附件格式要求同正文。如附件与正文不能一起装订，应当在附件左上角第一行顶格编排公文的发文字号并在其后标注“附件”二字及附件顺序号。实践中不少机关把版记（文尾）置于公文的正件之后，附件之前，形成正附分离，这是不正确的。

无附件的公文，省略此项。

（三）版记部分

版记部分由版记中的分隔线、抄送机关、印发机关和印发日期等要素组成，即公文末页首条分隔线以下、末条分隔线以上的部分。

1. 版记中的分隔线

版记中的分隔线与版心等宽，首条分隔线和末条分隔线用粗线（推荐高度为 0.35 毫米），中间的分隔线用细线（推荐高度为 0.25 毫米）。首条分隔线位于版记中第一个要素之上，末条分隔线与公文最后一面的版心下边缘重合。

2. 抄送机关

（1）释义

抄送机关指主送机关之外的其他需要阅知公文内容的上级、下级和不相隶属机关。公文需要抄送的条件是协调工作，受文单位虽不负责执行公文，但因其工作关系，它对相关的公文的事项必须有所了解，从而在必要的时候协调或配合工作。如果没上述行文条件，则公文一般不需要抄送。

（2）标注位置及写作方法

除主送机关外需要执行或知晓公文内容的其他机关，应当使用全称、规范化简称或同类型机关统称。如有抄送机关，一般用 4 号仿宋体字，在印发机关和印发日期之上一行、左右各空一字编排。“抄送”二字后加全角冒号和抄送机关名称，回行时与冒号后的首字对齐，最后一个抄送机关名称后标句号。如需把主送机关移至版记，除将“抄送”二字改为“主送”外，编排方法同抄送机关。既有主送机关又有抄送机关时，应当将主送机关置于抄送机关之上一行，之间不加分隔线。

3. 印发机关和印发日期

（1）释义

印发机关和印发日期指公文的送印机关和送印日期。印发机关，一般是发文机关的办公机构。印发日期以公文付印的日期为准，用阿拉伯数码标识，与公文的成文日期意义不同。

（2）标注位置及写作方法

印发机关和印发日期一般用 4 号仿宋体字，编排在末条分隔线之上，印发机关左空一字，印发日期右空一字，用阿拉伯数字将年、月、日标全，年份应标全称，月、日不编虚位（即 1 不编为 01），后加“印发”二字。版记中如有其他要素，应当将其与印发机关和印发日期用一条细分隔线隔开。

（四）公文的特定格式

1. 信函格式

发文机关标志使用发文机关全称或者规范化简称，居中排布，上边缘至上页边为 30 毫米，推荐使用红色小标宋体字。联合行文时，使用主办机关标志。发文机关标志下 4 毫米处印一条红色双线（上粗下细），距下页边 20 毫米处印一条红色双线（上细下粗），线长均为 170 毫米，居中排布。

如需标注份号、密级和保密期限、紧急程度，应当顶格居版心左边缘编排在第一条红色双线下，按照份号、密级和保密期限、紧急程度的顺序自上而下分行排列，第一个要素与该线的距离为 3 号汉字高度的 7/8。

发文字号顶格居版心右边缘编排在第一条红色双线下，与该线的距离为 3 号汉字高度的 7/8。

标题居中编排，与其上最后一个要素相距二行。第二条红色双线上一行如有文字，与该线的距离为 3 号汉字高度的 7/8。首页不显示页码。版记不加印发机关和印发日期、分隔线，位于公文最后一面版心内最下方。

2. 命令（令）格式

发文机关标志由发文机关全称加“命令”或“令”字组成，居中排布，上边缘至版心上边缘为 20 毫米，推荐使用红色小标宋体字。发文机关标志下空二行居中编排令号，令号下空二行编排正文。

签发人职务、签名章和成文日期的编排见本节“二、公文的一般格式”“（二）主体部分”“5. 发文机关署名、成文日期和印章”中有关说明，此处不再赘述。

3. 纪要格式

纪要标志由“×××××纪要”组成，居中排布，上边缘至版心上边缘为 35 毫米，推荐使用红色小标宋体字。

标注出席人员名单，一般用 3 号黑体字，在正文或附件说明下空一行左空二字编排“出席”二字，后标全角冒号，冒号后用 3 号仿宋体字标注出席人单位、姓名，回行时与冒号后的首字对齐。标注请假和列席人员名单，除依次另起一行并将“出席”二字改为“请假”或“列席”外，编排方法同出席人员名单。纪要格式可以根据实际情况制定。

纪要不加盖印章。其他要素与一般公文相同。

第二节　公文格式的其他主要问题

因行文实际所限，上文不便介绍公文格式的另外一些基本问题。它们中有的对于掌握公文知识说来是必不可少的。现补充说明如下：

一、公文用纸和印装

（一）公文用纸

1. 公文用纸主要技术指标

公文用纸一般使用纸张定量为 $60g/m^2$ ~ $80g/m^2$ 的胶纸印刷纸或复印纸。纸张白度为 80%~90%，横向耐折度≥15 次，不透明度≥85%，pH 值为 7.5~9.5。

2. 公文用纸幅面尺寸

公文用纸张采用 GB/T 148 中规定的 A4 型纸，其成品幅面尺寸为：210mm×297mm。

3. 公文版面要求

页边与版心尺寸：公文用纸天头（上白边）为 37 mm±1 mm，公文用纸订口（左白边）为 28mm±1mm，版心尺寸为 156 mm×225 mm。

字体和字号：如无特殊说明，公文格式各要素一般用 3 号仿宋体字。特定情况可以作适当调整。

行数和字数：一般每面排 22 行，每行排 28 个字，并撑满版心。特定情况可以作适当调整。

文字的颜色：如无特殊说明，公文中文字的颜色均为黑色。

（二）印制装订要求

1. 制版要求

版面干净无底灰，字迹清楚无断划，尺寸标准，版心不斜，误差不超过 1 mm。

2. 印刷要求

双面印刷；页码套正，两面误差不超过 2 mm。黑色油墨应当达到色谱所标 BL100%，红色油墨应当达到色谱所标 Y80%、M80%。印品着墨实、均匀；字面不花、不白、无断划。

3. 装订要求

公文应当左侧装订，不掉页，两页页码之间误差不超过 4 mm，裁切后的成品尺寸允许误差±2mm，四角成 90°，无毛茬或缺损。

4. 骑马订或平订要求

（1）订位为两钉外订眼距版面上下边缘各 70 mm 处，允许误差±4mm；

（2）无坏钉、漏钉、重钉，钉脚平伏牢固；

（3）骑马订钉锯均订在折缝线上,平订钉锯与书脊间的距离为 3mm~5mm。

包本装订公文的封皮（封面、书脊、封底）与书芯应吻合、包紧、包平、不脱落。

二、页码和表格格式

（一）页码格式

公文的页码也是公文格式中一个不能缺少的内容，一般用 4 号半角宋体阿拉伯数字，编排在公文版心下边缘之下，数字左右各放一条一字线；一字线上距版心下边缘 7 毫米。单页码居右空一字，双页码居左空一字。公文的版记页前有空白页的，空白页和版记页均不编排页码。

有附件的公文，附件也是公文的有机组成部分。由于公文格式标准中作出了版尾设在公文的最后一页的规定，因此，公文的附件与正文一起装订时，页码应当连续编排，以保持公文内容的完整性和连贯性。

（二）公文中的表格

公文如需附表，A4 纸型的表格横排时，页码位置与公文其他页码保持一致，单页码表头在订口一边，双页码表头在切口一边。

三、公文中数字、计量单位和标点符号的用法

（一）数字的用法

公文中数字的使用和其他语体比较有所不同，除了上文曾说过成文时间必须使用汉字小写数字外，它还有以下两个方面受到《党政机关公文格式》（以下简称《格式》）的规定：一是结构层次序数；二是其他数字类别的使用。下面分别作出说明。

1. 结构层次序数

《格式》规定：公文文中结构层次序数依次可以用“一、”“（一）”“1.”“（1）”标注；一般第一层用黑体字、第二层用楷体字、第三层和第四层用仿宋体字标注”。根据目前有些单位某些公文序数词书写不规则的情况，我们要注意《格式》规定序数词的写法，其中“一、”下面是一个顿号，“1.”下面是个圆号，而“（一）”和“（1）”括号外面是不带顿号和点号的。例如：《关于召开第九次全国财政干部教育培训工作会议的通知》的最后一部分：

四、注意事项

（一）请各单位务必于 3 月 7 日前将填好的报名回执（见附件）传真至浙江省财政干部教育中心，并于 3 月 10 日前将到达杭州的航班、车次告知浙江省财政干部教育中心，以便安排接站。

（二）联系人及电话：

1. 浙江省财政干部教育中心，……

某些公文使用序数词时则不符合规定要求，例如：

关于××××××××的通知

……现将有关事项通知如下：

1. ……

2. ……

其中的序数词使用，显然是不正确的。

2. 其他类别数字的使用

《格式》规定公文中“数字用法应当符合 GB/T 15835”，依此规定，写作公文时对于已定型的含汉字数字的词语选用汉字数字。

例如：“部分结构层次序数和在词”中的“在词”（其中“部分结构层次序数”上文已述，即第一、二层用汉字，从第三、四层起用阿拉伯数字），如“十分”不能写作“10 分”，“一般”不能写作“1 般”，等等；“词组”例如“百花齐放”中“百花”，语法学上称偏正词组，不能写作“100 花齐放”等；这里的“惯用语”应视作特指，它可分为两种，一种是专名专称，如“三门峡”不能写作“3 门峡”，另一种是谚语、成语等，如“三心二意”不能写作“3 心 2 意”；“缩略语”如“四大发明”“三中全会”等，不能分别写作“4”“3”；“具有修辞色彩的数字”如“三十功名尘和土，八千里路云和月”中“三十”和“八千”不能分别写作“30”和“8 千”，原因是它们为修辞用法，非实指。

除上述情况外，公文中的数字应当使用阿拉伯数字，例如时间词“一九九二年”应写作“1992 年”，一般数词“五个人”应写作“5 个人”，“八千平方公里”应写作“8 000 平方公里”，分数词“百分之三”应写作“3%”等。此外，在公文条数中，“第”字后面要使用汉字，但命令文号“第×号”可用阿拉伯数字，在正文文字引用中应用阿拉伯数字，如“根据该文第 1 条规定”等。

另外，数字、年份不能回行，即不能排列为两行。

（二）计量单位的用法

《格式》规定，公文中计量单位的用法应当符合 GB 3100、GB 3101 和 GB 3102（所有部分）。公文中的计量单位应使用国家规定的标准计量单位，具体指“米”和“千克”，不要使用“市斤”，“丈、尺、寸”等计量单位。

（三）标点符号的用法

《格式》规定，标点符号的用法应当符合 GB/T 15834 要求。

四、无版头文件的一般格式

有些公文在传递过程中因特殊原因是没有正式版面的，例如通过报刊转载下发的普发性公文，又例如用于张贴的通告。这类文件，因其行文的特殊性，其制作方式不同于有正式版面的公文。概括起来，大致有以下四方面：

（1）标题写明发文机关。这类文件标题要写明发文机关，它的作用是代替有正式版面的公文的文件名称一项，如果没有发文机关，人们就无法在第一时间了解文件出于何发文机关。这种公文标题可由发文机关加上文种名称组成，如《××市公安局通告》；但事项内容重大的，则必须是完整式标题，如《中共中央关于胡耀邦同志治丧活动的公告》。

（2）成文日期一般以题注形式放于标题下，用括号括住。将成文日期放于标题下的作用是使阅文者立即了解公文的生效日期。这类公文，将成文日期放于文后的较为少见。

（3）主送机关。普发性公文，在该公文管辖的全社会范围内普遍适用，所以不用标明主送机关。

（4）签署要分不同情况对待。“有正式版头的公文可免签署”，这是文秘行业的一句行话，无正式版头的文件情况有所不同，就报刊刊载的公文来说，一般可免签署，但如公布法律、法规文件或内容重大的事项，则仍需签署，后者如人民政府在报纸上发布政令或人大常委会公布选举结果，仍需签署。有些文件的制作很特殊，不便用正式的公文版面行文，例如某些基层机关关于某些特殊问题向市府或省府写的请示（注意：这里说“特殊”，是因为请示一般不得越级行文），如用了正式的公文版面行文，就往往给人文件内容已经定性的感觉，而这是不妥当的，这时，就要在文后签上发文机关的名称然后再用印。又如用于张贴的通告，和在报纸上发布的通告不同，文后是要签署的。一般来说，非单一机关文件，机关名称要签署，如属单一机关的文件，可不大考虑这种区别。

五、引用文号的格式

引用公文应当先标题，后引发文字号。目前，有些公文对此项要求并不重视，如“据×单位 1999 年 2 号文《关于××××××××的通知》”，其引用文号的方法就不符合规定，正确的引用方法应为“据××《关于××××××

×××××的通知》（×办〔1999〕×号）。但我们同时要注意，其他语体引用文号的方法可以有所不同，例如新闻语体可用“×单位（98）×号文”一类的语式引用发文字号。

六、公文格式的具体式样

公文格式的具体式样详见附录二《党政机关公文格式（GB/9704-2012）》。

第三节　公文的行文规则

一、行文关系

行文是指以文件的形式将要发布的指示、办理的事情等发给有关方面阅办，也就是文件从拟稿到发出的整个形成过程。

行文关系是指机关或单位之间在文件往来过程中存在的一种法定关系，是机关、单位之间组织关系在公文运转过程中的体现，是确定行文规则的重要因素。

《条例》规定：“行文关系根据隶属关系和职权范围确定。”隶属，即受（上级）管辖，从属。隶属关系是指上级机关和下级机关之间的领导、被领导关系。职权范围，是指各行政单位职责权力的范围。机关之间的工作关系是由各自的组织系统或专业系统归属、地位、职责、权利范围等因素决定的。它对行文关系有决定性的影响，规定着公文传递的基本方向。根据《宪法》等有关法规的规定，我国机关之间的关系大体可以分为以下四种情况：

（1）同一组织系统的机关，既有上级领导机关，又有下级被领导机关，上下级机关之间，构成了领导与被领导的关系，即隶属关系。例如：国务院—省政府—市政府—县政府，县政府隶属市政府，市政府隶属省政府，逐级上推。所有隶属于同一上级人民政府的下级人民政府或其职能机关，以及职能机关和其下级机关所构成的关系，都属隶属关系。

具体说来，上级政府管全面工作，它能对下属就所有的工作发文，而职能机关分管专项工作，它只能就其分管的专项工作事务制发公文。从行文的性质说，上级政府能对下级政府或其职能机关发出指挥性公文，如命令、决定、通知、通报等，下级机关可以就有关事项向上级报告和请示，使用报告、请示文种。

（2）处于同一专业系统的上级主管业务部门与下级主管业务部门之间具有业务上的指导与被指导关系。例如财政部和各省、自治区、直辖市财政厅（局），省教育厅和县教育局等之间的关系就是业务上的指导与被指导关系。

（3）处于同一组织系统（或专业系统）的同级机关之间的关系和不同系统的同级机关之间的关系，属于平行关系。

例如：上海市财政局和江苏省财政厅之间的关系属于不同系统的同级机关之间的平行关系。

又如：全国各省、自治区、直辖市人民政府之间的关系、省政府下属各厅局机关之间的关系以及某市市劳动局与市财政局之间的关系都属于同一系统的平行关系。

（4）非同一组织系统、专业系统的机关之间，无论级别高低，均为不相隶属关系。如某财经大学与某县财政局之间、省财政厅与市教育局之间的关系属于不相隶属的关系。在具体的行文实际中，非隶属关系的行文和平级关系的行文相同，它们之间不能互相发出指令性公文，而只能发出告知或协商有关事项等的公文，尽管它们在行政级别方面有可能存在着高低级别的行政关系。

与第一种关系相对应，后三种关系统称为非隶属关系。

二、行文规则

行文规则是各机关和单位从文件拟制到运转全过程所必须遵循的规则和制度。遵守这一原则，有利于公文传递方向正确、线路短捷有效，避免公文旅行，阻止部分公文进入不必要的流通过程，抑制无价值公文的产生。行文规则规定了各级机关的行文关系，即各级机关之间公文的授受关系，它是根据机关的组织系统、领导关系和职权范围来确定的。

（一）注重实效性、针对性和可操作性的规则

《条例》第十三条规定：“行文应当确有必要，讲求实效，注重针对性和可操作性。”《条例》规定这一条，在我国的公文实际中，是为了讲究公文的实际效果，防止以往文山会海、公文旅行所造成的行政效率浪费的现象再度发生。强调公文针对性，就是贯彻问题导向原则，提倡可发可不发

的公文不发，可长可短的公文要短。可操作性是指公文的内容不能假大空，要有利于贯彻执行，政策方针要能落地、接地气，绝对不能脱离实际情况。本条行文规则放于首位，目的是改变当前某些机关单位办文流于形式、爱说空话的弊病，而这正是当前公文改革的首要任务。

（二）行文关系根据隶属关系和职权范围确定的规则

《条例》第十四条规定："行文关系根据隶属关系和职权范围确定。"根据上节分析，我们已知机关之间有四种关系。为此，机关行文应该注意两点：一是按机关隶属关系行文。上级机关对下级机关可以作指示、布置工作、提出要求；下级机关可以向直接的上级机关报告工作、提出请示，上级机关对请示事项应予研究答复。除了这一层关系外，在我们国家现行管理体制中，还形成了一种各业务部门上下垂直的条条关系，其中有些部门属本级政府和上级部门双重领导，大部分部门和上级业务部门之间虽然不属直接领导与被领导的关系，但在业务上的确存在指导与被指导的关系，也就形成了直接的上下行文关系。二是按机关的职责范围行文。这一点的要求是，行文的内容应是本机关职责范围内的事项，而不能超出，超出了即为越权。如果干涉了别的机关事务，不仅在实践中行不通，而且会造成政令混乱。当然，不相隶属机关之间也有公文往来，那只能是商洽工作、通知事项、征询意见等，而不存在请示、报告或布置任务的性质。

（三）不得越级行文的规则

《条例》第十四条规定"一般不得越级行文，特殊情况需要越级行文的，应当同时抄送被越过的机关。"请示、报告、意见都是常见的上行文，"一般不得越级行文"，这是为了维护上级机关公文处理的正常程序而设的一条规则。试想事无大小，都可越级请示和报告，更高上级的公文处理必然为冗务所累。但"一般不得"应该如何理解比较合适呢？很显然，它是说遇重大特殊情况可越级请示、报告。如在公文实际中，遇有重大灾害情况，为了保障当地人民的生活和生产工作正常进行，是可越级请示请求帮助的。而对于非重大特殊情况，依这条规则，上级机关对越级主送的请示和报告，完全有理由不受理。

（四）抄送规则

抄送规则《条例》中有两条规定：

其一是向上级机关行文，《条例》第十五条规定："（一）原则上主送一个上级机关，根据需要同时抄送相关上级机关和同级机关，不抄送下级机关。”“（六）受双重领导的机关向一个上级机关行文，必要时抄送另一个上级机关。”

其二是向下级机关行文，《条例》第十六条规定：“（一）主送受理机关，根据需要抄送相关机关。重要行文应当同时抄送发文机关的直接上级机关。”“（五）上级机关向受双重领导的下级机关行文，必要时抄送该下级机关的另一个上级机关。”

所谓重要行文，是指一些本级机关虽有权处理，但因牵涉上级的工作联系或因存在法规、政策等的性质，而要求上级有所了解或把关定向一类的公文，例如一些重大建设项目的审批，某些政策或法规牵涉面较广的公务，在形成文件时，都应抄送上级领导机关，这样做的目的是方便上级机关了解情况，实施指导与监督，从而避免工作发生混乱或差错，特别是一些重大的差错。例如报载湖南省某县政府发文征收事业费用，导致严重的社会后果而原县长被撤职，就是这方面的例子。按这条规定，该县政府在实施该文时，是应该抄送其直接上级市人民政府的，在市政府的把关下，他们就有可能避免这种重大差错。

理解“（六）受双重领导的机关向一个上级机关行文，必要时抄送另一个上级机关。”“（五）上级机关向受双重领导的下级机关行文，必要时抄送该下级机关的另一个上级机关”这两款规定，主要应从它在公务活动中的沟通、协调作用出发。按原文它有两方面的内容：①受双重领导机关的公文向两个上级机关分别主送和抄送，主送机关负责处理文件，抄送机关对公文的内容要有所了解。为什么要这样做呢？因为受双重领导机关的公文涉及两个上级机关的业务与指导关系，如果两个上级机关中有一个对该公文不了解，甚至不批准该公文，就势必会产生工作无法协调的结果。在这方面，请示可说最典型，如两个上级机关批复不同，请示必然无法承办。②上级机关向受双重领导的下级机关行文，必要时应当抄送其另一上级机关。什么叫“必要时”呢？这可以理解为工作必要的协调性，例如一上级机关在某天要召集其受双重领导的一下级机关开会，发一通知，该通知就要抄送它的另一上级机关，否则，若碰巧另一上级机关计划在该天召集下属单位开会，那么，事情就不好办了。由上述例子可见，关于抄送规则的规定，都是必要的。

（五）同意或授权的规则

《条例》第十五条规定“（二）党委、政府的部门向上级主管部门请示、报告重大事项，应当经本级党委、政府同意或者授权”；《条例》第十六条规定“向下级机关行文，需经政府审批的具体事项，经政府同意后可以由政府职能部门行文，文中须注明已经政府同意。”可见，在审批事项方面，如有必要，经本级政府同意，政府部门就可向下一级政府行文，此条也可称为授权规则。具体说，这个部门可向本级政府请示，经本级政府同意并授权后，向下级政府行文。在操作中，应将文稿拟好，由本部门领导签署，请本级政府分管领导审批。经政府领导审批后的文稿，在行文时，才能在公文文首或文中注明“经××政府同意”的字样。

这里特别需要说明的是各级政府办公厅（室）的行文都具有授权行文的性质（内部事务除外）。各级政府办公厅（室）以及各部门的办公室是政府和部门的综合办事机构，对外行文都是代表政府和部门的，与本级政府和本部门的公文具有同等效力，下级机关（部门）都应贯彻执行，可不在文首或文中标注“经××同意”的字样。

（六）“请示”应一文一事、只主送一个机关，不得原文转报，不同时抄送下级机关的规则

《条例》第十五条规定：“（一）原则上主送一个上级机关，根据需要同时抄送相关上级机关和同级机关，不抄送下级机关。”“（三）下级机关的请示事项，如需以本机关名义向上级机关请示，应当提出倾向性意见后上报，不得原文转报上级机关。”“（四）请示应当一文一事。”

1. 只主送一个机关

请示内容是要求答复的事项，主送机关有责任研究并作出答复。相关的机关或部门采用抄送形式，以便主办机关征求意见或会签。如果多头呈送，上级机关一般不予受理。如果办理，会造成机关之间相互等待或意见不统一，增加协调难度，影响工作效率。例如一个上级机关批准了，另一个上级机关却不批准，势必会造成请示事项难以落实的局面，同时，上级机关之间因对请示批复的意见不同，也有可能造成不必要的摩擦。

2. 一文一事

机关或部门都有明确分工，各自只能办理职责范围内的事，如果一文数事，必然涉及多个主管部门，或关系到相当复杂的公务背景，如关系到法律法规性质的判断、总体规划的判断等，不利于上级机关单位的判断与批复，给公文交办带来困难，即使勉强交办出去，可能谁也不愿牵头办理，造成互相推诿、扯皮。

3. 转报“请示”，应提出倾向性意见

对于下级机关的请示事项，如需以本机关名义向上级机关请示，上级机关回复时需要参考本机关的意见。如果本机关没提出倾向性意见就原文转报上级机关，上级机关在不了解本机关的想法和意图的情况下，就难以做出具有较强针对性的回复意见。

4. 不同时抄送下级机关

请示内容是未决事项，在上级机关还没有批准前，向下级机关抄送透露，会引起不必要的误会或矛盾，不利于工作的开展。因此，请示事项只能在上级机关答复或批准之后，通知下级机关。例如，某市财政局将其一份请示抄送给其下属的县财政局，这对相关下属单位说来，简直是不知所云，因为他们既无权批复该请示，也不知上级领导怎样批复该请示。

（七）不得以个人名义行文的规则

《条例》第十五条规定：“（五）除上级机关负责人直接交办事项外，不得以本机关名义向上级机关负责人报送公文，不得以本机关负责人名义向上级机关报送公文。”

这项规定和我国当前行文社会实际是密不可分的。“请示”直接报送领导者个人，其危害性大体上有三点：一是未经文秘机构签收、登记，成了“账外公文”，公文的流向、处理情况不得而知，查无踪迹，成了“断线的风筝”。二是这类公文到了领导同志手里，领导同志也颇为难。批，没有部门的审批意见，只能以经验、凭感觉办事，往往失去决策的科学性；不批，也有可能影响报送单位的工作。三是现实中一些单位拿着直送领导的批示件当“尚方宝剑”，到有关部门要钱要物，借领导批示向对方施加压力，引起矛盾。所以，领导同志一般不受理这类直报的请示，而退给文秘机构统一签收、登记、分办，这便形成了公文“倒流”，它破坏了公文处理的正常程序，造成了不必要的紊乱。如果上级领导个别交办、答应的事项，由此而上报的“请示”，最好也应主送该领导所在的机关，并在公文中作出说明。收文机关在分办时，自然会把这份公文分送给这位领导同志批阅。所以《条例》作出上述规定，目的在于保障机关领导的集体精神。

（八）“报告”等非请示性公文中不得夹带请示事项规则

《条例》第十五条规定：“……，不得在报告等非请示性公文中夹带请示事项。”此规定有历史办文的原因。公文历史上，曾沿用自延安时期以来的文种称呼用语，“报告”有时就是“请示”，“请示”有时也就是“报告”，两者很难划分出本质的区别。而随着办文形势的新发展，要求两种文种的分工有清楚的区别，报告一般用于上级机关了解下属各方面的情况，而请示则用于下级机关请求上级给予某方面的帮助。即“报告”和“请示”是两种不同的文种，适用范围有明显的界限，不能混用。《条例》规定这一条，就是以上述文种方面的功能区别为前提。“报告”是向上级机关汇报工作，反映情况，或向上级机关提出意见、建议，供上级机关决策参考，上级机关一般不作批复。而按正当程序上行的请示，上级机关原则上要作出批复。可见，由于存在上述文种分工而产生的文种职能不同，请示的事项不能写进报告中，如果违反这条规则，在报告中夹带请示事项，不但有可能拖延办文时间，而且有可能出现请示事项无法承办的情况。如果既想汇报工作，让上级掌握，又想请示解决问题，一般有两种办法解决：一是将“报告”和“请示”分开，形成两份公文分别上报；二是以请示公文为主，将报告的内容作为附件，附在请示后面作为背景材料，让上级了解请示的充分理由。

（九）指令性公文或要求慎用的规则

《条例》第十六条规定：“向下级机关行文，……（二）党委、政府的办公厅（室）根据本级党委、政府授权，可以向下级党委、政府行文，其他部门和单位不得向下级党委、政府发布指令性公文或者在公文中向下级党委、政府提出指令性要求。”其他部门和单位与下级党委和政府没有隶属关系，不可直接行文。此项规定是为了防止其他部门和单位对下级党委、政府乱指挥和瞎指挥，避免政出多门而做出的专门规定，是为下级党委、政府正常开展工作，营造安静、宽松的干事创业环境。

（十）职权范围内直接行文的规则

向上级机关行文，《条例》第十五条规定“属于部门职权范围内的事项应当直接报送上级主管部门。”向下级机关行文，《条例》第十六条规定“（三）党委、政府的部门在各自职权范围内可以向下级党委、政府的相关部门行文。”《条例》第十七条规定“党委、政府的部门依据职权可以相互行文。”按照职权范围行文，可以提高公文传递效率，便于落实文件要求，防止出现推诿、扯皮现象。

（十一）协商一致规则

向下级机关行文，《条例》第十六条规定：“（四）涉及多个部门职权范围内的事务，部门之间未协商一致的，不得向下行文；擅自行文的，上级机关应当责令其纠正或者撤销。”理解这条规定，要从部门间的利益关系这一社会角度出发。现实中有些单位为了自身的利益，在不顾及其他单位利益或在未经和其他单位协商的情况下，就向下属机关行文，要下属机关这样做那样做，从而导致了单位之间矛盾的发生或加深。而这显然不利于构建和谐社会，因此，这条规定就很有必要的了。值得指出的是，《条例》虽只使用了“部门”一语，但随着改革开放的深入，地方人民政府在办文实际中也碰到了这一类问题，它表现在地方人民政府之间往往为地方自身的利益实施地方保护主义，而向各自的下属单位发文，或在大政府与小政府的关系上有不同的规定，因此，从后者出发，这条规则也应适用，上级政府应对下级政府对有关问题未经协商一致而擅自向下行文的现象加以制止。

关于这条规则，在《条例》第五章“公文拟制”和第六章“公文办理”中也有相关的表述，第十九条：“公文起草应当做到：……（六）公文涉及其他地区或者部门职权范围内的事项，起草单位必须征求相关地区或者部门意见，力求达成一致。”第二十条：“公文文稿签发前，应当由发文机关办公厅（室）进行审核。审核的重点是：……（三）涉及有关地区或者部门职权范围内的事项是否经过充分协商并达成一致意见。”第二十四条：“收文办理主要程序是：（三）初审。对收到的公文应当进行初审。初审的重点是：是否应当由本机关办理，是否符合行文规则，文种、格式是否符合要求，涉及其他地区或者部门职权范围内的事项是否已经协商、会签。”上述要求从公文拟制到公文办理的过程中提出了涉及其他部门职权范围的协商一致原则，这从根本说来，是涉及辖事权的协调，它必须由上级机关出面调停或裁定，从而使公文从制作到办理过程都体现出公正与合法合理的精神，它和上文第十六条规定中上级机关对下级公文有权“责令其纠正或撤销”的精神总体上说是相通的。

（十二）联合行文的规则

《条例》第十七条规定：“同级党政机关、党政机关与其他同级机关必要时可以联合行文。属于党委、政府各自职权范围内的工作，不得联合行文。”

在实际的公文处理中，联合行文是必需的，这是因为在公务活动中，有不少的事项必须由两个或两个以上的单位协调才能解决。就此条规定的具体内容说，它可解释为以下六个方面：①同级政府可以联合行文。如省政府与省政府之间、市政府与市政府之间。②同级政府各部门之间可以联合行文。如省府所属的各厅局级之间可以联合行文。③上级政府部门可以和下一级人民政府联合行文。如国务院各部委可以与同一行政级别的各省府联合行文。关于这一点，必须注意上级政府部门和下一级人民政府处于同一行政级别这一前提，如级别不同，一般是不能联合行文的。④政府与同级党委、军事机关可以联合行文。意即同一级别的党、政、军机关可以联合行文。⑤上级政府部门与下一级党委、军事机关如处于同一行政级别可以联合行文。⑥政府部门与同级人民团体和具有行政职能的事业单位可以联合行文。所谓人民团体，指的是政协、工会等具有行政级别待遇的团体。以上的解释，看似对规定内容说明的简单重复，其实不然，这是因为，对原条文加以清楚地梳理是有必要的，同时，汉语的句子结构常可作不同的解读，上述“同级政府、同级政府各部门、上级政府部门与下一级政府可以联合行文”一语，如果将其中的“同级政府”与“同级政府各部门”联合起来，再与后文“可以联合行文”一语一起串读，那就大错特错了。如果原文用逗号断成“同级政府可以联合行文，同级政府各部门可以联合行文，上级政府部门与下一级政府可以联合行文”，则原来的句子表达效果就会好得多，这是需要特别说明的。

联合行文应当明确主办部门，而且联合行文的机关、单位不仅要经过协商对有关事项取得一致意见，而且必须是平级的；平级是联合行文的必要条件。

（十三）办公室统一办理规则

《条例》不仅在“行文规则”部分第十七条规定：“部门内设机构除办公厅（室）外不得对外正式行文。”这并不是说部门本身不得对外行文，而是说部门内设机构，如国务院部委下的各司、局，省厅所辖的某些副厅与处级机关，而并不包括部委和厅本身。而且在其他部分还规定“各级党政机关应当高度重视公文处理工作，加强组织领导，强化队伍建设，设立文秘部门或者由专人负责公文处理工作”（第六条）。“各级党政机关办公厅（室）主管本机关的公文处理工作，并对下级机关的公文处理工作进行业务指导和督促检查”（第七条）。“公文文稿签发前，应当由发文机关办公厅（室）进行审核。需要发文机关审议的重要公文文稿，审议前由发文机关办公厅（室）进行初核”（第二十条）。“公文应当经本机关负责人审批签发。重要公文和上行文由机关主要负责人签发。党委、政府的办公厅（室）根据党委、政府授权制发的公文，由受权机关主要负责人签发或者按照有关规定签发。签发人签发公文，应当签署意见、姓名和完整日期；圈阅或者签名的，视为同意。联合发文由所有联署机关的负责人会签”（第二十二条）。“党政机关公文由文秘部门或者专人统一管理”（第二十九条）。“新设立的机关应当向本级党委、政府的办公厅（室）提出发文立户申请”（第三十七条）。

根据上述要求，机关的公文处理工作都应由办公室（文秘机构或配备专人）处理公文。公文的正常流程应该是：“收”由文秘机构统一签收、拆封、清点分类、登记、拟办、分办、催办；“发”由文秘机构统一核稿，分送领导签批，然后再回到文秘机构登记编号、缮印、校对、用印、分发、分发前，要经过复核或第一读者认真阅读无误后，才可照单分发。这样，无论是公文收进或发出，都经过专司公文处理工作的一个口子把关，才能保证公文在机关有秩序地运转，按规范的程序办理，提高机关办事效率，保证公文质量。

（十四）公开发布的公文视为正式公文规则

《条例》第三十一条规定：“经批准公开发布的公文，同发文机关正式印发的公文具有同等效力。”这条规定虽在《条例》第七章“公文管理”中，但其实质和行文规则相关，故备列于此，以供参考。信息公开和政务公开是依法治国的要求。随着媒体和传播手段的增多，为了扩大公文传播范围，提高公文传播效率，通过互联网、电视、报纸、文告、政报等媒体手段发布公文的情况日益增多。但无论以哪种渠道发布，都属法律授权行为，没有发文机关的授权，任何媒体均不得发布公文文件。公开发布的公文，应视为正式公文依照执行，不必再等“红头文件”。发文机关可印制少量文本，供存档备查。

第四节　公文的处理

《条例》规定“公文处理工作是指公文拟制、办理、管理等一系列相互关联、衔接有序的工作”。它是公文活动中必不可少的一项工作，我们只有对它加以一定的认识，才能更全面地理解公文的特点。下面介绍公文处理的一些主要内容。

一、基本原则

关于公文处理的基本原则，《条例》规定：“公文处理工作应当坚持实事求是、准确规范、精简高效、安全保密的原则。”

（一）实事求是

行文应根据实际需要，公文内容应有针对性，从实际出发，注重实效，这是做到精简高效的基础。《条例》规定：“党政机关公文是党政机关实施领导、履行职能、处理公务的具有特定效力和规范体式的文书，是传达贯彻党和国家的方针政策，公布法规和规章，指导、布置和商洽工作，请示和答复问题，报告、通报和交流情况等的重要工具。”“公文起草应当做到：（一）符合党的理论路线方针政策和国家法律法规，完整准确体现发文机关意图，并同现行有关公文相衔接。（二）一切从实际出发，分析问题实事求是，所提政策措施和办法切实可行”。实事求是是我党的优良传统和作风。公文能否体现实事求是的精神，不仅是衡量公文质量高低的重要标志，而且能反映公文制发机关的思想政策水平和工作作风。因此，公文拟制、公文办理和公文管理等公文处理的各个环节都应坚持做到实事求是。

（二）准确规范

文件内容必须真实、准确，公文办理各环节也应准确无误。要加大审核把关的力度，保证公文质量。《条例》规定：“公文起草应当做到：……（四）文种正确，格式规范。”“各级党政机关应当建立健全本机关公文管理制度，确保管理严格规范，充分发挥公文效用”。具体指文件在办理过程中，应一环扣一环，不要出现差错，也不要出现遗漏。例如马虎大意，将一份该送某机关的公文却送给了另一机关；又如在登记归档时，将甲文件误作乙文件，都是属于文件在办理中不准确的问题。

（三）安全保密

《中华人民共和国保守国家秘密法》《国家秘密文件、资料和其他物品标志的规定》都是保守国家秘密的保障。有些公文的内容涉及党和国家的秘密，为此，《条例》对文件的保密提出了严格的要求。《条例》规定：“涉密公文应当通过机要交通、邮政机要通信、城市机要文件交换站或者收发件机关机要收发人员进行传递，通过密码电报或者符合国家保密规定的计算机信息系统进行传输。”“党政机关公文由文秘部门或者专人统一管理。设立党委（党组）的县级以上单位应当建立机要保密室和机要阅文室，并按照有关保密规定配备工作人员和必要的安全保密设施设备。”“公文确定密级前，应当按照拟定的密级先行采取保密措施。确定密级后，应当按照所定密级严格管理。绝密级公文应当由专人管理。公文的密级需要变更或者解除的，由原确定密级的机关或者其上级机关决定。”“公文的印发传达范围应当按照发文机关的要求执行；需要变更的，应当经发文机关批准。涉密公文公开发布前应当履行解密程序。”“复制、汇编机密级、秘密级公文，应当符合有关规定并经本机关负责人批准。绝密级公文一般不得复制、汇编，确有工作需要的，应当经发文机关或者其上级机关批准。复制、汇编的公文视同原件管理。复制件应当加盖复制机关戳记。翻印件应当注明翻印的机关名称、日期。汇编本的密级按照编入公文的最高密级标注。”“涉密公文应当按照发文机关的要求和有关规定进行清退或者销毁”。可见，安全保密的原则落实到文件上就是不出事故，不发生文件被窃丢失，不泄密。

（四）精简高效

作为依法行政和进行公务活动的重要方式，公文处理必须坚持精简高效的原则，这对转变工作职能、工作作风都有很大的影响。《条例》规定：“公文起草应当做到：……（三）内容简洁，主题突出，观点鲜明，结构严谨，表述准确，文字精练。”处理公文要求精简，精简既是理念的总要求，应当贯穿于公文处理工作中，也是实际操作具体的指导原则，应当落实到行动上。其核心是精简数量、控制篇幅和提高质量。要严格按照行文规则，对可发可不发的文件，从严控制；不该发的一件也不发。效率是衡量一项工作的标准之一。要求公文的处理高效，这是党政机关职能不断完善的表现，公文的处理是否高效，将直接影响很多相关的工作是否能够顺利地开展。在实际工作中，要尽量简化文件的审查层次和文件运转的中间环节，加强相互协调，转变工作作风和工作方式，提高工作效率。对于一些紧急公文要格外重视，高看一眼，做到办文“零停留”；对于不符合规范的公文要作出退文重发；关注领导行程，及时提示领导批阅，做好催办和督办；等等。这些相关的处理办法都能够有效地帮助提高效率。目前很多党政部门都实现了办公信息化，极大地提高了公文的处理效率。借助科学技术的运用，按照《条例》的相关规定，增强文秘人员的责任意识，才能够有效提高公文处理水平。

二、公文拟制

《条例》第十八条："公文拟制包括公文的起草、审核、签发等程序。"

（一）公文的起草

公文的起草有时是本单位领导交办的，有时却要据上级对来文的批办意见。如属上述第一种情况，可称之为"主动发文"，此时，要据本单位领导的意图认真研究机关工作的方方面面，并在遵守有关方针、政策和法规的基础上起草公文；如属上述第二种情况，可称"被动发文"，此时，就要认真研究上级的批办意见，弄清它的目的和要求，并针对具体情况起草公文。还有一种情况是据同级机关或不相隶属机关的公务办理起草公文，因部门内设机构除办公厅（室）外不得对外行文，在此情况下，它对外承办有关公务，要以办公厅（室）的名义行文。文件承办人如有权答复另一部门内机关的来文，可不必请示上级领导，如超出其职权范围，就必须请示上级领导，在得到领导的明确指示后再起草公文。公文起草应符合下列要求：

（1）符合党的理论、路线、方针、政策和国家法律法规，完整准确体现发文机关意图，并同现行有关公文相衔接。

（2）一切从实际出发，分析问题实事求是，所提政策措施和办法切实可行。

（3）内容简洁，主题突出，观点鲜明，结构严谨，表述准确，文字精练。

（4）文种正确，格式规范。

（5）深入调查研究，充分进行论证，广泛听取意见。

（6）公文涉及其他地区或者部门职权范围内的事项，起草单位必须征求相关地区或者部门意见，力求达成一致。

（7）机关负责人应当主持、指导重要公文起草工作。

（二）公文的审核

公文的审核是指公文文稿签发前，应当由发文机关办公厅（室）进行审核。

1. 公文审核的重点

（1）行文理由是否充分，行文依据是否准确。

（2）内容是否符合党的理论、路线、方针、政策和国家法律法规；是否完整准确体现发文机关意图；是否同现行有关公文相衔接；所提政策措施和办法是否切实可行。

（3）涉及有关地区或者部门职权范围内的事项是否经过充分协商并达成一致意见。

（4）文种是否正确，格式是否规范；人名、地名、时间、数字、段落顺序、引文等是否准确；文字、数字、计量单位和标点符号等用法是否规范。

（5）其他内容是否符合公文起草的有关要求。

2. 需要经过审议的公文，在提交会议研究之前，公文稿件的处理

对于需要发文机关审议的重要公文文稿，审议前由发文机关办公厅（室）进行初核。

3. 公文审核后的处理

经审核不宜发文的公文文稿，应当退回起草单位并说明理由；符合发文条件但内容需作进一步研究和修改的，由起草单位修改后重新报送。

公文的审核是公文处理中一个十分重要的环节，工作最大的特点是要细致。目前，这方面的问题较突出，例如某省人大一公文原标题《关于禁止赌博的处罚条例》，就把原意搞反了（后经该省人大改正），又如某省一公文标题《关于禁止招收适龄儿童的规定》，是哪方面的适龄儿童？是接种防疫疫苗或是受教育方面的适龄儿童？像这类例子，都和文件的审核疏忽有关，是亟待纠正的现象。

（三）公文的签发

公文的签发即是领导人对文件的签名、核准发出之意。文件一经签发，就具有行政效力。由于文件的签发是文件生效的具体表现，所以，它是一件极其严肃的事情，必须遵照要求进行。

（1）公文应当经本机关负责人审批签发。重要公文和上行文由机关主要负责人签发。

（2）党委、政府的办公厅（室）根据党委、政府授权制发的公文，由受权机关主要负责人签发或者按照有关规定签发。

（3）签发人签发公文，应当签署意见、姓名和完整日期；圈阅或者签名的，视为同意。

（4）联合发文由所有联署机关的负责人会签。

签发人首先要明白自己对该文是否有权签发。一般来说，重要的公文要由机关正职负责人签发；一般性的文件，据下行文、平行文性质可由正职负责人授权其他负责人签发（可参考“公文格式”中“签发人”一栏），在签发人一栏中写明“代签”；如文件涉及特别重大的问题，须经会议通过或机关集体讨论后才能签发；以机关部门名义发的文件，由机关部门负责人签发，但如果部门负责人认为该文超出自己的职权范围，就要将文件送主要领导，经主要领导审阅后并加上批示意见才能签发。签发文件的负责人要对文件负全责，因此，文件的签发除要明确职权范围外，还要求签发人能透彻理解公文文字、文句的内容，要时时注意一个文字或一个文句的不同可能产生不同解释的现象；公文的文字具有权威性，任何可产生不同解释的语言现象都应当避免。为此，一个机关的领导人在签发文件前，应该让该机关懂文法的领导人把好文字关；中共中央《关于纠正电报、报告、请示、决定等文字缺点的指示》中要求：“地方党委、县政府以上、军队师以上负责干部，至少有一人学会文法，以便于负责修正文电字句……”文件在签发前，要在签发栏内写明“发”“印发”“急发”等各个不同的项目。文件签发后如发现错误，没有得到签发人的意见之前，不得作任何修改。

三、公文的办理

《条例》规定：“公文办理包括收文办理、发文办理和整理归档。”

（一）收文办理

收文办理即对来文的处理。来文分两种：一是上级机关发下的公文，二是其他机关发来的公文。这方面的程序包括签收、登记、初审、承办、传阅、催办、答复等。

1. 签收

收文办理的签收是指收文单位可以负责签名的人在文件投递单或送文簿上签名，也可以盖章代替。它的作用是明确双方文件交接的责任，保证文件在传递过程中不致出差错。签收时对收到的公文应当逐件清点，核对无误后签字或者盖章，并注明签收时间。签收工作一般要清楚以下各事项：

（1）看清来文的机关名称，送达是否有错投现象。

（2）认真清点文件件数是否和机要交通簿上所标的数字相同（以上两

点可指加密级由专人专送的文件）。

（3）核对信封号码是否与投递人在签收记录本上所登记的号码一致。

（4）检查文件原包装是否有拆口及散包重封现象（以上两点适用于邮递文件）。

在上述四方面认真检核清点后，方可在投递回执或送文登记本上签字，并注明收到时间，以便备查。

2. 登记

收文办理的登记是指对公文的主要信息和办理情况应当详细记载到文件登记簿。它的作用旨在“账目”清楚了然，如发生责任事故，可有清楚的线索加以查找，同时，也便于文件的统计和催办、检查和查阅等。

文件登记项目包括收文顺序号、收到日期、来文机关、来文字号、密级、标题、份数、承办单位、签收人等。

文件的登记一般采用以下三种方式：

（1）簿册式。这是指采用簿册页码顺序登记的方式。其优点是可按顺序查找来文的时间，办文机关可按一定的时间段统计来文资料以方便明白文件的来源、范围、性质等。它是机关最普遍使用的登记方式。

（2）卡片式。卡片式登记是用单张卡片式登记的方法。它的作用类似于图书馆的书名登记号，它按文件的性质或来文机关加以分类，有时是按必须办理的文件分类，再加上时间顺序号。

（3）联单式。这是指用复写纸复写的联单登记方法。它的作用是简化登记手续，避免重复登记。例如上述簿册式，它既要在簿上签名登记，又要开回执凭据；又例如卡片式登记也是在签收的第一道工序后再进行的。当然，各种登记方法的运用，还要视收文机关专办人员的习惯和爱好而定。

3. 初审

《条例》第二十四条规定，对收到的公文应当进行初审。初审的重点是：

（1）是否应当由本机关办理。

（2）是否符合行文规则。

（3）文种、格式是否符合要求。

（4）涉及其他地区或者部门职权范围内的事项是否已经协商、会签，是否符合公文起草的其他要求。

经初审不符合规定的公文，应当及时退回来文单位并说明理由。

4. 承办

收文办理的承办是指主管部门对文件需要办理的事项加以落实。它包括贯彻落实文件，写出答复。承办公文有时是本机关的事，有时是本机关某一部门的事。一般来说，凡属全局性的工作，应由承办的领导机关执行；如属领导机关某职能部门的事，应由职能部门加以贯彻执行。阅知性公文应当根据公文内容、要求和工作需要确定范围后分送。批办性公文应当提出拟办意见报本机关负责人批示或者转有关部门办理；需要两个以上部门办理的，应当明确主办部门。紧急公文应当明确办理时限。承办部门对交办的公文应当及时办理，有明确办理时限要求的应当在规定时限内办理完毕。

承办公文时，应做到“紧急公文应当按时限要求办理，确有困难的，应当及时予以说明”（第三十三条）。“对不属于本单位职权范围或者不宜由本单位办理的”，承办部门“应当及时退回交办的文秘部门并说明理由”（同上条）。

承办公文时，有时会涉及其他部门职权的事项，这时，主办部门要与有关部门协商一致，如有分歧，应报请上级机关协调或裁定。

5. 传阅

根据领导批示和工作需要将公文及时送传阅对象阅知或者批示。办理公文传阅应当随时掌握公文去向，不得漏传、误传、延误。

6. 催办

催办是指由文秘部门负责的催促公文的办理。《条例》第二十四条：“（六）催办。及时了解掌握公文的办理进展情况，督促承办部门按期办结。紧急公文或者重要公文应当由专人负责催办。”

7. 答复

公文的办理结果应当及时答复来文单位，并根据需要告知相关单位。

（二）发文办理

发文办理指文件从签发后到印制发出的系列工作过程。这一程序有以下四个环节：

1. 复核

复核是指公文正式印刷前，由文秘部门对文件的复核。发文机关负责人已经签批的公文，印发前应当对公文进行复核，复核的重点是：审批手续、内容、文种、格式等。经复核如发现文稿需作实质性内容修改的，要按正式程序复审。

2. 登记

对复核后的公文，应当确定发文字号、分送范围和印制份数并详细记载。它的作用在于方便文件的管理和查找。发文登记要使用专门的“发文登记簿”，登记的项目有入册顺序号、文件标题、文号、密级、发文机关、成文日期、份数、发文日期等。

3. 印刷

印刷是指对经签发的文件进行印刷。公文印制必须确保质量和时效。涉密公文应当在符合保密要求的场所印制。

4. 核发

公文印制完毕，应当对公文的文字、格式和印刷质量进行检查后分发。以邮件发出的文件为例，封装时文件不要顶着封口，以免收文单位在拆封时损毁文件，封好后要核对邮政编码、地址等，如是急件、密件，则要加上急件戳、密件戳等。

其实在核发之前还应有一个环节，即用印，但《条例》第二十五条仅规定了发文办理主要程序的复核、登记、印刷、核发四个环节。用印是公文生效的凭证。一般中下层单位，印章由专门的负责人掌管，高级机关单位有专门的文秘人员掌管，用印的文件必须是经领导人签发的文件，没有领导签发或签发手续不齐备的文件，一律不得用印。用印时要核对签发的份数，然后按份数一一盖印。公文用印前按规定填写《用印登记表》。

（三）整理归档

1. 涉密公文的收发

涉密公文应当通过机要交通、邮政机要通信、城市机要文件交换站或者收发件机关机要收发人员进行传递，通过密码电报或者符合国家保密规定的计算机信息系统进行传输。

2. 公文的归档

需要归档的公文及有关材料，应当根据有关档案法律法规以及机关档案管理规定，及时收集齐全、整理归档。两个以上机关联合办理的公文，原件由主办机关归档，相关机关保存复制件。机关负责人兼任其他机关职务的，在履行所兼职务过程中形成的公文，由其兼职机关归档。

四、公文管理

《条例》第二十八条规定：“各级党政机关应当建立健全本机关公文管理制度，确保管理严格规范，充分发挥公文效用。”

（一）公开发布公文的效力

经批准公开发布的公文，同发文机关正式印发的公文具有同等效力。

（二）公文的保密管理

（1）党政机关公文由文秘部门或者专人统一管理。设立党委（党组）的县级以上单位应当建立机要保密室和机要阅文室，并按照有关保密规定配备工作人员和必要的安全保密设施设备。

（2）公文确定密级前，应当按照拟定的密级先行采取保密措施。确定密级后，应当按照所定密级严格管理。绝密级公文应当由专人管理。公文的密级需要变更或者解除的，由原确定密级的机关或者其上级机关决定。

（3）公文的印发传达范围应当按照发文机关的要求执行；需要变更的，应当经发文机关批准。涉密公文公开发布前应当履行解密程序。公开发布的时间、形式和渠道，由发文机关确定。

（4）复制、汇编机密级、秘密级公文，应当符合有关规定并经本机关负责人批准。绝密级公文一般不得复制、汇编，确有工作需要的，应当经发文机关或者其上级机关批准。复制、汇编的公文视同原件管理。复制件应当加盖复制机关戳记。翻印件应当注明翻印的机关名称、日期。汇编本的密级按照编入公文的最高密级标注。

（5）涉密公文应当按照发文机关的要求和有关规定进行清退或者销毁。

（三）公文的撤销、销毁及移交

（1）公文的撤销和废止，由发文机关、上级机关或者权力机关根据职权范围和有关法律法规决定。公文被撤销的，视为自始无效；公文被废止的，视为自废止之日起失效。

（2）不具备归档和保存价值的公文，经批准后可以销毁。销毁涉密公文必须严格按照有关规定履行审批登记手续，确保不丢失、不漏销。个人不得私自销毁、留存涉密公文。

（3）机关合并时，全部公文应当随之合并管理；机关撤销时，需要归档的公文经整理后按照有关规定移交档案管理部门。

（4）工作人员离岗离职时，所在机关应当督促其将暂存、借用的公文按照有关规定移交、清退。

（四）公文的发文立户

新设立的机关应当向本级党委、政府的办公厅（室）提出发文立户申请。经审查符合条件的，列为发文单位；机关合并或者撤销时，进行相应调整。

第三章　公文写作的基本要素

第一节　公文的主题和材料

一、公文的主题

主题又称主旨，指公文的中心意思或基本观点，是作者的意图、主张或看法在文中的体现。主旨是公文的灵魂，它决定着公文质量的高低、价值的大小、社会作用的强弱。公文的主旨与其他要素相比处在统帅的地位。材料的取舍、结构的安排、语言的运用、表达方式的选取都要围绕着它进行。“主题先行”“意在笔先”是公文写作应该遵循的原则。那么，该如何确立主题呢？确立主题的要求是：正确、集中、鲜明、深刻。

（一）正确

主题正确是撰写公文的基本要求。公文所确立的主题应该符合国家的方针政策，符合法律法规，能够反映自然的规律和事物的本质，反映事物的内在联系。

（二）集中

集中是指把文章的主题凝练成最精要的一点，一篇文章只有一个主题，这个主题要贯穿全篇，要围绕这个主题把道理说深说透。

（三）鲜明

公文的观点必须明确，立意必须清晰，让人知道是什么、怎么样，明确该怎么做、不能怎么做。切忌似是而非，模棱两可，让人无所适从。

（四）深刻

深刻是指主旨能够揭示事物的内在本质，反映事物内部的规律。因此，要善于抓住事物的主要矛盾，挖掘具有本质性和倾向性的问题，提炼出规律性的认识，并形成主题深刻的文章。

二、公文的材料

（一）材料的含义

公文的材料是指撰写者为表现公文的主旨所搜集或积累的一系列事实、数据或论据。材料是公文写作的基础。如果说主旨是公文写作的灵魂，那么材料就是公文的血肉。没有材料，主旨就不能确定。

（二）材料的来源

公文的材料主要分为理论材料和事实材料两大部分。根据特定的写作目的，搜集的公文材料要做到丰富、典型。

怎样获得公文的材料呢？

获得公文材料主要有直接获取和间接获取两条途径。

（1）直接获取。这是指作者亲自从现实生活中获取。如运用观察、实地调查、访问、问卷、开调查会等方法直接搜集材料。

（2）间接获取。这是指作者通过某种传播媒介所获得的材料。如各种记录、报表、报刊、书籍、部门或单位的档案、网络查阅等方法获取大量的间接材料。

（三）材料的选择和使用

1. 选择材料

选择材料是指在搜集和分析材料的基础上，对具备候选资格的材料进行筛选、取舍。公文选择材料主要是根据主旨的需要去选择那些典型、真实、新颖的材料，这是公文的实用性决定的。典型性材料能够“以一当十”；真实性材料能够反映客观事物的本质和主流；新颖性材料符合时代的特征，能够引起人们的共鸣。

2. 使用材料

使用材料的恰当与否直接关系主题的表达和文章的质量。因此，使用材料时一定要分清主次，根据主题的需要，按照一定的组织形式，安排材料的先后顺序，在安排顺序时要考虑材料的主次、时间的先后、材料间的逻辑关系、人们认识事物的规律、事物发展的过程等诸多因素。

第二节　公文的结构

公文的结构是指公文内部的组织构造，也就是安排材料、谋篇布局的方式。结构是公文的骨架，有了严密的结构，才能形成一篇完整的文章。公文的结构与一般文章一样，包括开头和结尾、层次和段落、过渡和照应。

一、开头和结尾

（一）开头

开头是指文章从什么问题写起，从哪里下笔。公文的开头多为开门见山，常见的方式有：

文章的开头一般有两种类型：一是“开门见山”的较为平实的写法；二是“生动形象”较为艺术的写法。公文作为应用文，讲究平实，所以常用平实的开头。下面介绍公文写作中常见的九种开头方式。

1. 原因式

原因式是在开头即交代问题的缘起、情况的由来，或直接说明行文的原因。通常用简洁的语言，以叙述、说明或夹叙夹议的方式，一般用“由于”“鉴于”“随着”等词语开头。

2. 目的式

目的式是文章的第一句话即开宗明义，说明发文的目的和意图，以引起受文者的注意和重视。一般用“为了……”“为……”这种介词和宾语组成介词结构短语来开门见山。这种开头常用于“情况通报”“通告”“通知”“意见”等文种。

3. 根据式

根据式是开头即说明行文的根据、依据，以增强文章的权威性和强制力。一般用“据”“根据”“按照”“遵照”等介词和宾语组成介词结构开头。根据法律、法令，文件精神，对方来文，存在的问题，突发事件等行文。这种开头多用于“决定”“通知”“报告”等文种。

4. 概述式

概述式是入手便把全文的主要内容如时间、基本情况、主要问题等作一个简要概括的介绍，然后一一分别叙述。这种开头，多用于“报告”“纪要”等文种。

5. 说明式

说明式是开头先对要写的对象的背景、情况做一些说明，在此基础上引出正文。这种开头多见于“通报”“报告”等文种。

6. 时间式

时间式是落笔便写明某事、某种情况、某一问题出现或产生的时间，以此领起具体事情的叙说。常用的有“近来”“最近”“近一段时间以来”，或直接点明具体的时间。

7. 揭示式

揭示式是首段便开宗明义地揭示全文的主旨，然后再展开论述。论述性的文章常用这种开头。

8. 引述式

引述式是落笔便引述来文，然后表明对来文的态度。批复、函复常用这种开头。

9. 提问式

提问式是开头就开门见山地提出问题，制造一个悬念，发人深思，然后引出正文。“通报”“纪要”等文种，有时用这种方式开头。

在上述九种开头写作方式中，原因式、目的式和根据式是常用的三种方式。

（二）结尾

结尾是文章的总结。一般文章的结尾也有两种类型：一是平白直率；二是委婉含蓄。公文的结尾常是意尽言止，平白直率。其常见的结尾方式有：

1. 总结全文，突出主旨

结尾处以简明扼要的文字，概括全文的主要内容，作出结论，揭示、突出、点明主旨，以加深人们对文章的印象。这种形式多用于“通报”“报告”等文种。

2. 表明态度，提出建议

结尾处表明对某一事件、问题的看法，提出处理的意见或建议。常用于“决定”“通报”“报告”“意见”“批复”“纪要”等文种。

3. 展望未来，鼓舞斗志

结尾处指出事物的发展趋势或前景，或用号召性、鼓舞性的语言激发人们的斗志。常用于“决定”“通报”等文种。

4. 说明要求，表达希望

结尾处针对工作中的问题或不足，提出改进要求和措施，表达作者的希望。常用于“通知”“通报”“纪要”等文种。

5. 注释说明，补充主体

结尾处对主体部分的未尽事宜作一些补充说明，或者对与内容有关的问题做一些必要交代。这种形式多用于“公告”“通知”“通报”“通告”等文种。

6. 专用词语，惯用格式

结尾处以习惯用语和固定格式构成结尾。多用于“报告” “请示”“批复”等文种。

二、段落和层次

（一）段落

段落是组成文章的最基本单位，是按照表达层次划分出来的一个个小的结构单位。

在一般情况下，它是同属于一个中心思想的一些句子的连接，是小于篇、大于句子的一个完整的意义单位。在形式上，段落是明显的换行标志。

（二）层次

层次是文章思想内容的表现次序，它反映了作者的思维过程。

1. 层次的表述方法

（1）用小标题表示。如《国务院关于实行分税制财政管理体制的决定》一文的层次即用小标题的形式表示：（一）分税制改革是发展社会主义市场经济的客观要求；（二）分税制财政体制改革的指导思想；（三）分税制财政管理体制的具体内容；（四）配套改革和其他政策措施。

（2）用数量词表示。如：一、二、三、四……，（一）、（二）、（三）、（四）……

（3）用表示顺序的词或词组表示。如：“首先”“其次”“最后”“会议认为”“会议决定”等。

2. 安排结构层次的常见顺序

（1）以事件的时地为序

即以事件发生的时间或地点作为划分层次的依据，“报告”“通报”“调查报告”等公文多采用这种形式。

（2）以逻辑发展为序

即并列式和递进式。并列式即“横式”，就是说明主旨的各个层次的内容是一种平等、并列的关系，“报告”一般采用这种形式。递进式即“纵式”，一般指内容层层推进、环环相扣，“决定”“通报”等多采用这种形式。

（3）总分顺序

一般按照总—分—总、分—总、总—分的关系安排层次。“通知”“报告”等多采用这种形式。

（4）纵横式

纵横式也称综合式，是指由于公文内容复杂，可以综合运用几种形式来安排结构层次，如先以时间为序划分大的层次，再以其中的问题为序划分小的层次，俗称“大纵小横”，或反之，俗称“大横小纵”。

三、过渡和照应

（一）过渡

公文的过渡是指上下文之间的衔接、转换。过渡的方式，主要是用过渡段、过渡句和关联词语。如“综上所述”“总之”“为此”“故此”等。

公文常见的过渡包括：

（1）内容开合处：文章内容由总到分或由分到总时需要过渡。

（2）意思转换处：文章内容由一层意思转入另一层意思时需要过渡。

（3）表达变动处：文章内容由叙述转入议论或由议论转入叙述时需要过渡。

（二）照应

公文的照应是指文章前后内容的关照、呼应。

公文的照应，主要有以下三种形式：

（1）首尾照应：开头与结尾相呼应。

（2）前后照应：前面的内容为后面的内容埋下伏笔，相互呼应。

（3）题文照应：题目与文章的内容相呼应。

第三节　公文的语言

一、公文语言的表述要求

写作公文要从以下四个方面注意语言的表述。

（一）准确

准确是指用词要切合语体，语言要准确、连贯，逻辑性要强，造句要合乎语法修辞的规范。例如，在公文的写作中，经常会遇到一些数字、概念，在运用时就不能含糊不清，一定要准确、恰当，切忌使用“可能”“大概”等词语。

（二）简练

简练是指语言的简洁和精炼，用最少的文字表达最丰富的内容。但简练要以明白为前提，如果只是为了简练而压缩字句，将应该用的词不用，弄得语气不连贯，意思不好懂，那就是错误的。

（三）质朴

质朴就是不用夸张性的语言，杜绝虚妄不实之词，保持写作的严肃性。公文是为了解决实际问题的，它的用语不追求华丽深奥，而强调朴实得体。质朴的语言用得恰当，也能产生很好的语言效果。

（四）规范

规范就是指公文不宜使用文学语言，也不宜使用口语、方言、不规范的简称等词语，要使用公文专门用语。规范的语言词义严谨周密，而不规范的语言能导致理解歧义，影响工作的进行。

二、公文的语言运用

（一）公文常用的专用语言

1. 称谓词

称谓词指表示称谓关系的词。

在公文中，涉及机关时，一般应直呼机关的全称或规范化的简称；涉及个人时，要直呼对方的职务或“××”同志、先生。在表述指代关系的称谓时，一般用下列专门词语：

第一人称：“本”“我”，后面加上所代表的单位的简称，如院、部、厅、局等。

第二人称："贵""你"，后面加上所代表的单位的简称，如院、部、厅、局等。

第三人称："该"，可用于指代人、事物或单位，如"该同志""该税种""该笔会计分录"等。

2. 引叙词

引叙词指用于引出公文撰写的根据、理由或公文具体内容的词。

公文的引叙词多用于文章的开端，引出法律、法规以及国家政策做依据，或引出事实做根据；用在文章的中间，起过渡、衔接的作用。一般情况下，借助引叙词可以使公文写得开宗明义。常用的引叙词有：根据、按照（依照、遵照）、为了、现将、兹因（兹有、兹定于）、经研究、鉴于、接……、悉、近悉、惊悉、……收悉、为……特……、前接……、近接……等。

3. 经办词

经办词指用来说明工作处理过程的已然时态，表明处理时间及经过情况。

在使用时，应注意这类词语在表述次数和时态方面的差异。常用的经办词有：兹经、已经、业经、前经、即经、复经、均经等。

4. 承转词

承转词又称过渡语，即承接上文转入下文时使用的关联词、过渡用语。

承转词用于在陈述理由及事实之后引出作者的意见和方案。常用的承转词有：为此、据此、故此、有鉴于此、综上所述、总而言之、总之、提出如下、答复如下等。

5. 期请词

期请词指用于向受文者表示请求和希望的词语。

使用期请词的目的在于营造机关之间相互敬重、和谐合作的氛围，从而建立正常的工作关系。常用的期请词有：即请查照、希即遵照、希、敬希、希予、请、拟请、报请、恳请、烦请、务求等。

6. 征询词

征询词用于征询对方的意见和反映，具有探询的语气。

这类词语一般用于公文的上行文、平行文中。在使用时要确有实际的针对性，即确需征询对方的意见时才使用。常用的商洽词有：当否、可否、妥否、是否可行、是否妥当、是否同意，等等。

7. 受事词

受事词指向对方表示感谢、感激时使用的词。

受事词属于客套语，一般用于平行文或涉外的公文有：蒙、承蒙。

8. 命令词

命令词指表示命令或告诫语气的词语。

命令词的作用在于增强公文的严肃性与权威性，引起受文者的高度注意。常用的命令词有：着令、着、特命、责成、着即、切切、毋违、不得有误、严格办理等。

9. 目的词

目的词指直接交代行文目的的词语。

人们撰写公文都有明确而具体的目的，对此，需要有针对性地使用简洁的词语加以表述，以便受文者正确理解并加速办理。

用于上行文、平行文的目的词，还需加上期请词，常用的有：请批复、函复、批示、告知、批转、转发。

用于下行文的有：查照办理、遵照办理、参照执行。

用于知照性的文件有：周知、知照、备案、审阅。

10. 表态词

表态词又称回复用语，即针对对方的请示、问函，表示明确意见时使用的词语。在使用表态词时，应对公文中的下行文和平行文严加区别。常用的有：照办、同意、可行、不宜、不可、同意、不同意、遵照执行等。

11. 结尾词

结尾词指置于正文最后，表示正文结束的词语。

使用结尾词，有助于使文章表达得简练、严谨并富有节奏感，从而赋予文章庄严、严肃的色彩。常用的有："此"（复、令、布）、"特此"（报告、通知、通告、公告、函复、函达、函告）、"专此函达"、"为"（要、盼、荷、感）、"希"（研究执行、贯彻执行、遵照办理、参照执行）、"以上报告，请审查"、"以上请示当否，请批复"、"敬请函复"、"此致"、"敬礼"、"谨致谢忱" 等。

（二）恰当使用模糊词语

公文语言的准确性，是其语言的基本特征。但是，在写作实践中，公文所用的词语并非都是表意精确的准确性词语。公文写作中，在表达某些模糊概念和不便准确表达的对象的时候，而又需要保留某些内容，使问题阐述有回旋余地，或高度概括以避免冗长的文字，恰当地运用一些模糊词语能收到积极的表达效果，是公文语言的一大特点。在一些特殊的语言环境，表意不精确的词语不但经常使用，而且是非用不可的。如："有些单位，挥霍浪费现象相当严重"，"相当"一词，就是模糊词语。在对一些单位的挥霍浪费现象进行表述时，无法用一个表意精确的词语来表述，如果那样，反而让读者对其可信度产生怀疑。

模糊词语是指自然语言中带有模糊性的语言。模糊语言，是公文写作中不可缺少的语言形式，它具有弹性，在本质上具有中介性，在表意上具有模糊性，是具有特殊表现力的语言形式。

公文需要模糊语言，是因为它具有相对明确性的作用和特殊表达意义。在特定的语言环境中，模糊语言不仅不是模糊的，反而是明确的。如"择机出台×××××方案""择机"是什么时候？这是个模糊的、不明确的时间概念。"择机"，即为出台的时间，在当时的语言环境，不便具体指明。采用模糊词语，既符合事物本身需要，也符合实际。

在公文里使用模糊语言是必然的，但却不能滥用；否则，就会适得其反，使模糊语言变成了语言模糊，从而造成概念不清并产生歧义。

公文中常用的模糊词语主要有以下六类：

（1）表示时间的，如现在、正在、将来、将要、同时、曾经、有时、最近、适当时候、一直、一度、一段时间等。

（2）表示范围的，如有关、各部门、上下、左右、国内外、个别、有的、部分、少数、一些、某些、某种、许多、以上、以下等。

（3）表示数量的，如许多、多数、广大、一些、某些、个别等。

（4）表示程度的，如很、一般、更加、极、特别、显著、逐步、有所、普遍、比较、相当、十分、进一步、大体上、基本上等。

（5）表示频率的，如经常、有时、不断、反复、再三、多次、往往、一再、三令五申等。

（6）表示条件的，如在可能的情况下、在×××××基础上、符合一定条件等。

（三）因文而异，精选妥帖的词语

汉语中，有许多同义词和近义词，尽管它们的意义很相近，但在公文的语言环境中，常常不能相互替代。比如“妻子”和“爱人”，在一般语言环境中是可以相互代替的，但法律文书中表述“某一男性的合法配偶”时，只能用“妻子”，而不能用“爱人”。“责成”和“责令”是近义词，都有强烈要求对方做某件事的意思，但“责令”带有更明确的强制性，往往用于被管制的对象或对立面的一方，而“责成”一词程度上比“责令”一词轻微，因而常常用于上级对下属提出某种较强烈的要求的语言环境。

公文写作中，选用词语要因文而异。政策性、指导性强的公文，如命令、决定、通知等，多选用概括性词语。公告、通告等公布性公文，选用说明性词语，语言力求简明扼要、通俗化。报告、请示等报请性公文要选用陈述性和说明性词语，做到恳切明白。用于单位之间联系工作、沟通信息的函，要选用商洽性、征询性词语，不卑不亢，措辞得体。

（四）选择规范周密的句式

根据公文内容表达的需要，以及公文事务语体的特点，公文多用陈述句、判断句，不用或少用疑问句、感叹句，多用长句少用短句。采用介词结构作修饰语的长句，能够使句子表意更为严密。

第四节　公文的表达方式

表达方式，是行文时对有关内容进行表达时所采用的表述形式与方法。公文常用的表达方式有记叙、说明和议论。

一、记叙

记叙也称叙述，是对人物经历和事物发展变化的过程作出介绍和交代，以突出公文的思想观点和写作意图。记叙是各类文体写作中最基本最常用的表达方式之一。

在公文的写作中，记叙这种表达方式与其他文体的写作一样，应该具备六要素，即：时间、地点、人物、事件、原因、结果。如果叙述的要素残缺，就会造成表达不清。需要注意的是，文学作品中的记叙，与公文写作有较大的区别。文学作品中的记叙，要求具体、详尽，而且往往与描写结合在一起，能给读者具体的感受；公文写作中的记叙，则要求简明扼要，绝对真实。

公文体中记叙的方式通常有：顺叙、倒叙、概叙和夹叙夹议。

（一）顺叙

顺叙是完全按照时间先后或事情发生发展的过程来安排段落层次的一种写法。用这种方法，可以把事物发展的过程叙述得头尾清楚，层次分明。如“情况通报”“工作报告”等文种使用这种写法。

（二）倒叙

倒叙是先写事情结局或事件的某一重要情节，然后再按事件的发生、发展过程进行叙述。如“情况通报”“工作报告”等，常常是先叙述成绩、结果，然后回头再叙述工作进展、过程及经验。用这种方法，可以强调结局，突出重点。

（三）概叙

概叙就是概略叙述某一状况，某一过程的基本面貌，使读者能了解概要，这种叙述方法在公文中运用得最多。但概叙不同于略叙，略叙是将无关紧要的情况略去的叙述，概叙则是对主要材料做概括的叙述，如“纪要”，表彰性的“决定”。

（四）夹叙夹议

夹叙夹议是以叙述为主，并加以分析评论的叙述方式。它在公文写作中被广泛运用，这种方法将材料与观点结合起来，能更好地表现作者的意图，如“报告”。

二、说明

说明，就是简明扼要地把事物的形状、性质、特征、成因、关系、功能等解说清楚，把人物的经历、特点等表述明白的一种表达方式。说明在公文写作中有着广泛的用途，常用的说明方法有：

（一）定义说明

定义说明，就是通常所说的下定义，是指用简洁而明确的语言把事物的本质属性揭示出来，给人以清晰的概念，这是一种科学而严密的说明方法。定义说明既能使人们对被说明的事物有一个明确的本质的了解，又能使人们把该事物与其他事物区别开来。例如《国务院关于加强预算外资金管理的决定》就给预算外资金下了这样的一个定义：

预算外资金，是指国家机关、事业单位和社会团体为履行或代行政府职能，依据国家法律、法规和具有法律效力的规章而收取、提取和安排使用的未纳入国家预算管理的各种财政性资金。

这一定义，不仅指出了预算外资金的执收单位以及收取、提取和安排使用的依据，而且规定了预算外资金的性质。概念比较准确，易于被读者所接受。

（二）分类说明

分类说明，是将被说明的对象，根据它们的性质、形状、成因、关系、功用等，按照一定的标准分成不同的类别，然后根据其不同性质分门别类加以介绍。通过分类说明，可以显示出不同事物的差异性，使人们可以按照类别掌握事物的特征。例如在《国务院关于加强预算外资金管理的决定》中，对预算外资金的范围是这样进行分类的：

其范围主要包括：法律、法规规定的行政事业性收费、基金和附加收入等；国务院或省级人民政府及其财政、计划（物价）部门审批的行政事业性收费；国务院以及财政部审批建立的基金、附加收入等；主管部门从所属单位集中的上缴资金；用于乡镇政府开支的乡自筹和乡统筹资金；其他未纳入预算管理的财政性资金。

运用分类来说明，层次比较分明，头绪也很清楚。

（三）举例说明

举例说明是举出突出实例来说明事物特点、本质及其规律的手法，所用的例子必须典型、具有代表性。它是通过个别认识一般的一种方法，既能帮助读者理解，又能给读者留下深刻的印象。例如《国务院办公厅关于水利专项资金审计情况的通报》中有这样一段话：

二、挤占挪用水利专项资金用于平衡预算、弥补行政经费、建房和购买小汽车等问题严重。如某县财政局 1996 年占用水利专项资金 462.8 万元平衡财政预算。某厅将预算内水利专项资金 455.8 万元和 2 955 万元，分别用于弥补机关经费和发放水利工程局离退休职工工资，相当于同期自治区本级财政水利专项支出的 17.76%。……

举例说明要精心选择例子，做到事例典型、有代表性，有启发性。如"通报""报告"等常用举例说明。

（四）数字说明

数字说明是用具体数字来说明事物特点、性质等，这是一种定量描述的方法，广泛应用在公文中。例如：

全市一般预算收入达到 21.6 亿元，为年预算的 115.6%，比上年增长

30.1%，净增 5 亿元；一般预算收入总量居全省第 9 位，增长速度名列全省第 4 位。全市财政支出达到 40.9 亿元，比上年增长 20.8%，净增 7 亿元。财政收支规模净增额再创历史最高水平，为全市经济社会全面协调可持续发展做出了突出贡献。

该例用数字从纵横两个角度对财政收支完成情况进行了说明，使说明的内容具体、生动、形象、突出，给人以鲜明、深刻的印象。

除上述的说明方法外，还有比较说明、引用说明、图表说明等方法。在公文写作中，要根据需要选用恰当的说明方法。

三、议论

议论，就是讲道理，是通过对客观事实材料进行分析和评论，明辨是非，阐发道理，表明自己观点和态度的一种表达方式。公文中的议论与一般文章中的议论有所不同，它客观冷静，不偏不倚。议论，一般说来是由论点、论据和论证三个要素构成。

（一）议论的结构

（1）论点，是作者对所论述的问题提出的主张、看法和表达的态度。它常常是议论的主旨，或称中心论点。

（2）论据，是用来证明论点的理由和依据，它是议论的基础。论据有事实论据和理论论据两种。

（3）论证，是用论据证明论点的过程和方法。通常有两种论证方式：立论和驳论。在论证过程中，这两种方法经常综合运用，共同完成对论点的证明。

公文中适当运用议论，可以深化主旨，点明事情的实质；有时运用议论，还可以超越所要议论的事物本身，让读者发挥联想。

（二）议论的方法

议论的方法主要有：引据论说、事实论说、推理论说。

引据论说，就是引用政策条文、法律依据、科学理论来证明其观点的正确性。常用“根据……我们认为……”的句式进行。

事实论说，是在列举事实的基础上归纳出观点的议论方式。公文中的事实论说与议论文中的例证法不完全相同。例证法是为了证明自己观点的正确举出实例，而公文中的事实论说是由事及论，一般用“上述材料中可见……”“以上事实表明……”“以上情况说明……”等句式。

推理论说，是用已知的事实、事理，推出结论或预测前景的议论方式。

总之，记叙、说明和议论是公文常见的三种表达方式，在写作中单一运用某一种方式的不多，往往是以某一种表达方法为主，结合运用其他方式。

第四章　决　议

第一节　写作理论

一、决议的概念、适用范围和特点

（一）概念

决议是指按一定法定组织程序组成、召开的会议，对会议通过的重要事项、商讨定论的重大问题、研究作出的重大决策、要求贯彻执行的意见、对工作作出的部署安排时使用的重要指导性公文。

决议作为规范性公文文种与其他公文显著的不同点是，必须经过一定的会议议决的事项才能使用“决议”，不经会议不可能产生决议。同时，从文书处理工作的实践来看，并不是所有会议决定的事项都可以形成决议，原则上讲只有经过法定程序选举或经过其他组织原则按照一定程序形成的会议、委员会才能形成决议。工作会议、专题会议或其他临时性会议决定的事项一般不应使用“决议”的形式下文，而应采取会议纪要的形式。因此，上述决议定义的会议前加上了“一定的”三个字作定语，就是为了表明不是所有的会议，这样表述更科学一些。与“决定”相比，“决议”的使用范围要稍微狭窄一些，“决议”的对象比决定更具原则性，但没有决定那样具体，“决议”必须经过会议讨论表决后方可发布。

（二）适用范围

《党政机关公文处理工作条例》规定决议适用于会议讨论通过的重大决策事项。决议在党政机关公文中排列首位，是一种重要的下行文。决议是指党的领导机关就重要事项，经会议讨论通过其决策，并要求进行贯彻执行的重要指导性公文，也是应用写作重点研究的文体之一。从这一适用范围看，它还是主要用于党的领导机关就重要事项做出的重大决策。

（三）特点

1. 效力上的权威性

决议作为党的领导机关用于重要决策事项的公文，是在党的高级领导机构的会议上研究、讨论后形成的，代表着发文机关的意志，一经发布，其下属党组织和党员必须严格遵守，认真落实，不得违背，具有很强的权威性。

2. 制发程序上的规范性

决议必须经会议讨论，并经表决通过之后才能形成，有严格的程序性。

3. 思想上的指导性

决议是针对重大问题和重大事项所做出的决策，决议表达的观点和对事项的评价都具有指导意义，公布生效之后，即成为相应范围内社会成员的行为方针，其所体现的精神也成为相应范围内社会成员的指导思想，将会在较大范围内对党内的工作和生活造成重大影响。

4. 适用对象的普遍性

决议一经发布，适用于所属的每一个组织、团体、个人，任何组织、团体、个人不得例外。

二、决议的基本类型

根据涉及内容范围的不同，决议可分为三大类型：

（一）批准某事项或通过某文件的决议

这类决议涉及的内容比较具体，一般用于批准某项报告或文件。如《中国共产党第十四次全国代表大会关于〈中国共产党章程〉（修正案）的决议》《中国共产党第十四次代表大会关于十三届中央委员会报告的决议》等。

（二）安排某项工作的决议

对于重要的、长期的工作，可采用决议的形式进行布置安排。如《中共四川省委关于认真学习、坚决贯彻〈中共中央关于加强党同人民群众联系的决定〉的决议》等。

（三）通过重大决策事项的决议

这类决议涉及的内容是原则性的、非事件性的，影响范围更大，影响时间更为久远。如《关于建国以来党的若干历史问题的决议》《中共中央关于加强社会主义精神文明建设若干问题的决议》等。

三、决议的格式与写法

（一）标题和成文日期

1. 标题

决议的标题有三种写法。

第一种由发文机关+事由+文种组成，如《中共四川省委关于认真学习、坚决贯彻〈中共中央关于加强党同人民群众联系的决定〉的决议》。

第二种由会议名称+事由+文种组成，如《第十三届全国人民代表大会第四次会议关于国民经济和社会发展第十四个五年规划和2035年远景目标纲要的决议》。

第三种由事由+文种组成。但是这种相对较少，如《关于确认十一届三中、四中全会增补中央委员的决定的决议》。

2. 成文日期

决议的成文日期，不像一般公文那样标写在公文正文之后，而是加括号标写于标题之下居中位置。具体写法有两种情况：

如果公文标题中已包括会议名称，括号内只需写明“×年×月×日通过”即可。

如果公文标题中没有会议名称，括号内要写明“××委员会第×次会议×年×月×日通过”。

（二）正文

1. 通过某文件、某事项的决议的写作

这类决议是为了对工作报告或某一文件作出评价并表明态度而写的，其正文一般分三个部分。

第一部分，写什么会议讨论通过（审查、批准）了谁的工作报告或制订的什么文件（如预算、计划等）

第二部分，介绍会议有关情况，一般用“会议听取了”“会议讨论了”“会议认为”“会议强调”等习惯用语起头。若是审议工作报告，一般先对前段工作做出恰当的评价，并对今后工作的部署表明态度。

第三部分，对有关方面提出要求，发出号召。用“会议要求”“会议希望”“大会号召”等习惯用语起头。如《中国共产党第十九次全国代表大会关于十八届中央委员会报告的决议》。

2. 安排某项工作的决议的写作

这类决议的第一部分一般写明会议的基本情况，如会议的时间、参加会议的人员、列席会议人员、会议的中心议题等。

第二部分要根据上级文件精神和本单位实际情况，写明对工作的安排部署。要写明工作的指导思想、目标任务、措施要求等。内容复杂时，要明确分出层次并列出小标题，或者分条撰写。

第三部分，提出希望、号召。有时主体结束，全文也就自然结束了。

3. 通过重大决策事项的决议的写作

这类决议的写作与“决策性决定”的写作类似，即围绕中心论点，把主要内容分成若干问题（或用序号，或用序号加小标题）来写。如果是阐述原则问题，主体部分要有较多的议论，多采用夹叙夹议的写法，把道理说深说透。

应该指出的是，人大、社会团体对某些重大问题或重要事项经过会议讨论、表决后，也常用决议这一文种把议决事项写下来。

如《中华人民共和国第五届全国人民代表大会第四次会议关于开展全民义务植树的决议》、《全国人大常委会关于大兴安岭特大森林火灾事故的决议》（1987 年 6 月 23 日通过）、《台盟三次全盟代表大会关于反对美国国会干涉中国内政制造“两个中国”的决议》。

所以决议的写作也无固定模式，以完整准确地表达出会议主旨为标准。

四、决议的写作要求

（一）文风庄重严谨

忠于会议的主旨，把握会议的中心。写作上要叙议结合，定性准确，评价恰当，激发人们执行决议的积极性和自觉性。

（二）文字要简明扼要

一般不写过程，只写清楚什么时间，召开什么会议，作出了什么决议就行。重点放在决议事项上。当然，内容是否简明扼要，并不是以篇幅长短作为衡量标准，决议篇幅是长是短，要根据决议的内容和担负的任务来定。

（三）格式书写要规范

格式包括标题、通过决议日期、会议名称、决议正文等，都应按决议的规范标准去写。决议为普发性公文，一般没有主送机关和落款。

（四）注意成文的时效性

一般决议都要在会议期间提交讨论通过，因此，时间性强，要求成文迅速、及时。

第二节　范例赏析

【例文 1：通过某文件、某事项的决议】

中国共产党第十九次全国代表大会关于十八届中央委员会报告的决议

（2017 年 10 月 24 日中国共产党第十九次全国代表大会通过）

中国共产党第十九次全国代表大会批准习近平同志代表十八届中央委员会所作的报告。大会高举中国特色社会主义伟大旗帜，以马克思列宁主义、毛泽东思想、邓小平理论、“三个代表”重要思想、科学发展观、习近平新时代中国特色社会主义思想为指导，分析了国际国内形势发展变化，回顾和总结了过去五年的工作和历史性变革，作出了中国特色社会主义进入了新时代、我国社会主要矛盾已经转化为人民日益增长的美好生活需要和不平衡不充分的发展之间的矛盾等重大政治论断，深刻阐述了新时代中国共产党的历史使命，确立了习近平新时代中国特色社会主义思想的历史地位，提出了新时代坚持和发展中国特色社会主义的基本方略，确定了决胜全面建成小康社会、开启全面建设社会主义现代化国家新征程的目标，对新时代推进中国特色社会主义伟大事业和党的建设新的伟大工程作出了全面部署。大会通过的十八届中央委员会的报告，描绘了决胜全面建成小康社会、夺取新时代中国特色社会主义伟大胜利的宏伟蓝图，进一步指明了党和国家事业的前进方向，是全党全国各族人民智慧的结晶，是我们党团结带领全国各族人民在新时代坚持和发展中国特色社会主义的政治宣言和行动纲领，是马克思主义的纲领性文献。

大会认为，……。

大会高度评价……。

大会强调，……。

大会强调，……。

大会强调，……。

大会提出，……。

大会认为，……。

大会同意……。

大会强调，……。

大会强调，……。

大会同意……。

大会强调，打铁必须自身硬。……。

大会强调，要把党的政治建设摆在首位。……。

大会号召，……。

简析

这是一篇批准性决议。因为习近平总书记代表十八届中央委员会所做的报告，是一个纲领性文献，所以中国共产党第十九次全国代表大会就十八届中央委员会报告专门作出决定，并发布决议，充分显示这个文献对全党全国各族人民的重要意义。决议第一自然段第一句话就明确说明了会议的决定——“中国共产党第十九次全国代表大会批准习近平同志代表十八届中央委员会所作的报告”，然后阐述了这个报告的重要意义。第二至十四自然段用高度精练的语句对党的十九大会议情况进行了概述。最后一个自然段对落实党的十九大精神发出了号召。

【例文 2：通过某文件、某事项的决议】

第十三届全国人民代表大会第四次会议关于国民经济和社会发展第十四个五年规划和 2035 年远景目标纲要的决议

（2021 年 3 月 11 日第十三届全国人民代表大会第四次会议通过）

第十三届全国人民代表大会第四次会议审查了国务院提出的《中华人民共和国国民经济和社会发展第十四个五年规划和 2035 年远景目标纲要（草案）》，会议同意全国人民代表大会财政经济委员会的审查结果报告，决定批准这个规划纲要。

会议认为，在以习近平同志为核心的党中央坚强领导下，全党全国各族人民砥砺前行、开拓创新，“十三五”规划目标任务胜利完成，全面建成小康社会取得伟大历史性成就，决战脱贫攻坚取得全面胜利，中华民族伟大复兴向前迈出了新的一大步。这充分彰显了中国共产党领导和中国特色社会主义制度优势，将激励全党全国各族人民再接再厉，向实现第二个百年奋斗目标继续奋勇前进。

会议要求，“十四五”时期要高举中国特色社会主义伟大旗帜，深入贯彻党的十九大和十九届二中、三中、四中、五中全会精神，坚持以马克思列宁主义、毛泽东思想、邓小平理论、“三个代表”重要思想、科学发展观、习近平新时代中国特色社会主义思想为指导，全面贯彻党的基本理论、基本路线、基本方略，统筹推进经济建设、政治建设、文化建设、社会建设、生态文明建设的总体布局，协调推进全面建设社会主义现代化国家、全面深化改革、全面依法治国、全面从严治党的战略布局，坚持稳中求进工作总基调，准确把握新发展阶段，深入贯彻新发展理念，加快构建新发展格局，推动高质量发展，统筹发展和安全，推进国家治理体系和治理能力现代化，实现经济行稳致远、社会安定和谐，为全面建设社会主义现代化国家开好局起好步。

简析

这是一篇批准性决议。第十三届全国人民代表大会第四次会议专门就国民经济和社会发展第十四个五年规划和 2035 年远景目标纲要作出决定，并发布决议，可见这个文件的重要性、权威性和影响力。因此，选用“决议”文种准确。第一自然段首先说明“会议同意全国人民代表大会财政经济委员会的审查结果报告，决定批准这个规划纲要”。第二自然段用高度概括性语句对“十三五”时期进行评价和总结。第三自然段对落实“第十四个五年规划和 2035 年远景目标”提出要求。例文短小精悍，言简意赅。

【例文 3：安排某项工作的决议】

中共山东省委关于深入学习贯彻党的十九大精神的决议

（2017 年 10 月 31 日中国共产党山东省
第十一届委员会第二次全体会议通过）

为深入学习贯彻党的第十九次全国代表大会精神，全面贯彻落实习近平新时代中国特色社会主义思想，努力完成党的十九大确定的各项任务，根据中央部署和要求，结合山东实际，作出如下决议。

一、充分认识党的十九大的重大意义

党的十九大是在全面建成小康社会决胜阶段、中国特色社会主义进入新时代的关键时期召开的一次十分重要的大会。大会高举中国特色社会主义伟大旗帜，以马克思列宁主义、毛泽东思想、邓小平理论、“三个代表”重要思想、科学发展观、习近平新时代中国特色社会主义思想为指导，分析了国际国内形势发展变化，回顾和总结了过去5年的工作和历史性变革，作出了中国特色社会主义进入新时代、我国社会主要矛盾已经转化为人民日益增长的美好生活需要和不平衡不充分的发展之间的矛盾等重大政治论断，深刻阐述了新时代中国共产党的历史使命，确立了习近平新时代中国特色社会主义思想，提出了新时代坚持和发展中国特色社会主义的基本方略，确定了决胜全面建成小康社会、开启全面建设社会主义现代化国家新征程的目标，对新时代推进中国特色社会主义伟大事业和党的建设新的伟大工程作出了全面部署。

大会通过的十八届中央委员会的报告，描绘了决胜全面建成小康社会、夺取新时代中国特色社会主义伟大胜利的宏伟蓝图，进一步指明了党和国家事业的前进方向，是我们党团结带领全国各族人民在新时代坚持和发展中国特色社会主义的政治宣言和行动纲领，是马克思主义的纲领性文献。大会通过的中央纪委工作报告，全面总结了十八届中央纪律检查委员会的工作成就、经验体会，明确了当前和今后一个时期党风廉政建设和反腐败工作的总体要求、具体安排，对进一步做好党风廉政建设和反腐败工作，纵深推进全面从严治党，具有重要意义。大会通过的党章修正案，体现了党的十八大以来党的理论创新、实践创新、制度创新取得的成果，体现了党的十九大报告确立的重大理论观点和重大战略思想，反映了这些年来党的建设的成功经验，对加强党的全面领导、推进全面从严治党提出了明确要求，必将在推进党的事业和党的建设中更好发挥根本性规范和指导作用。党的十九大和十九届一中全会选举产生的以习近平同志为核心的新一届中央领导集体，体现了全党意志、反映了全国各族人民心愿，为在新的时代条件下进行伟大斗争、建设伟大工程、推进伟大事业、实现伟大梦想提供了坚强政治保证和组织保证。

全省各级党组织和广大党员干部，要深刻认识到党的十九大在党的历史、新中国发展史、中华民族发展史和世界社会主义运动史上，具有划时代和里程碑式的意义；深刻认识到党的十九大作出的各项决策部署、取得的各项成果，对决胜全面建成小康社会、开启全面建设社会主义现代化国家新征程，对在新的时代条件下坚持党要管党、全面从严治党，对夺取新时代中国特色社会主义伟大胜利、实现中华民族伟大复兴的中国梦，具有极其重大而深远的影响。要深入学习贯彻党的十九大精神，在以习近平同志为核心的党中央坚强领导下，团结带领全省人民高举中国特色社会主义伟大旗帜，认真学习贯彻习近平新时代中国特色社会主义思想，不忘初心，牢记使命，锐意进取，埋头苦干，奋力谱写社会主义现代化建设的山东篇章。

二、坚持用习近平新时代中国特色社会主义思想武装头脑指导实践推动工作

1. 牢固树立“四个意识”，旗帜鲜明讲政治。(略)

2. 坚持以习近平新时代中国特色社会主义思想指导我们的思想和行动。(略)

3. 全面准确理解和把握习近平新时代中国特色社会主义思想和基本方略。(略)

4. 坚持用习近平新时代中国特色社会主义思想推动山东工作。(略)

三、不断兴起学习宣传贯彻党的十九大精神热潮

5. 把握精神实质。(略)

6. 抓好学习培训。(略)

7. 广泛开展宣讲。(略)

8. 精心组织宣传。(略)

9. 深化研究阐释。(略)

10. 注重联系实际。(略)

四、在决胜全面建成小康社会、推进社会主义现代化建设中持续走在前列

11. 把握总体思路。(略)

12. 明确发展目标。(略)

13. 遵循重要原则。(略)

五、统筹推进经济文化强省建设各项工作

14. 加快建设现代化经济体系。(略)

15. 大力发展社会主义民主政治。(略)

16. 以坚定文化自信推动文化建设。(略)

17. 着力改善民生和加强社会治理。(略)

18. 大力推进生态文明建设。(略)

六、坚定不移推动全面从严治党向纵深发展

19. 把党的政治建设摆在首位。(略)

20. 夯实思想建设基础。(略)

21. 建设高素质专业化干部队伍。(略)

22. 加强基层组织建设。(略)

23. 持之以恒正风肃纪。(略)

24. 夺取反腐败斗争压倒性胜利。(略)

25. 落实党和国家监督体系建设的部署要求。(略)

七、领导干部要做深入学习贯彻党的十九大精神的表率

26. 坚持领导带头以上率下。(略)

27. 努力增强各方面本领。(略)

28. 扎扎实实改进作风。(略)

29. 大兴调查研究之风。(略)

30. 以钉钉子精神落实各项任务。(略)

党的十九大开启了新时代中国特色社会主义新征程。深入学习贯彻党的十九大精神，完成党的十九大确立的各项任务，是党和人民赋予我们的神圣使命。全省各级党组织和广大党员干部一定要更加紧密地团结在以习近平同志为核心的党中央周围，全面贯彻党的十九大精神，不忘初心，牢记使命，锐意进取，真抓实干，为在全面建成小康社会进程中走在前列，加快建设经济文化强省，夺取新时代中国特色社会主义伟大胜利，实现中华民族伟大复兴的中国梦而努力奋斗！

简析

这篇例文是一篇安排某项工作的决议。党的十九大召开后，宣传贯彻党的十九大精神就成为各级党委一项重要的、长期的中心工作。山东省委召开专题会议研究、布置安排这项工作并形成决议，对于在全省贯彻落实好党的十九大精神具有非常重要的意义，例文使用文种准确。正文第一自然段是发布决议的背景、目的，然后由过渡语“作出如下决议”引出下文。第一部分内容是概括说明党的十九大的重要意义，第二至七部分用30条内容具体部署安排了贯彻党的十九大精神的任务、方法与措施。最后一段是省委向全省各级党组织和广大党员干部发出的号召。例文层次清晰严密，内容振奋人心，催人奋进，是一篇经典例文。

【例文4：通过重大决策事项的决议】

中共河北省委关于开除刘青山、张子善党籍的决议

（1951年12月4日中共河北省委员会通过，并经中共中央华北局批准）

刘青山，前任天津地方委员会书记，河北省安国县人，雇工出身，现年35岁，1931年入党。张子善，现任天津地方委员会书记，前天津专区专员，河北省深县人，学生出身，现年37岁，1933年入党。

刘青山、张子善参加革命斗争均已20年左右，他们在国民党血腥的白色恐怖下，在艰苦的八年抗日战争和三年多的人民解放战争中，都曾奋不顾身地为党的事业和人民群众的解放，进行过英勇的斗争，树立过功绩。他们本是可以继续给党、给国家、给人民做更多的事情的。可是，他们却在全国胜利后两年多的和平环境中，经不起资产阶级自私自利思想作风的侵蚀和引诱，堕落蜕化了。他们完完全全变成党、国家和人民的无可饶恕的叛徒了。

刘青山、张子善为贪图可鄙的不正当的个人享受，为满足其极端腐化的生活需要，竟凭藉职权，不顾国法党纪，不管人民疾苦，盗窃机场建筑款、救灾粮、治河款、干部家属救济粮、地方粮及剥削克扣民工工资、骗取银行贷款等共达171.627 2亿元（人民币旧币，以下均系旧币）的巨额，藉机关生产名义，进行违法经营，并交送49亿元巨款给奸商张文义倒卖钢

铁木材，瓦解国营厂矿，任其投机倒把，扰乱金融，使人民资财损失达14亿元之多。

刘青山、张子善等在获取非法暴利、大量贪污后，则任意浪费挥霍，过着可耻的腐化生活。据他们自供，刘、张二人开支及送礼即达3亿多元。为消灭贪污罪证，张子善并亲手一次焚毁单据378张。

刘青山、张子善这种违法乱纪的非法罪恶行为，自然会遭到一切忠诚的共产党员和正直的政府工作人员的指责和反对的，因此，这些人就成为刘青山、张子善等贪污罪犯极端痛恨的眼中钉。刘、张二人为遂行其贪污挥霍的卑鄙企图，就采取了敌对分子的手段来对待党的组织和人民干部。首先，他们在政治上极力造成一个“唯我独尊”和“挥霍有道”的空气。刘青山说：“老子们拼命打了天下，享受些又怎么样？老子们打天下，小子们来享受！”张子善则说“天津地委内只能有‘一个头’‘一个领袖’。”有一个无耻之徒竟在党的“七一”纪念大会上高呼“向我们英明的领袖张专员致敬”，“在英明领袖张专员领导下前进”，而张则对人说：“应向这个同志学习”。其次，他们在组织上除极力压抑民主、取消批评与自我批评、施行其家长制的统治外，凡是坚持党的原则，维护人民利益，对刘、张所为提出不同意见和反对他们的同志，不断遭受其打击与排挤；凡是意志薄弱和他们气味相投共同作弊的分子，则大肆拉拢，造成一个公然行盗的小宗派集团。这个小集团在思想上和组织上又是和资产阶级分子千丝万缕地结成了不解之缘。这就是刘青山、张子善等反党的“组织”原则。最后，刘、张“作贼心虚”，为了掩盖其罪恶勾当，则在上下左右之间公行贿赂，到处拉人下水，恶风所及，邪气上升，以达其腐蚀党的组织和人民干部的目的。

由此可见，刘青山、张子善已不仅仅是两个普通的贪污罪犯，两个普通的盗窃罪犯，而是像党的二中全会所预见的，他们是经不起敌人糖衣炮弹的攻击，向敌人投降了的，并很快地实际上成为反动分子在党内的代理人，肆无忌惮地从内部来腐蚀党和瓦解党。刘青山、张子善公然责令干部，要动员党的组织，即无产阶级的先锋队，“保证完成”他们剥削民工30亿元的“任务”。他们要把天津地区的党变成贪污罪犯们的驯服工具，这就是刘清山、张子善贪污事件的特别严重的地方。这一点，也正是曾经是一个革命者的刘青山、张子善身败名裂、背叛党和背叛人民的根本原因，正是河北省的党组织必须把刘、张贪污事件作为重大教训的意义所在，正是我党必须坚决把刘清山、张子善开除出党并交政府依法制裁的理由。

在党中央和华北局的正确领导下，河北省党代表会议终于揭发了刘、张的罪行，并把他们开除出党，这是河北党组织的一大胜利！希望河北全省同志，接受这一痛心的教训，为开展全省规模的反贪污、反浪费、反官僚主义运动，肃清资产阶级的腐化影响，在党中央和毛主席的英明领导下，为进一步从政治上、思想上、组织上巩固河北党的组织而奋斗。

简析

这篇通过重大决策事项的决议是一篇经典例文。本来，对党员领导干部违纪问题的处理，一般采取“处分决定”的办法。但在中华人民共和国成立初期，我国百废待兴，全国人民在中国共产党的领导下，艰苦奋斗，只争朝夕地建设祖国的时候，刘青山、张子善却不顾国法党纪，不管人民疾苦，贪污腐化、奢侈堕落，逆潮流而走。这问题之严重，影响之恶劣，案件之典型一度惊动了党中央、毛主席。对刘青山、张子善的查处，被称为“新中国第一大案”。针对这一特殊而重大问题，河北省召开省委员会讨论通过，经中共中央华北局批准，以“决议”的形式予以发布。这既突出了事件的重大，又使文种与文件内容达到和谐统一。因此，文种的正确选择是这份公文最成功之处。

这份决议的正文采用段落表述式写法，而且在写作的谋篇布局上采取“章法倒悬”（也称篇前提要，即第二自然段），在简要说明刘青山、张子善二人的基本情况后，随即用一段文字简明扼要地概括文件中心内容及结论，然后用第三至五自然段叙述两个人的犯罪事实。这种“先入为主”的写法，打破了“先叙事，再说理，后结论”的一般顺序，能开宗明义，使人一下子就抓住了要领，把握了全文的中心内容，起到了提纲挈领的作用。

这篇决议的用语十分简洁概括，写作上夹叙夹议，以叙为主，以事说理。第六自然段是对犯罪事实的小结和理论提升，提出了问题的严重性。例文运用了三个“正是……”排比句，把文章引向另一个高潮，与第二自然段的结论相呼应，从而进一步加深了人们的思想认识，并使之统一到刘青山、张子善腐化堕落，咎由自取，罪有应得，必须清除出党并给予法律制裁的观点和看法上。

总之，这篇决议格式规范，写作技巧精湛，语言简洁生动，叙事有方，说理有力，入木三分，使人不仅在写作上，而且在思想上都深受教育。

第五章　决　定

第一节　写作理论

一、决定的概念、适用范围和特点

（一）概念

决定是对重要事项做出决策，对重大问题做出定论，对重大行动做出安排，对重大贡献和失误奖惩时所使用的公文文种。

（二）适用范围

《党政机关公文处理工作条例》规定决定适用于对重要事项作出决策和部署、奖惩有关单位和人员、变更或者撤销下级机关不适当的决定事项。

决定和决议是近似文种，尤其这两种文体在党的机关公文中并存，在写作实践中，一定要区分二者的不同。这些不同大致表现在四个方面：

（1）内容有所不同。决议涉及的内容原则性、理论性较强，而决定涉及的内容相对比较具体，实践性更强一些。

（2）形成程序有所不同。按规定，决议的形成必须经过会议讨论通过；而决定，虽然有时也要经过会议讨论通过，但没有规定必须如此。

（3）表达方式有所不同。决议的一个突出特点在于“议”，所以较多使用议论；决定则较多用来布置工作、提出要求，不一定要展开充分的议论。

（4）成文日期标写有所不同。决议的成文日期，用括号标写在标题下方，有时还要包括会议名称；决定可以这样标写（如党的机关公文对决定就要求这样标写），也可以像一般公文一样，将成文日期标写在正文之后

（这种情况行政公文比较多见）。

（三）特点

1. 权威性

决定虽然没有命令那样浓的强制色彩，但也是一种权威性很强的下行文。决定是上级机关针对重要事项和重大行动，经重要会议或领导班子研究通过后，对所辖范围内的工作所做的安排。决定一经发布，就对受文单位具有很强的约束力，必须遵照执行。

2. 指挥性

决定在对重要事项进行决策时，同时也提出工作任务、具体措施和实施方案，要求受文单位依照决定要求执行。

3. 全局性

决定一般不是向某一个具体单位发出的，行文对象有一定的普遍性。这是由于决定所涉及的事项和解决的问题，都有全局性的意义。

二、决定的基本类型

决定的分类依据不同，分类结果也不相同。

（1）按照内容划分，决定一般分为对重要事项作出决策和部署的决定、对有关单位和人员进行奖惩的决定、变更或者撤销下级机关不适当决定事项的决定三类。

（2）按照决定的目的和作用划分，决定一般分为指挥性决定和知照性决定两类。

①指挥性决定。此类决定是对重要事项和重大行动进行决策或部署的决定。为便于详细传达领导机关的意图，阐述有关的方针政策及要求，此类决定一般内容多、篇幅长，带有说理性质，有较强的约束力。其特点是具有纲领性、规定性、规范性和指示性。如《国务院关于实行分税制财政管理体制的决定》《国务院关于加强预算外资金管理的决定》等。

②知照性决定。此类决定是发文机关就某一具体事项、某个问题作出安排。如机构设置决定、人事安排决定以及变更或者撤销下级机关不适当的决定等。这类决定内容比较单一，文字简短，具有告示的作用，其内容虽然重要，但这种决定主要是对受文单位通报一下情况，并不要求大家必须完成什么具体任务，即无须办理和实施。如《全国人民代表大会常务委员会关于废止〈中华人民共和国农业税条例〉的决定》等。

三、决定的格式与写法

（一）标题

决定的标题一般采取公文标题的常规模式，即发文机关+事由+文种的写法，一般不省略任何一项。

标题下面一般标注通过或制发时间。比如，上文提到的《全国人大常委会关于召开第十二届全国人民代表大会第五次会议的决定》（2016 年 12 月 25 日第十二届全国人民代表大会常务委员会第二十五次会议通过）。括号内为通过时间，但是有时候也用发文字号表示，比如《国务院关于 2016 年度国家科学技术奖励的决定》（国发〔2017〕2 号）。

（二）正文

正文采用公文常用的结构基本型，由开头、主体、结尾三部分组成。

1. 开头

开头一般是写发布决定的背景、根据、目的、意义。如《全国人民代表大会常务委员会关于加强网络信息保护的决定》的开头：

“为了保护网络信息安全，保障公民、法人和其他组织的合法权益，维护国家安全和社会公共利益，特作如下决定：”

如果是批准某一文件的决定，则写明批准对象的名称。比如：全国人民代表大会常务委员会关于修改《中华人民共和国民办教育促进法》的决定（2016 年 11 月 7 日第十二届全国人民代表大会常务委员会第二十四次会议通过）的开头：

“第十二届全国人民代表大会常务委员会第二十四次会议决定对《中华人民共和国民办教育促进法》作如下修改：”

如果是表彰、惩戒性的决定，开头部分则要叙述基本事实，也就是先进事迹或事故情况，篇幅要比一般决定长一些。这实际上也属于行文的根据，跟公文结构的基本型仍是一致的。

2. 主体

主体写决定事项。

用于指挥工作的决定，这部分要提出工作任务、措施、方案、要求等，内容复杂时要用小标题或条款显示出层次来。

用于批准事项的决定，这部分要表达批准意见，如有必要，还可对批准此事项的根据和意义予以阐述。

用于表彰或惩戒的决定，这部分要写明表彰决定和项目，或处分决定、处罚方法。

3. 结尾

结尾比较简单，主要用来写执行要求或希望号召。比如“本决定自公布之日起施行”等。

（三）落款

标题中已标出发文机关名称的，在正文之后的右下方不再重写。反之，发文机关名称则署在正文之后的右下方。决定的成文日期有两种写法：第一种写在标题的下面（即题注处），重大法规性的决定，还需注明通过该决定的机关、日期和生效日期。文末不再注明；第二种在落款处，发文机关下另起一行标注，要求写明发布决定的年月日。

四、决定的写作要求

（一）调查研究周密，政策界限分明

在起草“决定”之前，必须对欲决定事项涉及的问题进行大量而周密的调查，认真查找相关法律法规、方针政策，并广泛听取各方面意见。要从历史和现实两个角度仔细分析研究，抓住问题的实质和矛盾的焦点，作出切合实际的判断和决策，然后再作相应的“决定”，使决定的依据充分，有理有据，论断经得起实践检验。

由于不少决定带有根本政策或原则的精神，所以在写作中一定要注意原则性界限的分明，以方便下级机关理解和执行。如有些决定，用于机构或人员编制等，要有分明的政策界限。有些决定，用于处分或撤销，其法纪或政策的依据同样不可少。可见，政策界限分明是决定这一文种普遍不可缺少的，这是由此文种的普遍重要内容所决定的。

（二）把握内在结构，抓住写作规律

要弄清决定的写作规律，必须根据不同类型的决定，运用恰当的结构形式。

写作指挥性决定的结构形式主要有三种：一是“分部分”的结构形式，即把全文划分为几个大的层次，层次与层次并列，各自相对独立，涉及重大问题、确定大政方针的决定，大都采用这种结构；二是“分条列项”的结构形式，即把全文分成若干条，一条为一个独立的内容，分条列项，与法律、法规的写法很相似，适用于规范人们社会行为的决定；三是

"撮要分条式"的结构形式，即在篇头处做文字撮要表达，然后再写决策的具体内容和要求，为了表达清楚和便于执行，多采用分条列项的写法，条与条之间是并列的逻辑关系。

至于有关奖惩的指挥性决定则是一般采用"段落表述"的结构形式，先用一段文字介绍被表彰或受处分对象的基本情况，再用一段或数段文字写明表彰或处分的依据，然后写表彰或处分的决定，并就此提出希望、要求或发出号召。

知照性的决定，由于是解决具体问题的，内容比较单一，文字简短，所以，大都直陈其事，不分段落和条目，不作理由和意见等方面的分析，也没有执行的具体意见和要求，多采用"篇段合一"的结构形式。

（三）内容详略得当，叙述明确具体

决定的内容该详则详，当略则略。知照性决定一般用较多的笔墨去写缘由，而决定事项部分文字所占的比重较小。反之，指挥性决定却用较少的文字去写缘由，而用大量文字表达说明决定的具体内容。

事项是决定的主体，决定的事宜及涉及的方方面面、处理有关事项的程序等，必须具体清楚，政策界限分明，可操作性强，切忌含糊不清，也不要做过多的阐述和解释。所谓事项具体就是要反对一些公文空话，不要让与公文无关的空话进入公文之中，否则，即使语句通顺，在内容方面也难免成为病文。对于详写事项的决定的写作，重点注意各事项之间要有机地排列起来，其中执行要求往往列为最后一条。

（四）用词准确规范，语言简洁庄重

写作决定要注意用好规范性或习惯用语，如"会议决定""大会同意""大会要求"等，一是表明决定由领导成员集体研究或经会议讨论决定；二是强调决定具有法定的权威性，必须遵照执行。

指挥性决定由于内容比较复杂，在表达方式上应以说明为主，适当结合议论，说明文字用来表达决定的具体内容、事项与要求，而议论文字通常写于全文或每一部分、每一层次、每一段落之首，用来明确篇旨和段旨，起到亮明观点、点出主旨的作用。而用于表彰或处分的指挥性决定，更多的是使用说明性文字，议论性文字使用得较少，只是在讲到事情的性质、意义或影响时才涉及议论性文字。这里需要说明的是，公文中讲的议论，主要指包含一些议论性的表达成分，这种成分在具体表达上，只是原则地表述事理，不做多方面、多层次、多角度的完整论证，在手法上是直接加以议论，即一针见血、一语道破，有时只是一两句结论性的话，是直接说明的简单逻辑论证方法。

第二节　范例赏析

【例文 1：知照性决定】

中共中央　　国务院
关于授予全国脱贫攻坚楷模荣誉称号的决定

（2021 年 2 月 25 日）

党的十八大以来，以习近平同志为核心的党中央把脱贫攻坚摆在治国理政突出位置，团结带领全党全国各族人民，采取了一系列具有原创性、独特性的重大举措，组织实施了人类历史上规模最大、力度最强、惠及人口最多的脱贫攻坚战。习近平总书记亲自指挥、亲自部署、亲自督战，作出一系列重要指示批示，为脱贫攻坚提供了根本遵循和科学指引。经过 8 年持续奋斗，脱贫攻坚取得全面胜利，现行标准下近 1 亿农村贫困人口全部脱贫，贫困县全部摘帽，困扰中华民族几千年的绝对贫困问题得到历史性解决，书写了人类减贫史上的奇迹，为全面建成小康社会作出了重要贡献，为开启全面建设社会主义现代化国家新征程奠定了坚实基础。

在波澜壮阔的脱贫攻坚伟大实践中，涌现出一批政治坚定、表现突出、贡献重大、精神感人的杰出典型。他们的事迹，充分彰显了中国共产党领导和我国社会主义制度的显著优势，集中体现了中华民族扶贫济困、守望相助的传统美德和社会主义核心价值观，生动诠释了中国人民改革创新、攻坚克难的精神风貌，充分反映了共产党人不忘初心的使命担当和全心全意为人民谋幸福的深厚情怀，感人至深、催人奋进。

为隆重表彰激励先进，大力弘扬民族精神、时代精神和脱贫攻坚精神，充分激发全党全国各族人民干事创业的责任感、使命感、荣誉感，汇聚更强大的力量推进全面建设社会主义现代化国家，党中央、国务院决定，授予毛相林等 10 名同志，河北省塞罕坝机械林场等 10 个集体“全国脱贫攻坚楷模”荣誉称号。

当前，我国进入新发展阶段，贯彻新发展理念，构建新发展格局，推动高质量发展，任务艰巨、责任重大、使命光荣。党中央号召，全党全国各族人民要以习近平新时代中国特色社会主义思想为指导，全面贯彻党的十九大和十九届二中、三中、四中、五中全会精神，以全国脱贫攻坚楷模为榜样，增强“四个意识”、坚定“四个自信”、做到“两个维护”，更加紧密地团结在以习近平同志为核心的党中央周围，不忘初心、牢记使命，开拓进取、奋发有为，为全面推进乡村振兴、巩固拓展脱贫攻坚成果，为全面建设社会主义现代化国家、实现中华民族伟大复兴的中国梦作出新的更大贡献!

附件：全国脱贫攻坚楷模名单

全国脱贫攻坚楷模名单

（20个，略）

简析

这篇例文是一则知照性决定，也是一篇表彰决定。表彰决定正文的写作结构一般为：表彰事由（即被表彰者的成绩或典型事迹）概述+简要分析评价事迹意义+说明表彰决定+提出希望或号召。它的写作结构和嘉奖令基本一致。此例全文以表彰先进为主旨，第一自然段和第二自然段开头“在波澜壮阔的脱贫攻坚伟大实践中，涌现出一批政治坚定、表现突出、贡献重大、精神感人的杰出典型。”概括全国脱贫攻坚工作的基本情况，即背景、先进事迹。第二自然段中“他们的事迹，充分彰显了中国共产党领导和我国社会主义制度的显著优势，集中体现了中华民族扶贫济困、守望相助的传统美德和社会主义核心价值观，生动诠释了中国人民改革创新、攻坚克难的精神风貌，充分反映了共产党人不忘初心的使命担当和全心全意为人民谋幸福的深厚情怀，感人至深、催人奋进”是评价分析杰出典型的意义，为“说明表彰决定”和“提出希望或号召”两部分意见的提出提供了依据，使“先进事迹概述”部分的意义得到更加集中鲜明的显示。第三自然段是说明表彰决定。第四自然段对全党全国各族人民发出向被表彰者学习号召。（有的表彰决定此处采用“点”“面”结合的方式提出明确要求。首先对受表彰的单位和个人——“点”提出来希望，其次对全区域或全系统所有单位和个人——“面”发出学习先进榜样的号召）。全文层与层之间逻辑性强。概括性的叙述，加入恰到好处的分析评价（议论），全文逻辑严密，格式规范，简明扼要，庄重严谨，文章自然得体。

惩戒决定正文的写作结构与表彰决定相对应，写作结构一般为：概述基本错误事实+简要点明事实教训性质+处分项目+警醒提示项（如属开除党籍公职，不再提个人吸取教训，只提其他人要以此为鉴）。

【例文 2：指挥性决定】

国务院关于深化预算管理制度改革的决定

各省、自治区、直辖市人民政府，国务院各部委、各直属机构：

为贯彻落实党的十八大和十八届三中全会精神，按照新修订的预算法，改进预算管理，实施全面规范、公开透明的预算制度，现就深化预算管理制度改革作出如下决定。

一、充分认识深化预算管理制度改革的重要性和紧迫性

建立与实现现代化相适应的现代财政制度，对于优化资源配置、维护市场统一、促进社会公平、实现国家长治久安具有重要意义。……

当前，我国已进入全面建成小康社会的关键阶段。……

党的十八届三中全会确立了全面深化改革的总目标，并对改进预算管理制度提出了明确要求，今年《政府工作报告》也作出了部署。……

二、准确把握深化预算管理制度改革的总体方向

（一）指导思想。

深化预算管理制度改革，要以邓小平理论、“三个代表”重要思想、科学发展观为指导，全面贯彻党的十八大和十八届三中全会精神，落实党中央、国务院决策部署，按照全面深化财税体制改革的总体要求，遵循社会主义市场经济原则，加快转变政府职能，完善管理制度，创新管理方式，提高管理绩效，用好增量资金，构建全面规范、公开透明的预算制度，进一步规范政府行为，防范财政风险，实现有效监督，提高资金效益，逐步建立与实现现代化相适应的现代财政制度。

（二）基本原则。

遵循现代国家治理理念。……

划清市场和政府的边界。……

着力推进预算公开透明。……

坚持总体设计、协同推进。……

三、全面推进深化预算管理制度改革的各项工作

（一）完善政府预算体系，积极推进预算公开。

1. 完善政府预算体系。……

2. 健全预算标准体系。……

3. 积极推进预决算公开。……

（二）改进预算管理和控制，建立跨年度预算平衡机制。

1. 实行中期财政规划管理。……

2. 改进年度预算控制方式。……

3. 建立跨年度预算平衡机制。……

（三）加强财政收入管理，清理规范税收优惠政策。

1. 加强税收征管。……

2. 加强非税收入管理。

3. 全面规范税收优惠政策。……

（四）优化财政支出结构，加强结转结余资金管理。

1. 优化财政支出结构。……

2. 优化转移支付结构。……

3. 加强结转结余资金管理。……

4. 加强政府购买服务资金管理。……

（五）加强预算执行管理，提高财政支出绩效。

1. 做好预算执行工作。……

2. 规范国库资金管理。……

3. 健全预算绩效管理机制。……

4. 建立权责发生制的政府综合财务报告制度。……

（六）规范地方政府债务管理，防范化解财政风险。

1. 赋予地方政府依法适度举债权限，建立规范的地方政府举债融资机制。……

2. 对地方政府债务实行规模控制和分类管理。……

3. 严格限定政府举债程序和资金用途。……

4. 建立债务风险预警及化解机制。……

5. 建立考核问责机制。……

（七）规范理财行为，严肃财经纪律。

1. 坚持依法理财，主动接受监督。……

2. 健全制度体系，规范理财行为。……

3. 严肃财经纪律，强化责任追究。……

四、切实做好深化预算管理制度改革的实施保障工作

深化预算管理制度改革涉及制度创新和利益关系调整，任务艰巨，面临许多矛盾和困难。……

国务院（印章）

2014 年 9 月 26 日

（此件公开发布）

简析

这篇发文字号为国发〔2014〕45 号的公文，是一篇用于布置工作，对重大事项做出具体安排的指挥性决定。正文分为三个部分，决定的前言部分是第一部分，“为贯彻落实党的十八大和十八届三中全会精神，按照新修订的预算法，改进预算管理，实施全面规范、公开透明的预算制度”说明了决定的目的和根据，随后由“现就深化预算管理制度改革作出如下决定”引出决定的具体事项。第二部分是决定的事项，包括第一、二、三条内容，其中：“一、充分认识深化预算管理制度改革的重要性和紧迫性”用说服性语言让下级充分了解决定的重要意义和改革的必要性，引起他们对此项改革工作的高度重视；“二、准确把握深化预算管理制度改革的总体方向”说明改革的总体要求；“三、全面推进深化预算管理制度改革的各项工作”列出了改革的具体内容。由于决定的事项内容多，重要性强，因此这一部分写得较为详细，字数较多。“四、切实做好深化预算管理制度改革的实施保障工作”是第三部分，明确提出执行要求。深化预算管理制度改革涉及制度创新和利益关系调整，任务艰巨，面临许多矛盾和困难。因此，为了推动此项工作，需要多方面配合才能顺利完成，所以这一部分写得内容也相对较多。整篇决定层次分明，条理清晰，让人感到分析有理，措施得力。

第六章　命令（令）

第一节　写作理论

一、命令的概念、适用范围和特点

（一）概念

命令（令）是依照有关规定公布行政法规和规章，宣布重大强制性行政措施，任命、嘉奖有关单位及人员等使用的公文文种，它是一种下行文。

（二）适用范围

《党政机关公文处理工作条例》规定命令（令）适用于公布行政法规和规章、宣布施行重大强制性措施、批准授予和晋升衔级、嘉奖有关单位和人员。

“命令”和“令”曾被作为两种文体看待，实际上，从性质、功能和写作方法上看，并没有什么差别，不过是一种文体的两个名称而已。但如果标题中有事由这一项，一般用“命令”这一名称；如果标题中没有事由这一项，由发令机关加文种组成，一般用“令”这一名称。

（三）特点

1. 权威性和强制性

命令（令）是所有公文中最具权威性和强制性的下行文种。命令一经发布，受令者必须绝对服从，没有讨价还价的余地，更不允许抵制和违反。受权威性和强制性特点的制约，命令（令）只能用于重大决策性事项，如发布重要的行政法规和规章，宣布实行重大强制性行政措施，以及奖励成就突出的人员等。

2. 使用权限有严格的限制

命令（令）虽是一种主要的公文文体，但并不是所有的党政机关都有权发布命令（令）。按照《中华人民共和国宪法》和《中华人民共和国各级人民代表大会和地方各级人民政府组织法》的有关规定，只有全国人民代表大会的常务委员会、委员长，国家主席，国务院和国务院总理，国务院各部委及其部长、主任，地方各级人民代表大会和各级人民政府，才有权力发布命令（令）。其他各种企事业单位、党团组织和社会团体，均无权发布命令（令）。党的领导机关可以和同级人民政府联合发布命令（令），但是要以行政公文的形式出现。

二、命令的基本类型

（一）公布令

公布令是依照有关法律公布行政法规和规章的命令。公布令一般由四个方面的内容组成：发布对象、发布依据、发布决定、执行要求。公布令篇幅短小，言无虚设，四个方面的内容并不各自独立成段，而是篇段合一。

例文：

中华人民共和国国务院令

第 673 号

《企业投资项目核准和备案管理条例》已经2016年10月8日国务院第149次常务会议通过，现予公布，自2017年2月1日起施行。

总理 李克强

2016年11月30日

其中《企业投资项目核准和备案管理条例》是发布对象，“经2016年10月8日国务院第149次常务会议通过”是发布依据，“现予公布”是发布决定，“自2017年2月1日起施行”是执行要求。

（二）行政令

宣布施行重大强制性行政措施的命令，称为行政令。例如《国务院关于严格保护珍贵稀有野生动物的通令》就是典型的行政令。

（三）嘉奖令

嘉奖令就是用来奖励有关人员的命令，是奖励的最高级别，用于奖励贡献突出的个人或集体。它由先进事迹、性质和意义、奖励项目、希望和号召四部分组成。例如《关于给执行维和任务民警记功的命令》。

（四）任免令

任免令的正文结构简单，由发布命令依据和命令内容两部分组成。发布命令的依据要写明任免的机关或会议名称，命令内容要写明被任免者的姓名与所任免的职务。省以下领导机关一般不使用任免令，常以《关于×××同志任命的批复》《关于×××同志任职的决定》或《关于××同志任职的通知》之类的公文公布任免事宜。

三、命令的格式与写法

（一）标题

命令（令）的标题有三种构成形式：

一是发令机关+事由+文种。

二是发令机关+文种。

三是事由+文种。但是这种形式应用较少。

但是需要注意的是，发文机关名称应用全称，不能用简称包括规范化简称。如国务院令的发文机关名称就是“中华人民共和国国务院令”不能简称“国务院令”。

（二）正文

公布令、嘉奖令的结构和内容，前面已有介绍。这里着重介绍行政令的写法。

行政令的正文按照公文的常规模式进行操作，由三大部分组成。

开头部分主要写发布命令的原因、根据、目的、意义等。开头部分，原则上不宜过长，但有时因原因复杂、意义重大，也可以用较多文字表述。

主体部分是全文的核心，主要写命令事项，也就是要求受命者做些什么、怎么做、做到何种程度等。这部分内容复杂，层次较多，一般都需要分条表达，以便眉目清楚。

结尾部分，主要用来写执行要求。如由何单位负责执行，从何时起开始执行等。这部分内容单纯，篇幅短小。

（三）落款

落款包括署名和成文日期，在正文的右下角签署。署名既可以是发文机关，也可以是发文机关的行政首长。如果是个人署名，应在其前注明签署者的行政职务。署名之后要另行写成文的年、月、日。这个时间是签署的时间，而不是发文的时间。若标题中有发文机关全称，落款处亦可省略。成文时间同其他公文一样用汉字书写，而以中华人民共和国主席的名义发布的命令，其成文日期则惯用阿拉伯数字，有时还在其后署上发布地点。

四、命令的写作要求

（一）文种要谨慎使用

在实际工作中，处理许多问题既可以用行政令行文，也可以用决定、通知等行文，如非必要，应采用其他文种行文，以免引起因命令文种的绝对化指令性质带来的问题，反而导致政令有所不畅的局面。

（二）制发要严格依法

命令在其所发布的范围内，是要全民遵守的，尤其是各级人民政府发布的命令，多是法律的实施性文件，它必须依照有关法律法规发布，此处包括两层含义：一是发布命令的内容必须符合国家法律或国务院行政法规的规定，不能和有关法律法规发生冲突；二是发布的程序要符合法律规定，只有具有法定权威的制发机关或签发人才能发布命令（令），其他任何机关或个人均不得随意发布命令。

（三）语言要突出权威

命令是行政公文中具有最高权威的文种，其语言一定要突出指挥的权威性，此处包括三层含义：一是命令的事项不能有半点含糊，下级机关应怎样做，必须有个明确的交代；二是语风要有指挥命令性质，有指挥下属的气势，在肯定什么、否定什么之间要有鲜明的态度，这样才能体现命令内容毋庸置疑的特点；三是命令（令）不得朝令夕改，以体现命令（令）的权威性和强制性。

（四）内容要简明扼要

时间、地点、数量等内容，必须写得十分具体。要结构严谨，篇幅短小精悍，一般不加议论，易读易记，便于执行，以免把较长时间花费在阅读或理解“命令”上，贻误时机。

（五）表达要准确严密

写作命令要直言不讳、言简意赅、措辞准确、表达坚决、肯定有力。先说什么，后说什么，必须安排适当，不能笼统或含糊，防止人们因猜测文义而影响执行。

第二节 范例赏析

【例文 1：发布令】

中华人民共和国财政部令
第 113 号

《行政单位财务规则》已经 2023 年 1 月 13 日部务会议审议通过，现予公布，自 2023 年 3 月 1 日起施行。

部长 刘昆

2023 年 1 月 28 日

简析

这是一份发布令。正文简短，结构完整。本文包括四层意思：一是开头写明公布的具体对象——“《行政单位财务规则》”；二是公布命令的依据是“已经 2023 年 1 月 13 日部务会议审议通过”；三是作出决定——“现予公布”；四是提出执行要求——“自 2023 年 3 月 1 日起施行”。行文简洁，语气庄重。

【例文 2：嘉奖令】

驻马店市人民政府
关于对市财政局国税局地税局的嘉奖令

2014 年，面对严峻复杂的经济形势，全市各级财税部门紧紧围绕市委、市政府年度工作部署，主动适应经济发展新常态，认真落实积极的财政政策，培植壮大税源，强化征收管理，优化支出结构，全面深化财税体制改革，圆满完成了各项目标任务。全年市财政总收入完成131.6亿元，同比增长15.8%；一般公共预算收入完成85.6亿元，同比增长19.1%，增幅居全省第2位。税收收入完成62.5亿元，增长18.7%，税收占一般预算收入的比重为73%；其中国税部门完成地方税收11亿元，同比增加2.8亿元，增长34.1%；地税部门完成地方税收51.5亿元，同比增加7.1亿元，同比增长15.9%。全市一般公共预算支出完成350.2亿元，增长13.5%，支出规模和增幅分别居全省第6位和第1位，各项重点支出得到了较好保障，为全市经济社会发展做出了积极的贡献。为鼓励先进，激发干劲，经市政府研究，决定对市财政局、市国税局、市地税局予以通令嘉奖。

希望市财政局、市国税局、市地税局继续发扬成绩，再接再厉，在2015年的财税工作中争创更大成绩。各级各部门要以市财政局、市国税局、市地税局为榜样，认真履行职责，开拓进取，扎实工作，为实现驻马店富民强市、加快崛起做出新的更大的贡献。

市长 ×××

2015年3月4日

简析

这是一份发文字号为驻政〔2015〕13号的嘉奖令。标题由发文机关、事由、文种三部分组成。正文分为两段：第一自然段介绍了受嘉奖者的概况，高度概括性地评价了受嘉奖者的典型事迹，然后公布对受奖者作出了表彰决定；第二自然段用来对相关单位提出希望，发出号召，明确了表彰目的，将主旨深化。全文增一字则嫌多，减一字则嫌少，采用恰当的叙述、议论、说明等表达方式，层次清楚，主旨鲜明，用语非常精确。

第七章　公　报

第一节　写作理论

一、公报的概念、适用范围和特点

（一）概念

公报是用于公开发布重要决定或者重大事件的公布性公文。

（二）适用范围

《党政机关公文处理工作条例》规定公报适用于公布重要决定或者重大事项。

（三）特点

公报具有权威性、指导性和新闻性。

二、公报的基本类型

（一）会议公报

会议公报是用以报道重要会议或会谈的决定和情报的公报。这种公报一般用于党中央召开的会议。比如《中国共产党第十八届中央委员会第二次全体会议公报》。

（二）事项公报

事项公报是党的高级领导机关用以发布重大情况、重要事件的文件。高层行政机关、部门、社会团体向人民群众公布重大决策、重要事项或重大措施时有时也沿用此类公报。比如《2012年国民经济和社会发展统计公报》、环境公报、水质公报、灾害公报等。

（三）联合公报

这是一种特殊用途的公报，用以发布国家之间、政党之间、团体之间经过会议达成的某种协议，如《中俄联合公报》。

三、公报的格式与写法

公报包括首部、正文和尾部三部分。

（一）首部

首部包括标题和成文时间。

公报的标题常见的有三种形式。第一种是直写文种《新闻公报》；第二种是由会议名称和文种构成；第三种是联合公报，由发表公报的双方或多方国家的简称、事由、文种构成。

成文时间用括号在标题之下正中位置注明公报发布的年、月、日。

（二）正文

正文包括开头、主体两部分。

开头，即前言部分。事件性公报要求用最鲜明、最精练的语言概述事件的核心内容，即何时、何地、发生了什么重大事件；会议性公报要求概述会议的名称、时间、地点、参加人员等；联合公报要求概述公报的来由，即在何时、何地、谁与谁举行了什么会谈或谁对谁进行了什么性质的访问等。

主体。主体是公报的核心内容，要求把公报的内容完整、系统、有序地表达清楚。常见的有三种写作：第一种是分段式，即每段说明一层意思或一项决定；第二种是序号式，多用于内容复杂、问题较多的公报；第三种是条款式，多用于联合公报。

（三）尾部

事件性公报和会议性公报一般没有尾部；联合公报要在正文之后写明双方签署人的身份、姓名、年、月、日，并写明签署地点。

四、公报的写作要求

（一）反映全貌

公报所涉及的都是重大事件、重要会议和重要决定，因此，在写作和文字阐述上一定要周密、完整、准确、严肃，照顾方方面面。

（二）突出重点

把写作重点放在对事件的陈述和观点的阐述上。要紧扣全文的核心内容来写，突出主旨，内容概要切忌杂芜并陈。

（三）文字简明，层次清楚，使人一目了然

公报作为党和国家高级管理机关使用的公文，用以公布重大事件或重要决策。因此，它十分讲究用语的准确性和概括性。是什么，不是什么；应当怎么做，不应当怎么做，必须确切无误地传输给读者，而且要最大限度地使用概括性语言，用较少的文字涵盖丰富的内容，做到言简意丰，尽量压减公报的篇幅。当然，公报篇幅的长短也要根据内容的需要来决定，但总的要求是简明扼要。

（四）慎用文种

一般来说，公报内容应是重大的、严肃的，具有权威性。一般的事情不能用公报，即当报则报，不能滥用。

第二节　范例赏析

【例文 1：会议公报】

中国共产党第十九届中央委员会第五次全体会议公报

（2020 年 10 月 29 日中国共产党第十九届
中央委员会第五次全体会议通过）

中国共产党第十九届中央委员会第五次全体会议，于 2020 年 10 月 26 日至 29 日在北京举行。

出席这次全会的有，中央委员 198 人，候补中央委员 166 人。中央纪律检查委员会常务委员会委员和有关方面负责同志列席会议。党的十九大代表中的部分基层同志和专家学者也列席会议。

全会由中央政治局主持。中央委员会总书记习近平作了重要讲话。

全会听取和讨论了习近平受中央政治局委托作的工作报告，审议通过了《中共中央关于制定国民经济和社会发展第十四个五年规划和二〇三五年远景目标的建议》。习近平就《建议（讨论稿）》向全会作了说明。

全会充分肯定党的十九届四中全会以来中央政治局的工作。……

全会一致认为，面对错综复杂的国际形势、艰巨繁重的国内改革发展稳定任务特别是新冠肺炎疫情严重冲击，以习近平同志为核心的党中央不忘初心、牢记使命，团结带领全党全国各族人民砥砺前行、开拓创新，奋发有为推进党和国家各项事业，战胜各种风险挑战，中国特色社会主义的航船继续乘风破浪、坚毅前行。实践再次证明，有习近平同志作为党中央的核心、全党的核心领航掌舵，有全党全国各族人民团结一心、顽强奋斗，我们就一定能够战胜前进道路上出现的各种艰难险阻，一定能够在新时代把中国特色社会主义更加有力地推向前进。

全会高度评价决胜全面建成小康社会取得的决定性成就。……

全会强调，全党全国各族人民要再接再厉、一鼓作气，确保如期打赢脱贫攻坚战，确保如期全面建成小康社会、实现第一个百年奋斗目标，为开启全面建设社会主义现代化国家新征程奠定坚实基础。

全会深入分析了我国发展环境面临的深刻复杂变化，认为当前和今后一个时期，我国发展仍然处于重要战略机遇期，但机遇和挑战都有新的发展变化。……

全会提出了到二〇三五年基本实现社会主义现代化远景目标，……

全会提出了"十四五"时期经济社会发展指导思想和必须遵循的原则，……

全会提出了"十四五"时期经济社会发展主要目标，……

全会提出，坚持创新在我国现代化建设全局中的核心地位，……

全会提出，加快发展现代产业体系，推动经济体系优化升级。……

全会提出，形成强大国内市场，构建新发展格局。……

全会提出，全面深化改革，构建高水平社会主义市场经济体制。……

全会提出，优先发展农业农村，全面推进乡村振兴。……

全会提出，优化国土空间布局，推进区域协调发展和新型城镇化。……

全会提出，繁荣发展文化事业和文化产业，提高国家文化软实力。……

全会提出，推动绿色发展，促进人与自然和谐共生。……

全会提出，实行高水平对外开放，开拓合作共赢新局面。……

全会提出，改善人民生活品质，提高社会建设水平。……

全会提出，统筹发展和安全，建设更高水平的平安中国。……

全会提出，加快国防和军队现代化，实现富国和强军相统一。……

全会强调，实现"十四五"规划和二〇三五年远景目标，必须坚持党的全面领导，充分调动一切积极因素，广泛团结一切可以团结的力量，形成推动发展的强大合力。……

全会号召，全党全国各族人民要紧密团结在以习近平同志为核心的党中央周围，同心同德，顽强奋斗，夺取全面建设社会主义现代化国家新胜利！

简析

这一例文是一篇公布中国共产党第十九届中央委员会第五次全体会议情况的会议公报。首部公报标题下边一行是公报的题注，用括号注明了通过的日期及会议名称。正文分为前言和主体两部分，第一至四自然段是前言，即会议背景，交代会议召开的时间、地点、参加人员、会议的主要议程议题等，其余自然段是主体部分，集中反映会议议定事项。第五至七自然段是总结评价十九届四中全会以来的工作。从第八自然段开始用“全会强调”“全会深入分析”“全会提出”等语句提领，对下步工作提出要求，结尾自然段用“全会号召”语句提领向全党全国各族人民发出号召，撼人心魄，催人奋进。整篇例文内容完整，格式规范，结构缜密，语言精练概括，向全世界公布了中国共产党第十九届中央委员会第五次全体会议的召开情况，显示其具有很强的庄重性、严肃性和权威性，具有重大而深远的意义。

【例文 2：统计公报】

哈密地区 2011 年国民经济和社会发展统计公报

哈密地区统计局 国家统计局哈密调查队

（2012 年 3 月 24 日）

2011 年，哈密各族人民在地委、行署的正确领导下，深入贯彻落实中央和自治区党委的各项决策部署，以科学发展为主题，以加快转变经济发展方式为主线，以现代文化为引领，大力实施“生态立区、工业强区、科教兴区、南园北牧、增收富民”发展战略，努力加快经济发展，千方百计保障和改善民生，地区综合经济实力明显增强，各项社会事业取得新进步，实现了“十二五”时期的良好开局。

一、综合

初步核算，全年实现地区生产总值 217.82 亿元，比上年增加 50.43 亿元，突破200亿元大关。按可比价格计算，比上年增长22.1%。其中，第一产业增加值28.4亿元，增长9.8%；第二产业增加值106.49亿元，增长31.4%；第三产业增加值82.93亿元，增长16.1%。三次产业比例为13.0∶48.9∶38.1。

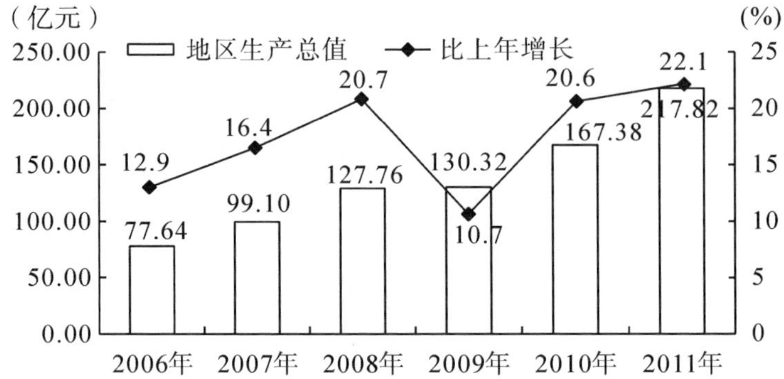

图1　2006—2011年地区生产总值及其增长速度

地区人均生产总值37 694元，按可比价格计算，增长20.4%。以当年平均汇率折算，达到5 836美元/人，首次突破5 000美元大关。

城市居民消费价格比上年上涨5.3%，其中，食品价格上涨10.9%，居住价格上涨7.1%，服务项目价格上涨6.8%。

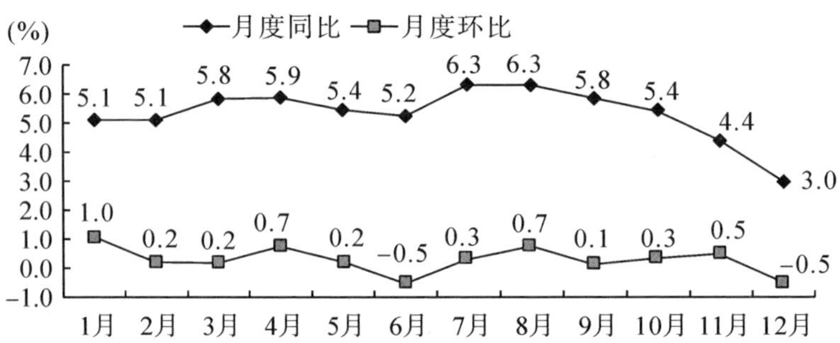

图2　2011年城市居民消费价格月度涨跌幅度

表1　2011年城市居民消费价格涨跌幅度

指标	比上年涨跌幅度（%）
城市居民消费价格指数（上年=100）	5.3
其中：食品	10.9

表1(续)

指标	比上年涨跌幅度（%）
# 粮食	7.6
油脂类	12.3
肉禽及其制品类	19.2
蛋类	16.0
水产品类	8.3
鲜菜类	-1.5
烟酒及用品	3.6
衣着	-6.3
家庭设备用品及维修服务	5.2
医疗保健及个人用品	7.9
交通和通信	-0.7
娱乐教育文化用品及服务	1.9
居住	7.1
# 建房及装修材料	1.6
自有住房	10.4
水、电、燃料	2.7

工业生产者出厂价格上涨8.83%，其中，轻工业上涨20.55%，重工业上涨7.93%。工业生产者购进价格上涨6.28%。

二、农业

全年完成农林牧渔业总产值36.37亿元，按可比价格计算，比上年增长11.6%，其中，农业产值18.89亿元，增长17.1%；林业产值1.16亿元，增长4.6%；牧业产值15.68亿元，增长5.5%；渔业产值0.2亿元，增长7.7%；农林牧渔服务业产值0.44亿元，增长12.2%。

表2　主要农作物播种面积、总产量及其增长速度

产品名称	计量单位	2011年	比上年增长（%）
农作物播种面积	万亩	91.07	5.1
1. 粮食播种面积	万亩	39.10	0.8

表2(续)

产品名称	计量单位	2011 年	比上年增长（%）
粮食总产	万吨	13. 28	1. 8
2. 棉花播种面积	万亩	23. 73	5. 6
棉花总产	万吨	2. 78	13. 5
3. 油料播种面积	万亩	3. 68	13. 5
油料总产	万吨	0. 17	-36. 6
4. 瓜类播种面积	万亩	7. 73	-0. 4
瓜类总产	万吨	17. 75	14. 5
#甜瓜播种面积	万亩	6. 74	-0. 4
甜瓜总产	万吨	13. 9	9. 2
5. 蔬菜播种面积	万亩	4. 95	47. 6
蔬菜总产	万吨	14. 87	48. 2
果类播种面积	万亩	44. 50	3. 8
果类总产	万吨	9. 32	-2. 4
#1. 葡萄面积	万亩	5. 61	1. 0
葡萄总产	万吨	8. 15	2. 2
2. 红枣面积	万亩	32. 86	4. 8
红枣总产	万吨	0. 94	-30. 0

农作物播种面积 91. 07 万亩，增长 5. 1%。其中，粮食播种面积 39. 10 万亩，增长 0. 8%；棉花播种面积 23. 73 万亩，增长 5. 6%；油料播种面积 3. 68 万亩，增长 13. 5%；瓜类播种面积 7. 73 万亩，下降 0. 4%；蔬菜播种面积 4. 95 万亩，增长 47. 6%。果类播种面积 44. 50 万亩，增长 3. 8%，其中，葡萄播种面积 5. 61 万亩，增长 1. 0%；红枣播种面积 32. 86 万亩，增长 4. 8%。

全年粮食产量 13. 28 万吨，增长 1. 8%。棉花产量 2. 78 万吨，增长 13. 5%。油料产量 0. 17 万吨，下降 36. 6%。瓜类产量 17. 75 万吨，增长 14. 5%。蔬菜产量 14. 87 万吨，增长 48. 2%。果类产量 9. 32 万吨，下降 2. 4%，其中，葡萄产量 8. 15 万吨，增长 2. 2%；红枣产量 0. 94 万吨，下降 30. 0%。

设施农业播种面积 3. 84 万亩，其中，蔬菜播种面积 2. 2 万亩，总产量

59 685 吨；瓜果播种面积 1.26 万亩，总产量 26 844 吨。

年末牲畜存栏头数 113.76 万头（只），比上年下降 0.6%；全年牲畜出栏 150.56 万头（只），增长 4.0%。肉类总产量 4.95 万吨，增长 6.2%，其中，牛肉产量 0.7 万吨，下降 0.4%；羊肉产量 2.03 万吨，增长 3.2%；猪肉产量 1.82 万吨，增长 10.5%。牛奶产量 5.45 万吨，增长 0.4%。禽蛋产量 0.28 万吨，增长 8.3%。羊毛产量 0.12 万吨，增长 14.5%。水产品产量 0.11 万吨，增长 2%。

年末农业机械总动力达到 32.31 万千瓦，比上年增长 10.2%。拥有大中型拖拉机 0.29 万台，增长 14.0%；小型拖拉机 1.1 万台，增长 0.1%。化肥施用量（折纯）1.77 万吨，增长 26.1%。农用塑料薄膜使用量 0.22 万吨，增长 2.5%。农村用电量 2.25 亿千瓦小时，增长 2.4%。

三、工业和建筑业

全年全部工业增加值 72.49 亿元，按可比价格计算，比上年增长 29.5%。地方规模以上工业增加值 48.46 亿元，比上年增长 32.4%，其中，国有及国有控股企业增加值 30.75 亿元，增长 26.4%；集体企业增加值 0.31 亿元，下降 9.6%，股份制企业增加值 32.15 亿元，增长 40.0%，外商及港澳台商投资企业增加值 3.34 亿元，下降 7.0%；私营企业增加值 6.58 亿元，增长 30.2%。轻工业增加值 2.32 亿元，下降 3.9%；重工业增加值 46.14 亿元，增长 34.8%。

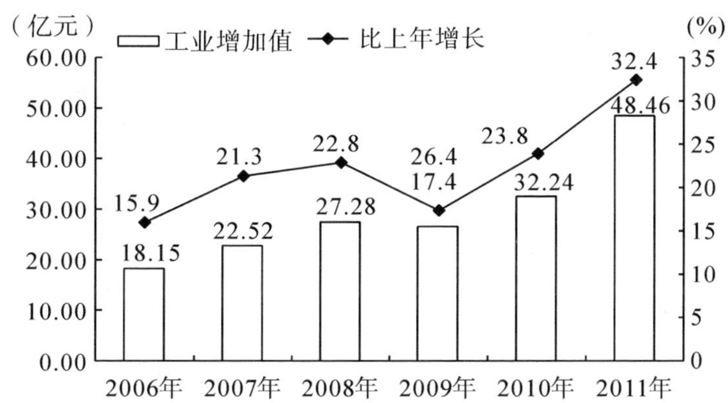

图 3　2006—2011 年地方规模以上工业增加值及其增速度

在地方规模以上工业中，煤炭开采和洗选业增加值 14.34 亿元，比上年增长 43.9%；黑色金属矿采选业增加值 13.18 亿元，增长 28.9%；有色金属矿采选业增加值5.07亿元，增长46.4%；化学原料及化学制品制造业增加值2.73亿元，增长5.6%；非金属矿物制品业增加值3.47亿元，增长16.6%；有色金属冶炼及压延加工业增加值1.53亿元，增长6.4%；电力、热力的生产和供应业增加值5.45亿元，增长47.2%；纺织业增加值0.65亿元，下降30.8%。

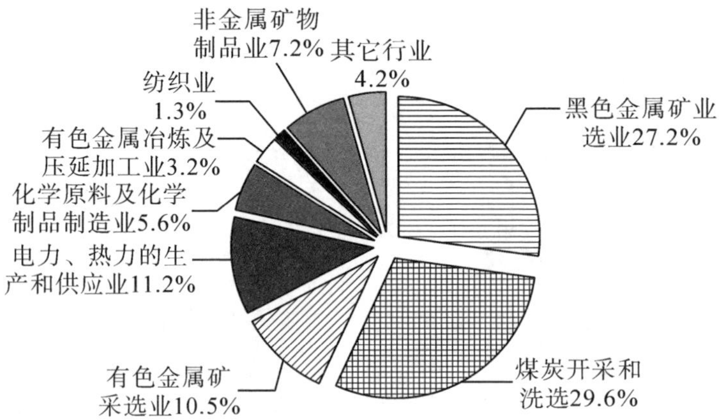

图4　规模以上工业增加值构成

地方规模以上工业企业完成销售产值116.50亿元，比上年增长29.2%。产品销售率95.6%，比上年回落6.6个百分点，其中，轻工业产品销售率94.8%，比上年回落3.8个百分点；重工业产品销售率95.6%，比上年回落6.7个百分点。

表3　2011年规模以上工业主要产品产量及其增长速度

产品名称	单位	产量	比上年增长（%）
原煤	万吨	1 685.6	47.9
铁精粉	万吨	229.3	27.4
球团矿	万吨	286	18.5
铜选矿产品含铜量	吨	3 557	1.0倍
镍金属含量	吨	5 634	65.2
高冰镍	吨	9 583	46.9
镁	吨	2 374	40.4
发电量	亿千瓦时	29.5	38.4

表3(续)

产品名称	单位	产量	比上年增长（%）
供热量	万吉焦	638.4	13.6
水泥	万吨	121.8	34.0
商品混凝土	万立方米	110.6	32.2
纯碱	万吨	15.2	16.3
硫化碱	万吨	10.8	-33.2
铁合金	万吨	2	27.0
焦炭	万吨	70.4	40.3
平板玻璃	万重量箱	64.2	-52.2
棉纱	万吨	1.1	-24.6
原盐	万吨	14.81	2.8倍
乳制品	吨	3 905	0.2
饮料酒	千升	27 068	4.4
肠衣	桶	4 234	5.5
钾肥（折氧化钾 100%）	吨	8 684	0.4
自来水生产量	万立方米	2 254.1	30.5

地方规模以上工业企业实现利润 14.48 亿元，比上年增长 73%；亏损企业亏损额 1.68 亿元，比上年下降 41.9%。

表 4　2011 年地方规模以上工业企业实现利润及其增长速度

单位：亿元

指标	利润总额	比上年增长（%）
规模以上工业	14.48	73.0
其中：国有及国有控股企业	12.34	85.7
其中：集体企业	0.05	90.7
股份制企业	10.21	44.0
外商及港澳台商投资企业	1.43	-17.7
其中：私人控股	1.84	57.8

全区域建筑业增加值34亿元，按可比价格计算，比上年增长35.7%。地方具有资质等级的总承包和专业承包建筑业企业完成房屋建筑施工面积184.3万平方米，增长37.4%，其中：新开工面积158.9万平方米，增长29.3%。竣工面积71.34万平方米，增长41.2%。实现利润3 828.3万元，增长45.9%；上缴税金7 234万元，增长41.7%。

四、固定资产投资

全区域固定资产投资307.87亿元，比上年增长40.8%。其中，城镇投资300.95亿元，增长40.6%；农村投资6.92亿元，增长51.9%。

按三次产业划分，第一产业投资12.36亿元，增长4%；第二产业投资152.14亿元，增长39%；第三产业投资143.36亿元，增长47.4%。在第二产业中，工业投资151.88亿元，增长38.8%，其中，制造业投资18.68亿元，增长1.6倍。

地方固定资产投资197.84亿元，比上年增长36.5%。其中，民间投资79.98亿元，增长24.2%。分产业看，第一产业投资3.52亿元，下降27.4%；第二产业投资139.43亿元，增长47.1%；第三产业投资54.89亿元，增长21.1%。

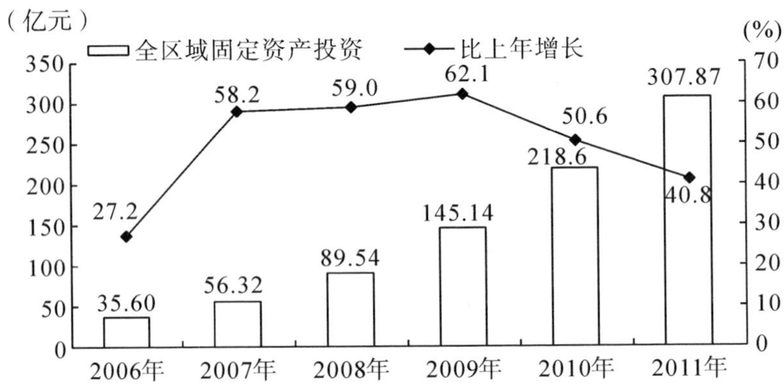

图5　2006—2011年全区域固定资产投资及其增长速度

地方房地产开发投资20.72亿元，增长60.9%，其中，商品住宅投资18.48亿元，增长82.4%；办公楼投资0.59亿元，增长95.2%；商业营业用房投资1.34亿元，下降34.6%。全年房屋施工面积232.38万平方米，增长33.9%；竣工面积56.15万平方米，下降22.3%；商品房销售面积66.07万平方米，增长18.6%。商品房销售额19.48亿元，增长18.1%。

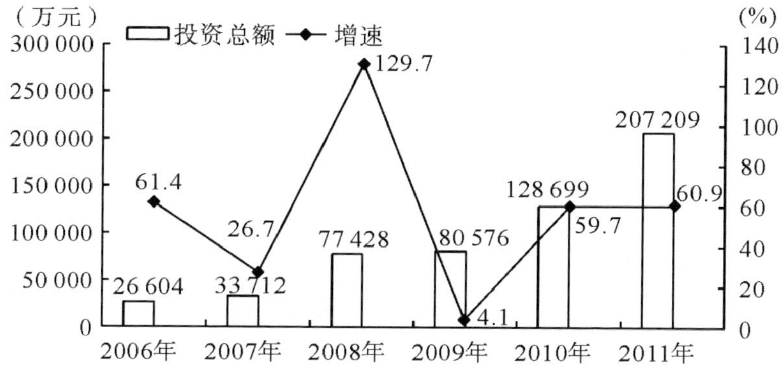

图 6　2006—2011 年地方房地产开发投资及增速

全年新开工建设城镇保障性安居工程住房 7 803 套，基本建成城镇保障性安居工程住房 4 955 套。

五、国内贸易

全年社会消费品零售总额 46.54 亿元，比上年增长 20.4%。扣除物价上涨因素，实际增长 15.0%。

按城乡划分，城镇消费品零售额 44.08 亿元，增长 21%；乡村消费品零售额 2.46 亿元，增长 9.5%。

按行业划分，批发业零售额 9.42 亿元，增长 30.3%；零售业零售额 28.10 亿元，增长 17.4%；住宿业零售额 1.07 亿元，增长 32.4%；餐饮业零售额 7.95 亿元，增长 18.6%。

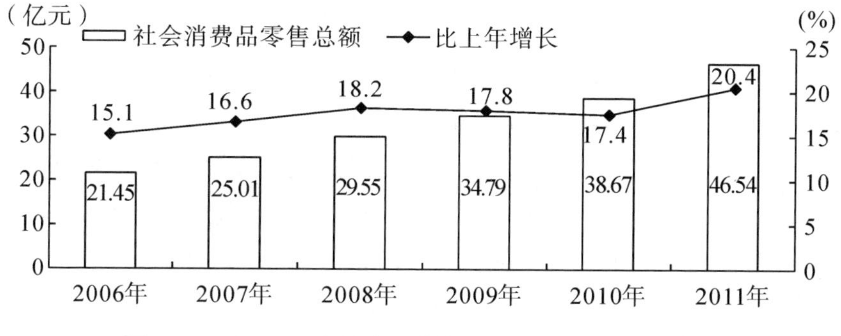

图 7　2006—2011 年社会消费品零售总额及其增长速度

在限额以上批发和零售业零售额中，粮油、食品、饮料、烟酒类增长 37.4%，服装、鞋帽、针纺织品类增长 39.5%，日用品类增长 31.8%，石油及制品类增长 48.2%，通信器材类增长 19.7%，家用电器和音像器材类增长23.9%，中西药品类增长24.8%，体育、娱乐用品类增长25.3%，汽车类增长17.1%。

六、对外经济

全年货物进出口总额2 615万美元，比上年增长21.2%，其中，货物出口总额1 973万美元，增长11.5%；货物进口总额642万美元，增长65.5%。地区口岸过货量127.14万吨，增长2.9倍。

招商引资项目累计到位资金134.33亿元，比上年增长40.4%，其中，区外资金121.16亿元，增长39.1%。新批准设立外商直接投资企业2个，合同使用外商直接投资项目2个，实际使用外商直接投资2 012万美元，增长4倍。

七、交通、邮电和旅游

铁路完成货运量1 120.65万吨，比上年增长3.8%；公路完成货运量1 267万吨，比上年增长26.3%；公路货运周转量21.92亿吨公里，比上年增长25.1%。铁路客运量195.83万人次，增长19.0%；公路客运量487万人次，增长8.9%；公路客运周转量4.16亿人次，比上年增长9.4%。

年末公路里程6 633.23千米，其中等级公路4 357.59千米，高速公路109.18千米。

年末各类民用车辆拥有量（含拖拉机、摩托车、挂车及其他类型车）达到14.37万辆，比上年末增长9.9%，其中，私人车辆拥有量12.65万辆，增长9.3%。民用轿车2.44万辆，增长31.0%，其中，私人轿车2.22万辆，增长33.1%。

年末运营公共汽车256辆，比上年增长0.4%；运营出租车1 129辆，与上年持平。

全年完成邮电业务收入5.96亿元，比上年增长15.4%，其中，邮政业务收入0.58亿元，增长11.6%；电信业务收入5.38亿元，增长15.8%。年末固定电话用户（含小灵通）18.31万户，比上年末增加2.76万户，增长17.8%；年末移动电话用户51.01万户，比上年末增加6.1万户，增长13.6%；年末互联网用户8.86万户，比上年末增加2.61万户，增长41.9%。电话普及率达到118.7部/百人，其中，固定电话普及率31.4部/百人；移动电话普及率达到87.4部/百人；互联网普及率达到42.6%。

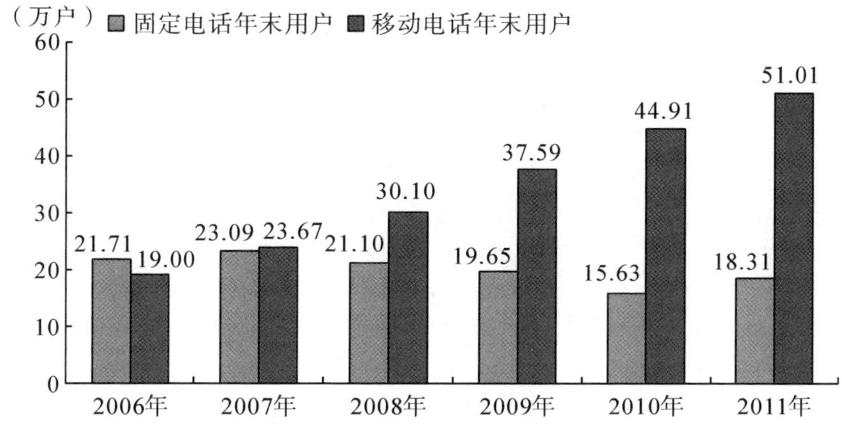

图 8　2006—2011 年年末电话用户数

年末全地区共有星级宾馆 15 家，其中，四星级宾馆 5 家，三星级宾馆 6 家；有各类旅行社 8 家。全年接待国内游客 223.65 万人次，比上年增长 22.3%；国内旅游收入 5.29 亿元，增长 28.6%。接待境外游客 1.17 万人次，下降 10.5%；实现国际旅游外汇收入 43.93 万美元，下降 0.9%。

八、财政、金融和保险

全口径财政收入 42.06 亿元，比上年增长 51.1%。地方财政收入 25.42 亿元，增长 57.2%。公共财政预算收入 23.52 亿元，增长 56.3%，其中，各项税收收入 21.18 亿元，增长 55.3%；非税收入 2.34 亿元，增长 66.3%。分税种看，增值税收入 3.1 亿元，增长 32.8%；营业税收入 10.25 亿元，增长 65.8%；企业所得税（含退税）收入 2.07 亿元，增长 58.1%；个人所得税收入 1.18 亿元，增长 58.4%；资源税 1.35 亿元，增长 57.9%。

地方财政支出 58.82 亿元，增长 46.5%。公共财政预算支出 56.29 亿元，增长 45.7%。其中：住房保障支出 6.17 亿元，增长 2 倍；交通运输支出 0.34 亿元，增长 1.8 倍；环境保护支出 2.25 亿元，增长 67.7%；农林水事务支出 10.28 亿元，增长 61.7%；城乡社区事务支出 4.89 亿元，增长 51.4%；教育支出 9.33 亿元，增长 33.6%；医疗卫生支出 3.44 亿元，增长 26.3%；文化体育与传媒支出 1.14 亿元，增长 25.3%；社会保障和就业支出 3.85 亿元，增长 22.3%。

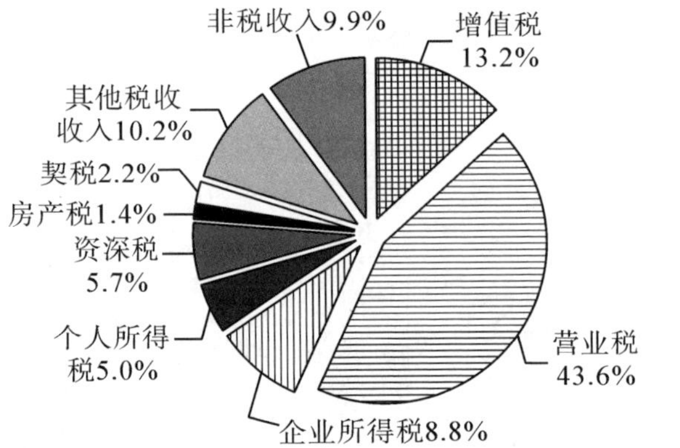

图 9　公共财政预算收入的构成

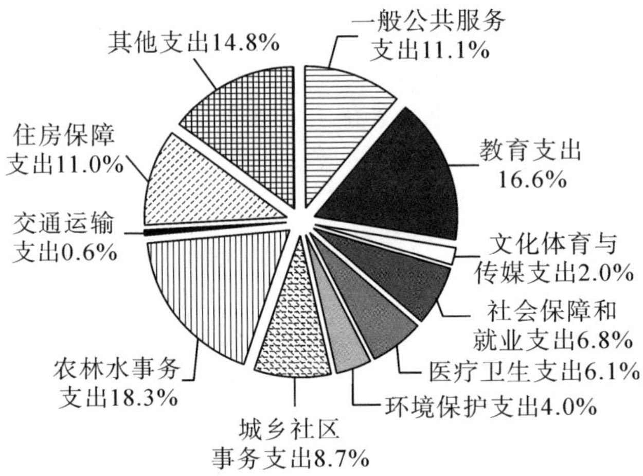

图 10　公共财政预算支出的构成

年末全部金融机构本外币各项存款余额 316.00 亿元，比年初增加 58.36 亿元，比上年增长 22.6%（人民币各项存款余额 315.25 亿元，比年初增加58 亿元，比上年增长 22.5%。）。其中，单位存款余额 146.02 亿元，增长 75.1%；个人存款余额 166.90 亿元，增长 21.5%。

全部金融机构本外币各项贷款余额 153.56 亿元，比年初增加 38.20 亿元，比上年增长 33.1%（人民币各项贷款余额 153.28 亿元，比年初增加 38.22 亿元，比上年增长 33.2%）。其中，短期贷款 43.33 亿元，增长 34.4%；中长期贷款 104.76 亿元，增长 31.3%。个人消费贷款 13.22 亿元。

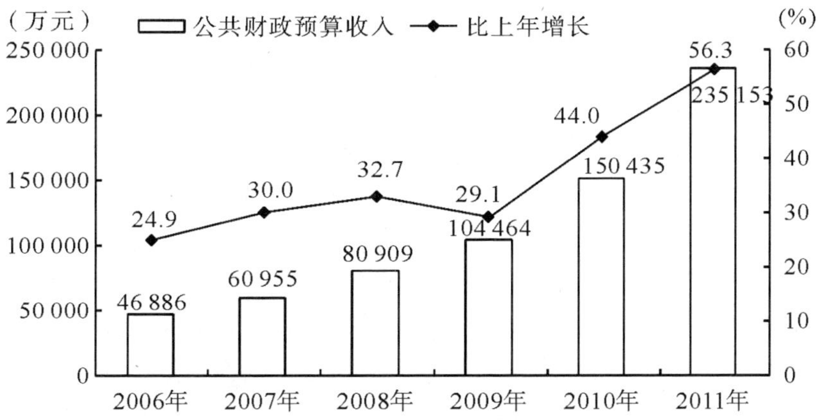

图 11　2006—2011 年公共财政预算收入及其增速

全年保险公司各项保费总收入 8.17 亿元，比上年增长 9.5%，其中，财险保费收入 2.3 亿元，增长 13.4%；寿险保费收入 5.87 亿元，增长 8.0%；健康险保费收入 0.3 亿元，下降 11.1%；意外伤害险保费收入 0.19 亿元，增长 75.5%。各类保险赔款及给付支出 1.70 亿元，增长 2.6%，其中，财产险支付赔款 0.89 亿元，增长 7.3%；寿险赔款及给付 0.81 亿元，下降 2.0%；健康险赔付 0.11 亿元，下降 8.9%；意外伤害险赔付 0.04 亿元，下降 11%。

九、教育和科学技术（略）

十、文化、卫生和体育（略）

十一、人口与人民生活（略）

十二、劳动就业和社会保障（略）

十三、城市建设（略）

十四、资源、环境和安全生产（略）

注释：

［1］本公报中数据均为初步统计数，最终数据以 2011 年年报数为准。

［2］地区生产总值及各产业增加值、农林牧渔业总产值、建筑业总产值绝对数按现价计算，增长速度按可比价格计算。

［3］地区生产总值、全社会固定资产投资额为区域数。

［4］规模以上工业是指年主营业务收入 500 万元以上的工业企业。

［5］房地产业投资除房地产开发投资外，还包括建设单位自建房屋以及物业管理、中介服务和其他房地产投资。

[6] 城镇职工基本医疗保险人数包括参保职工和参保退休人员。城镇居民基本医疗保险的参保对象是不属于城镇职工基本医疗保险覆盖范围的城镇非从业人员。

资料来源：本公报中城镇新增就业、登记失业率、社会保障数据来自地区人力资源和社会保障局；财政数据来自地区财政局；森林面积、森林覆盖率数据来自地区林业局；水资源数据来自地区水利局；邮电业务收入、固定电话用户、互联网用户等通信数据来自地区邮政局和各通信公司；保障性住房、城市污水处理、集中供热面积、建成区绿地率等来自地区住房城乡建设局；货物进出口数据来自海关；招商引资、外商直接投资等数据来自地区商务局；客货运量数据来自地区道路运输管理局；民用汽车数据来自地区公安局车管所；旅游数据来自地区旅游局；货币金融数据来自人民银行哈密支行；保险业数据来自地区各保险公司；教育数据来自地区教育局；安排科技计划项目、技术合同等数据来自地区科技局；专利数据来自地区知识产权局；艺术表演团体、博物馆、公共图书馆、文化馆、广播、电视数据来自地区文化体育广播影视新闻（版权）局；报纸、杂志数据来自哈密各出版单位；档案数据来自地区档案局；卫生、新农合数据来自地区卫生局；人口数据来自地区公安局；社会低保和五保救济数据来自地区民政局；矿种数据来自地区国土资源局；环境监测数据来自地区环境保护局；安全生产数据来自地区安全监管局；城乡居民人均收入来自国家统计局哈密调查队；其他数据均来自地区统计局。

简析

统计公报的作用是将大规模的统计活动数据进行汇总并公之于众，如政府年度统计、经济普查、人口普查、工农业普查等都需要在进行统计分析后，利用公报这一文种向大众汇报相关的情况。这篇公报充分展现了统计公报的特点。首先，说明编制此公报的依据，它决定公报的数据内容是否科学、准确和可靠。其次，用大量真实的统计数据来展现具体的统计情况，让读者在全面了解统计情况的同时，对数据感到很信服。统计类公报都需要将重点放在数据对比上，通过数据系统反映统计对象的情况，但这并不是要求数据越多越好，而是应该有的放矢，以需要反映出哪些情况来选择使用哪些数据为宜。严格地讲，这类内容用公告比较规范，但习惯上人们还是较易接受公报这种行文方式。

第八章　公　告

第一节　写作理论

一、公告的概念、适用范围和特点

（一）概念

公告是向国内外宣布重要事项或者法定事项时使用的公文文种，是公布性行政公文，旨在使海内外公众周知。其内容不带有强制性，即使公告有一定的规定性要求，也只是广而告之的必然结果，而不具有指令性作用。

关于公告的含义，第一方面的内容是向国内外宣布重要事项。所谓重要事项，是指国内外都应有所了解的事项，如选出中央政府领导人、公布宪法、公布重要的驻外使节、中国人民解放军陆海空三军演习等。公告发布的事项，有时是对国内外而言，有时仅对国内而言，如各地税务机关发布的税务登记公告等。第二方面的内容是向国内外宣布法定事项。所谓法定事项，是指国内外有关单位或人员均需遵守的有关法规事项，如涉外婚姻法规，又如《中国人民银行关于进一步改革外汇管理体制的公告》，其内容有如下规定："一、实行外汇收入结汇制，取消外汇分成……下列范围的外汇收入，允许在外汇指定银行开立现汇账户：①境外法人或自然人作为投资汇入的外汇；②境外借款和发行债券、股票取得的外汇……"很显然，类似的规定事项，要求国内外有关单位或人员均需遵守。但是，和向国内外宣布重要事项一样，公告公布的有关法规事项，有时也仅对国内有关单位或人员而言，如国务院 1989 年颁发的《国务院关于坚决制止冲击铁路确保铁路运输安全畅通的公告》，很显然，这种公告，仅在国内范围使用。从上可见，含义中"向国内外"一语有三种读法，一是"向国内”，二是“向国外”，三是“向国内外”。

从公告的使用范围方面看，它一般都是关于政治、经济、军事、法律、科技文化等方面的重大事项，政治类如《中共中央、全国人大常委会、国务院关于宋庆龄副委员长病情的公告》；经济类如《中华人民共和国财政部公告》；军事类，如中国人民解放军在有关海域举行军事演习的《新华社受权公告》等。

公告从政府行文的角度看，由于它是用于政治、经济、军事、法律、科技文化等的重大事项的，所以它的制发级别较高，一般要由省市级人民政府才能制发。基层政府依公告发布重大事项看，一来少有国家政务的重大事项，二来有些事项虽适用于以公告发布，如县、区人大公布选举结果等，但却往往受到报纸或电视等传播手段的限制，因此，对于公告，是少有制发的。同时，由于公告是政府行政公文的一种，我们要注意它和一般专用公文公告或民事公告在使用方面的区别，如法院传递的缺席判决公告（如离婚案有一方缺席等）、商业用招商公告等，它们和行政公文公告比较，性质上是有区别的。总之，行政公文公告一要发布的事项重要，二要由政府或相应的职能机关制作。

（二）适用范围

《党政机关公文处理工作条例》规定公告适用于向国内外宣布重要事项或者法定事项。

（三）特点

1. 发文权力的限制性

由于公告宣布的是重大事项和法定事项，发文的权力被限制在高层行政机关及其职能部门的范围之内。具体来说，国家最高权力机关（人大及其常委会），国家最高行政机关（国务院）及其所属部门，各省（自治区、直辖市）行政领导机关，某些法定机关，如税务局、海关、铁路局、人民银行、检察院、法院等，有制发公告的权力。其他地方行政机关，一般不能发布公告。党团组织、社会团体、企事业单位，不能发布公告。

2. 题材的重大性

公告的题材，必须是能在国际国内产生一定影响的重要事项，或者依法必须向社会公布的法定事项。公告的内容庄重严肃，体现着国家权力部门的威严，既要能够将有关信息和政策公之于众，又要考虑在国内国际可能产生的政治影响。一般性的决定、指示、通知的内容，都不能以公告的形式发布，因为它们很难具有全国和国际性的意义。

3. 内容和传播方式的新闻性

公告还有一定的新闻性特点。所谓新闻，就是对新近发生的、群众关心的、应知而未知的事实的报道。公告的内容，都是新近的、群众应知而未知的事项，在一定程度上具有新闻的特点。公告的发布形式也有新闻性特征，它一般不用红头文件的方式传播，而是在报刊上公开刊登。

二、公告的基本类型

（一）知照性公告

知照性公告是指用于向国内外发布重要事项，不提出具体要求和执行办法的公告。凡是用来宣布有关政治、经济、军事、科技、教育、人事、外交等方面需要告知全民的重要事项的，都属此类公告。常见的有重要领导岗位的变动、领导人的出访或其他重大活动、重要领导人病危逝世、重要科技成果的公布、重要军事行动等。如全国人大常务委员会关于确认全国人大代表资格的公告、新华社受权宣布我国将进行向太平洋发射运载火箭试验的公告，都属此类公告。

（二）事项性公告

事项性公告是指不仅向国内外发布重要事项，而且提出相应的具体要求和做法的公告。如财政部发行国债时经常使用的《中华人民共和国财政部公告》。

（三）发布性公告

发布性公告是指用于政府职能部门、立法机关发布新法律、法规和制度。

依照有关法律和法规的规定，一些重要事情和主要环节必须以公告的方式向全民公布。例如《中华人民共和国全国人民代表大会公告》《北京市财政局2008年公开招考工作人员公告》就是发布性公告的典型例子。

三、公告的格式与写法

（一）标题和发文字号

1. 标题

公告的标题有四种不同的构成形式。

一是公文标题的常规形式，由发文机关+事由+文种组成。如《广铁集团关于2月18日、19日部分广深和谐号动车组加开的公告》。

二是省略事由的写法，由发文机关+文种组成。如《国家税务总局公告》《对外经济贸易部公告》。这是公告比较常用的标题形式。

三是省略发文机关，由事由+文种组成。如《关于查询互联网购票电子支付等问题的公告》。这种标题形式比较少见，只出现在特定网站上，以区分出事由。上述公告出现在中国铁路客户服务中心的网站上，所以不会出现歧义。

四是只标文种《公告》二字。

2. 发文字号

公告一般不用公文的常规发文字号，而是在标题下文正中标示“第×号”。有些公告可以没有发文字号。

（二）正文

1. 开头

开头主要用来写发布公告的缘由，包括根据、目的、意义等。但也有不写公告缘由，一开头就进入公告事项的。

2. 主体

主体用来写公告事项。因每篇公告的内容不同，主体的写法因文而异。有时用贯通式写法，有时需要分条列出。总之，这部分要求条理清楚、用语准确、简明庄重。

3. 结语

一般用“特此公告”的格式化用语作结。不过，这不是唯一的选择，有些公告的结尾专用一个自然段来写执行要求，也有的公告既不写执行要求，也不用“特此公告”的结语，事完文止，也不失为一种干净利落的收束方式。

（三）落款

公告的发文机关和发布日期写在正文的右下方。先标注发文机关的全称，再将发布日期标注在发文机关名称之下。特别重要的公告，还要在发文日期之后，标明发布地点。标题中有发文机关名称的，正文之后只标明发文日期即可。若标题未标明发文机关名称，落款处必须签署发文机关名称。如题注处已标注发布公告日期，标题中又有发文机关名称，这里就可以省略。

四、公告的写作要求

（一）要防止滥用公告

作为行政公文的公告，多为国家最高权力机关、行政机关使用，其内容重大、公开，国内外极为关注，除发布“重要事项”或“法定事项”外，其他事项一律不得使用公告。切忌不论事无巨细，随意把公告当广告、启事用。地方行政机关一般不使用公告。社会团体和企事业单位无权发布公告。

（二）结构要酌情处理

公告应简明扼要，务求实效，注意体式。所谓注意体式，是就区别公告的发布内容而言。不少的公告，因发布内容单一，写成一段文字则可。但同时，有些公告在发布事项时，关系到一些具体的背景或要求，这时就要注意分段写作，事项较多的，还要注意分点写作。

（三）事项要明确具体

公告中事项，是公告内容的具体指向，是告知做什么和怎样做的。事项部分开门见山，直陈事项，务求准确，不能模棱两可、含糊不清。不做议论，不需描述事情的详细经过和细枝末节，以便于操作。

（四）用语要庄重、凝练、严谨

不论是宣布重大事件，还是针对重大事件表明态度、宣布措施，都要极其准确地体现发布机关的意向，十分明确地传递有关情况，注意政治影响。庄重是指要使用规范的书面语言和惯用语，因为发布公告是代表国家党政机关和部门，对象是国内外的民众和有关机构，所以行文要缜密严谨，做到庄重严肃；凝练是指语言要反复锤炼，精益求精；严谨是指叙事、说理应严格谨慎，周密不疏漏，逻辑性要强，排除自相矛盾，使全文顺理成章、浑然一体。

（五）发布方式灵活运用

公告一般通过广播、电视、报刊或网络等媒介公开发布。

第二节　范例赏析

【例文 1：事项性公告】

财政部　公安部　民政部　信息产业部　国家体育总局公告

（2007 年第 36 号）

近年来，利用互联网销售彩票现象日益增多，给彩票市场管理带来了诸多问题。主要表现在：以国家彩票为名销售私彩，为赌球、地下“六合彩”等非法彩票活动提供渠道，使非法彩票等赌博活动进一步蔓延和泛滥，造成彩票资金流失，国家利益受损；冒用彩票机构名义，以预测、包中等形式诈骗彩民钱财，损害国家彩票公信力；设定不平等协议，侵害彩票购买者正当权益；向未成年人出售彩票等，严重扰乱了彩票市场秩序，直接影响了彩票市场健康发展。为打击非法彩票等赌博活动，维护国家彩票市场秩序，现就有关事项公告如下：

一、停止非彩票机构主办网站彩票销售业务

根据《彩票发行与销售管理暂行规定》(财综〔2002〕13号)第四条“未经国务院批准，任何地方、部门、组织、个人均不得在中华人民共和国境内发行和变相发行彩票”和第十条“各类彩票的游戏规则及发行销售方式，由彩票发行机构报财政部审核批准。未经财政部批准，任何彩票不得上市发行销售”的规定，除国家批准的彩票机构外，任何单位或个人不得利用互联网开展彩票销售业务。自本公告发布之日起30日内，各类非彩票机构主办的网站必须一律停止彩票销售业务，同时做好彩票资金清算等善后工作，不得损害彩民正当权益。

二、整顿彩票机构利用互联网销售彩票业务

对国家批准的彩票机构在本公告发布以前已经利用互联网开展彩票销售业务的，自本公告发布之日起30日内，由中国福利彩票发行管理中心和国家体育总局体育彩票管理中心开展专项检查和清理，并将检查情况及处理意见报财政部。财政部将会同公安部、民政部、国家体育总局对上报情况和处理意见进行审核，确定暂时保留开展互联网销售彩票业务的彩票机构及其网站的名单，并向社会公告；同时尽快研究制订具体管理办法，对彩票机构利用互联网销售彩票的行为进行规范。不在公告名单中的彩票机构及其网站一律不得继续开展互联网销售彩票业务。

三、严厉查处和打击利用互联网非法销售彩票行为

各地财政部门要会同公安、电信管理部门按照《刑法》、《中华人民共和国治安管理处罚法》、《互联网信息服务管理办法》(国务院令第292号)以及最高人民法院、最高人民检察院《关于办理赌博刑事案件具体应用法律若干问题的解释》(法释〔2005〕3号)和公安部《关于办理赌博违法案件适用法律若干问题的通知》(公通字〔2005〕30号)等法律、法规、规章和司法解释，严厉查处和打击非法利用互联网销售彩票行为。同时自本公告发布之日起30日后，各地财政、公安部门要组织开展清理整顿工

作，依法严肃查处非法利用互联网销售彩票活动。对各地财政、公安部门依法责令停止利用互联网销售彩票而网站拒不停止的，各地电信管理部门要依据财政、公安部门认定的处罚意见以及提供的相应网站名称和互联网接入服务提供者名单，依法通知并监督互联网接入服务提供者终止或暂停接入服务，对逾期未终止或暂停接入服务的，由电信管理部门依据有关法律法规进行处罚。对利用互联网销售非法彩票、或以销售国家彩票为名截留国家彩票资金，以及进行在线赌博等行为，涉嫌犯罪的，移送司法机关。

财政部（印章）　公安部（印章）　民政部（印章）

信息产业部（印章）　国家体育总局（印章）

二〇〇七年十一月六日①

简析

这是一篇法定性公告。文章开头第一段就写明了发文的缘由，即发文的背景和目的。一句“现就有关事项公告如下”领起第二部分的三条事项。这部分每条事项都是从执行对象写起，然后写法定事项，最后写生效时间。

【例文 2：事项性公告】

商务部 海关总署 国家质量监督检验检疫总局联合公告

为落实党中央、国务院关于促进外贸回稳向好的系列决策部署，顺应质检系统“管办分离”的改革方向，自 2017 年 1 月 1 日起对外援助物资（以下简称援外物资）将实行市场化的商检制度改革，现公告如下：

一、关于法定检验物资的检验

属于《出入境检验检疫机构实施检验检疫的进出境商品名录》范围内的产品以及法律、行政法规规定须经相关检验检疫机构实施检验检疫的援外物资（以下简称法定检验物资），按照国家有关法律法规和相应工作流

---

① 《党政机关公文格式》规定：成文日期中的数字用阿拉伯数字将年、月、日标全，年份应标全称，月、日不编虚位（即 1 不编为 01）。此处仍旧采用旧格式，是为了保持公文原貌，以下同。

程进行出口检验检疫。

二、关于不属于法定检验范围的物资的检验

对于不属于法定检验范围的援外物资，将采用市场化检验方式，由援外项目实施企业自主委托社会化检验机构实施检验，原则上遵循“产地检验、装运前核验和口岸监装”的基本原则。产地检验合格后，检验机构向实施企业出具第三方检验合格证明；装运前核验和口岸监装合格后，检验机构向实施企业出具检验报告，实施企业向援外项目管理机构备案。全部物资在产地检验、装运前核验、口岸监装合格并由检验机构出具合格检验报告后，方可通关验放、启运出境。

对于符合以下条件之一的援外物资，可以免于检验：

1. 紧急人道主义援助物资；

2. 单个供货企业所供物资总价累计不超过10万元人民币的援助物资（采购文件另有规定的除外）；

3. 向已建成援外成套项目提供的零配件；

4. 援外成套项目项下产权属于援外成套项目总承包企业的施工机械、器具以及施工用周转材料、临时设施材料；

5. 按“已进口再出口”方式向生产厂家境内代理商或境内经销商采购的境外生产的援外物资；

6. 援外项目管理机构依据其有关规定认定质量具备保证条件，不需进行检验的援助物资；

7. 因对外工作需要或产品特殊等原因，可免于品质检验的其他援外物资。

三、关于社会化检验机构选定

不属于法定检验范围的物资，实施企业选定承担商品检验任务的检验机构应具备以下基本条件：

1. 在中华人民共和国境内（不含港、澳、台地区）注册，具备独立承担民事责任能力的中资机构；

2. 具备依据《中华人民共和国进出口商品检验法》从事进出口商品检验鉴定业务的许可；

3. 具备中国合格评定国家认可委员会和省级以上质量监督部门及国家计量认证行业评审组认可的CNAS认可和CMA计量认证资质；

4. 具备ISO/IEC17020检验机构运行体系认证；

5. 应在实施援外物资检验的主要省份及主要港口设有分支机构或实验室，并承诺可在其他需实施检验检测的产地或采购地提供相应检验检测服务。

社会化检验机构选定的具体条件，由项目管理机构根据援外项目具体情况另行确定。

四、关于海关验放

援外项目实施企业应当提交援外项目任务通知函（由商务部、紧急援助部际工作机制领导小组或项目管理机构出具），办理报关验放手续。监管方式为“援外物资”（代码为3511），且免于提交出口许可证。

五、检验和验放协调工作机制

为更好地服务援外项目实施企业，做好援外物资检验和验放工作，商务部、海关总署和国家质量监督检验检疫总局（以下简称质检总局）三家单位继续保留并完善有关援外物资检验和验放协调工作机制，共同研究解决重大问题。如出现援外物资重大质量安全问题，商务部和质检总局可联合进行调查，并根据有关规定进行处罚。实施企业有逃避海关监管以及私自夹带非援外出口物资出境等重大违法违规行为时，海关各地监管部门将通过海关总署向检验及验放协调工作机制通报相关情况，并根据有关规定对违规企业进行处罚。

具体事宜请与商务部或援外项目管理机构联系。

联系电话：

对外援助司：010-85093550，国际经济合作事务局：010-68108030，中国国际经济技术交流中心：010-84000707。

商务部　海关总署　质检总局

2016年12月30日

简析

这是一篇事项性公告。第一段“为落实党中央、国务院关于促进外贸回稳向好的系列决策部署，顺应质检系统“管办分离”的改革方向，自2017年1月1日起对外援助物资（以下简称援外物资）将实行市场化的商检制度改革”是公告发布的缘由。然后由过渡语“现公告如下”引起下文。公告的事项分为五项内容进行阐述。交代清楚之后，公告自然完结，省略了结语部分，从而突出公告事项，以引起人们的广泛关注。全文主旨鲜明，层次清楚，叙述客观具体，语气庄重，语言简明扼要，言简意赅。

【例文 3：事项性公告】

中华人民共和国财政部公告

2015 年第 53 号

根据国家国债发行的有关规定，财政部决定第一次续发行 2015 年记账式附息（十六期）国债，已完成招标工作。现将有关事项公告如下：

一、本次国债计划续发行 300 亿元，实际续发行面值金额 300 亿元。

二、本次续发行国债的起息时间、票面利率等要素均与 2015 年记账式附息（十六期）国债相同，即起息日为 2015 年 7 月 16 日，票面年利率为 3.51%，按半年付息，每年 1 月 16 日、7 月 16 日（节假日顺延，下同）支付利息，2025 年 7 月 16 日偿还本金并支付最后一次利息。经招标确定的续发行价格为 100.77 元，折合年收益率为 3.45%。本次续发行的国债从招标结束后至 8 月 10 日进行分销，从 8 月 12 日起与之前发行的同期国债 300 亿元合并上市交易。

其他事宜按《中华人民共和国财政部公告》（2015 年第 1 号）规定执行。

特此公告。

中华人民共和国财政部

2015 年 8 月 5 日

简析

这是一篇内容较为简短的事项性公告，是财政部用来发布发行国债这个重要事项的。标题由发文机关名称和文种两个重要因素组成，其下注明发文字号；正文部分以直接分条的形式，交代出了公告事项。文章开头用“根据国家国债发行的有关规定”说明了发布公告的依据。下面两条是公告的事项，最后以专用尾语“特此公告”作结。从行文的语势上看，该公告显得严谨庄重，干净利落，是一篇格式规范的典型例子。

【例文 4：知照性公告】

中华人民共和国财政部会计信息质量检查公告

第十三号

为深入贯彻落实国务院领导关于“加大会计监督检查力度，综合治理会计信息失真问题”的重要批示精神，进一步整顿和规范会计秩序，2006年我部组织驻各地财政监察专员办事处（以下简称专员办）和省级财政部门开展了会计信息质量检查和会计师事务所执业质量检查。此次检查的重点是国有大型企业、上市公司、房地产企业及部分会计师事务所，其中财政部直接组织专员办检查81户企业和37家会计师事务所，各省级财政部门就地检查企事业单位7 268户、会计师事务所600家。从检查情况看，随着近年来市场经济秩序的逐步规范和各方面监管力度的加大，会计信息质量和会计师事务所执业质量总体上有所提高，但仍有部分企业存在一定程度的会计违法违规问题，会计师事务所的执业质量有待进一步提高。

检查发现，部分国有企业会计核算和财务管理有待规范，个别企业甚至存在严重的会计违规行为。天津市天海集团有限公司会计信息严重失真，财务管理相当混乱，将利用外国政府贷款购置的价值7.2亿元的船舶长期挂往来账，未纳入固定资产核算。其下属子公司天津市海运股份有限公司连续两年伪造银行存款1.5亿元，以隐瞒大股东占用上市公司资金的问题。黑龙江省电力有限责任公司2005年通过虚构售电量，虚增收入5.1亿元。

检查发现，少数上市公司利用少计成本费用、关联方交易等手段粉饰业绩。浏阳花炮股份有限公司为了避免2003年、2004年连续亏损，将以前年度发生的费用1 859万元及欠缴税款786万元推迟计入2005年度。航天通信控股集团股份有限公司2003年至2005年划出资金通过其他单位进行周转，虚增利润3 110万元。

检查发现，部分房地产企业在会计核算、银行信贷、税款缴纳等方面存在较多违规问题。厦门国源房地产开发有限公司编制虚假会计报表并串通会计师事务所出具虚假审计报告，违规获取银行贷款3 300万元。海南金邦实业有限公司2005年度实现销售收入3.2亿元，而会计报表反映收入为零，也未按规定预缴企业所得税。

检查还发现，少数会计师事务所特别是一些中小事务所内部质量控制薄弱、审计程序执行不到位、出具不实审计报告的问题仍较突出。吉林省白山华审会计师事务所内部管理混乱，使用已故注册会计师的印章并仿冒其签字出具虚假验资报告。重庆中翰会计师事务所对被审计企业违法提供两套不同会计报表的问题未予指明，为其出具了两份不同结论的审计报告。福建天联会计师事务所未实施必要的审计程序，仅依据被审计企业提供的虚假会计报表，为3户企业出具了不实审计报告。河南百信会计师事务所利用虚假出资骗取了执业资格，内部质量控制相当薄弱，出具审计报告过程中基本不执行审计报告逐级复核。

针对检查发现的问题，各级财政部门依法进行了严肃处理。其中，对浏阳花炮股份有限公司、海南金邦实业有限公司等违规企业予以罚款、补税、调账等处理处罚，对相关企业的法定代表人和财务负责人分别予以罚款、吊销会计从业资格证书等处罚，对应予追究刑事责任的责任人依法移送司法机关处理；对天津市天海集团有限公司等企业的违规问题，依法移送有关地方政府和主管部门核实处理。共有88家会计师事务所、232名注册会计师分别受到省级以上财政部门给予的警告、暂停执业、吊销执业资格等处理处罚，其中对吉林省白山华审会计师事务所、河南百信会计师事务所等事务所予以撤销，对重庆中翰会计师事务所、福建天联会计师事务所等事务所予以暂停经营业务的处罚。

今后，我部将进一步深入贯彻落实国务院领导的重要批示精神，围绕新会计准则和审计准则体系的贯彻实施，重点选择与人民群众切身利益密切相关的重点行业、重点单位进行监督检查，切实加大处理处罚和公开曝光力度，进一步提高会计监督的层次和效果，逐步完善法制规范、职责明晰、运转协调、监督高效的会计监督长效机制，全面提升会计信息质量和会计师事务所执业质量。同时，我部将加强同有关部门的协同配合，齐抓共管、形成合力，综合治理会计信息失真问题，促进会计行业的健康发展和会计秩序的根本好转。

中华人民共和国财政部（印章）
二〇〇七年十月三十一日

简析

这是一篇知照性公告，也是财政部近年来发布频率相对较高的一种公文。开头一段是公告的事由，说明了会计信息质量检查的目的、重点和检查的总体情况。在第二部分公告事项的写作中写了三层意思：第一层是用三个自然段写了检查中发现的问题；第二层对查出问题的处理情况进行了简要介绍；第三层说明了今后的工作设想。这种公告虽然没有强制性，但教育意义和警示作用非常重大。

第九章　通　告

第一节　写作理论

一、通告的概念、适用范围和特点

（一）概念

通告是用于公布社会各方面应当遵守或周知事项的告知性或指导性公文，是行政机关公文的主要文种之一。

（二）适用范围

《党政机关公文处理工作条例》规定通告适用于在一定范围内公布应当遵守或者周知的事项。

（三）特点

1. 法规性

通告常用来颁布地方性的法规，这些法规一经颁布，特定范围内的部门、单位和民众都必须遵守、执行。

2. 周知性

通告的内容，要求在一定范围内的人们或特定的人群普遍知晓，以使他们了解有关政策法令，遵守某些规定事项，共同维护社会公务管理秩序。

3. 务实性

所有的公文都是实用文，从根本性质上说都应该是务实的。但它们之间还是有一些区别，有的公文只是告知某事，或者宣传某些思想、政策，并不指向具体事务。通告则是一种直接指向某项事务的文种，务实性比较突出。

4. 行业性

不少通告都具有鲜明的行业性特点，如税务局关于征税的通告、机动车管理部门关于机动车辆年度检验的通告、银行关于发行新版人民币的通告、房产管理局关于对商品房销售面积进行检查的通告，等等，都是针对其所负责的那一部分的业务或技术事务发出的通告。因此，通告行文中要时常引用本行业的法规、规章，也免不了使用本行业的术语、行话。

二、通告的基本类型

通告有制约性通告和知照性通告两种。

（一）制约性通告

此类通告，主要是在一定范围内，为保证某一事项或某一活动的正常进行或开展，发布规范性措施，要求有关单位或个人遵照执行。这种通告具有法规性作用。

（二）知照性通告

此类通告主要是需要有关单位和个人遵守或周知某件事情。它的约束力相对较弱，不具有法规性作用。

这两种通告是以制约性的强弱不同为标准来区分的，二者之间没有绝对的界限。制约性的通告不可能没有知照性，知照性的通告完全没有法规内容的也不多见。但二者在性质上毕竟有所区分，如《关于坚决清理非法占道经营的通告》，强制性措施较多，属于制约性通告；关于因施工停水、停电的通告，主要起通知事项的作用，没有强制性措施，属于知照性通告。

三、通告的格式与写法

（一）标题和发文字号

1. 标题

标题主要有以下三种形式：

一是由发文机关+事由+文种三者共同构成。如《河南省地方税务局关于认真落实〈事业单位、社会团体、民办非企业单位企业所得税征收管理办法〉的通告》。

二是由发文机关+文种组成。如《中华人民共和国公安部通告》。

三是由事由+文种组成。

四是只写“通告”两字。

2. 发文字号

通告的发文字号不像一般公文那样只用常规方式，在实践中有多种情况并存。

如果是政府发布通告，要有正规的发文字号，比如，2016 年国家粮食局发布的第 5 号通告，发文字号为“国粮通〔2016〕5 号”。

如果是某一行业管理部门发布通告，则可采用“第×号”的方式，标示位置在标题之下正中 。比如，《关于 2016 北京现代北京马拉松比赛期间对部分道路采取临时交通管制的通告》，发文字号就是“2016 年 第 8 号”。

一些基层企事业单位发布的通告，也可以没有字号。

（二）正文

正文采用公文通用结构模式撰写，共分三大部分。

1. 通告缘由

作为开头部分，通告缘由主要用来表达发布通告的背景、根据、目的、意义。如：

“为保障比赛的顺利进行及比赛期间道路交通安全畅通，根据《北京市实施〈中华人民共和国道路交通安全法〉办法》的有关规定，比赛期间将对部分道路分时、分段采取临时交通管制措施。现通告如下：”

这个开头部分主要写了发布通告的目的、根据和做法三个部分。

2. 通告事项

这是主体部分，文字最多，内容最复杂，较多采用分条列项的写法，以做到条理分明，层次清晰。如果内容比较单一，也可采用贯通式写法，把需要说明的事项按顺序从上到下连贯说明，中间不分条列项。

3. 通告结语

这是结尾部分，写法比较简单，多采用“本通告自发布之日起实施”或“特此通告”的模式化结语。

（三）落款

如果标题中已经有发文机关，落款就不再另写。如果标题中未出现，就要在正文之后右下方注明发文机关的全称和发文日期。

四、通告的写作要求

通告是具有约束力的文告，其内容具有很强的政策性、法令性，它是党的方针政策和国家法律、法规在某些事项上的具体体现。因此，撰写通告应注意以下五点：

（一）正确使用文种

目前，在使用通知和通告两种文种中经常发生混淆，如某供水公司关于停水的事项用通知行文，又如现在报刊上公布的不少通知应为通告。二者的主要区别在于，通知有下行文的性质，在发文机关和受文者之间一般存在领导与被领导的关系，而通告为职能分管关系，在发文机关和受文者之间一般不存在领导与被领导的关系。因此，如果一机关和社会受文人员不存在行政统管关系，那么，它公布有关的事项，就应使用通告。

（二）体现现行法规政策

撰写通告必须以国家法规、政策为基础，尤其是带有规定事项的通告，不能以“土政策”行事。应熟悉有关事项的具体情况，使二者紧密结合起来，真正做到从实际出发。如某财政局发布的通告中规定“固定资产核算岗位的会计人员可以不持有会计从业资格证书”，就有悖相关法律。

（三）中心突出，层次清晰

撰写通告时，要紧紧围绕中心，明确通告的事项，规定允许做什么和不允许做什么，有关人员不得随意违反等，这样才能使受文者掌握要领。告知事项不论多少，一定要分条列述，并按逻辑关系安排好先后顺序。

（四）文字简洁准确，通俗易懂

通告是向一定范围内的公众公布必须遵守的事项，有的要求家喻户晓，妇孺皆知。因此，要注意使用短句，对告知的事项，说清楚即可，不必描述和议论。语言表达要大众化，少用专业术语，尽量选择大多数人熟悉的行业用语，以适应受文群众不同文化层次的现状，达到“周知”和“遵守”的目的。切忌语言表达含糊不清，难以理解，以致影响通告事项的实施。

（五）灵活运用发布方式

通告虽是一种公文，但以公文形式下达或发布不是唯一的途径，也可以张贴、登报或通过其他媒体传播。

第二节 范例赏析

【例文 1：制约性通告】

河南省人民政府关于实行对种粮农民直接补贴的通告

根据党中央、国务院指示精神，省政府决定2004年在全省范围内放开粮食购销市场和价格，实行对种粮农民（含国有农场，下同）直接补贴政策。这是继农村税费改革后维护农民利益的又一重大举措，是实践“三个代表”重要思想的具体体现，对增加农民收入、调动农民种粮积极性、稳定和发展粮食生产、保护和提高粮食综合生产能力具有十分重要的意义。为做好对种粮农民直接补贴工作，现将有关事项通告如下：

一、对种粮农民直接补贴，遵循“向粮食生产县倾斜、向种粮多的农民倾斜”的原则。每户的补贴资金，根据2002年农村税费改革时核定的计税土地面积和县级政府确定的补贴标准计算确定。县（市、区）辖区内实行统一补贴标准。

二、对每户农民的补贴资金，要以村（组）为单位张榜公布。公布的内容包括：2002年税费改革核定的每户计税面积、2004年粮食补贴标准和粮食补贴总数额。对有异议的农户，乡镇政府要严格按照直补政策予以核实，妥善处理。在公示确认无异议后，乡镇财政所要在5月15日前将《粮食补贴通知书》发到每个农户。《粮食补贴通知书》由县（市、区）统一编号、打印，农民本人签收。兑现粮食补贴资金采取直接抵顶应缴农业税的办法。农民凭本人身份证和《粮食补贴通知书》，到乡镇财政所等额抵顶应缴纳的农业税及附加。粮食补贴除抵顶应纳农业税及附加外，不得抵顶其他任何税费，更不得挤占挪用。补贴兑现工作在6月30日前基本结束。

三、在补贴兑现过程中，要切实做到“五到户”：政策宣传到户，清册编制到户，张榜公布到户，通知发放到户，补贴兑现到户；严格执行“四不准”：不准擅自改动补贴通知书内容，不准用补贴抵顶以前年度的农业税尾欠和各种债务及收费，不准截留、挤占和挪用补贴资金，不准无故拖延补贴兑现时间。

四、对种粮农民实行直接补贴，事关千家万户农民的切身利益，各级政府要高度重视，加强领导，精心组织，周密部署，确保补贴不折不扣兑现到农户。广大农民群众要积极参与，主动配合，加强监督，共同努力，确保对种粮农民直接补贴工作顺利进行。

省对种粮农民直接补贴政策咨询电话：

（0371）5808991、5808992、5808993。

河南省人民政府（印章）

二〇〇四年四月四日

简析

这是一份制约性通告。标题将发文机关、事由和文种三部分全部写明，使人一目了然。正文的开头部分，指出发布通告的依据，点明主旨，用“现将有关事项通告如下”将内容引入下一部分。通告事项是正文的主体，分条列项，写明有关方面和有关人员应遵照办理的事项，对有关问题作出了严格的规定，这些规定带有明显的政策性和法定的权威性。该通告写得具体明确，结构严谨而完整，文字明白晓畅，语气坚定庄严。

【例文 2：制约性通告】

沈阳市地方税务局　沈阳市财政局
关于契税、耕地占用税征管职能划转的通告

沈地税发〔2007〕238 号

经辽宁省人民政府批准，沈阳市契税、耕地占用税征收管理职能由财政部门移交至地方税务部门。现将有关事项通告如下：

一、从 2008 年 1 月 1 日起，沈阳市契税、耕地占用税由沈阳市地方税务机关负责征收管理。

二、2008 年 1 月 1 日前由财政部门转发、制定的各项契税、耕地占用税法律、法规、规章、制度除有明文废止外，均继续执行。

三、从 2008 年 1 月 1 日起，契税纳税申报在地方税务机关设立在房产交易市场的“一窗式”征收窗口办理。具体管理范围是，市级房产、土地部门负责管理的房产土地交易在沈河地税分局设立在市房产交易中心的地

税征收窗口办理；各区县（市）房产、土地部门负责管理的房产土地交易在各区县（市）地方税务机关设立在各区县（市）房产交易市场的地税征收窗口办理。耕地占用税纳税申报在占用耕地的所在地主管地方税务机关办理。

四、如有纳税事项需要咨询，请拨打沈阳市地方税务局纳税服务热线 12366。

沈阳市地方税务局（印章）　沈阳市财政局（印章）

二〇〇七年十二月二十七日

简析

这是一篇制约性通告。正文第一个句号前为通告发布的缘由。因为事项内容较多，所以将缘由和事项分段撰写。第二部分用三条写明了通告的事项。在写作这种通告时，要注意缘由、事项和生效时间三者缺一不可。

【例文 3：知照性通告】

××县财政局关于实行财政供养人员管理有奖举报的通告

为了进一步加强财政管理，规范财政供养关系，提高财政资金使用效益，充分调动全社会参与财政管理的积极性。现就财政供养人员管理有奖举报制度通告如下：

一、举报对象：

全县所有财政供养的在职、离退休、遗属补助对象、60 年代精简人员；领取民政抚恤救助、救济金、城乡最低生活保障金的各类社会人员。

二、举报内容：

（1）调离出本县，工资关系未按规定随行政关系转办的；

（2）不符合政策规定，未经组织、人事等部门批准，长期不上班、擅自离岗经商办企业、长期在外进修学习及从事其他工作，仍在原单位领取工资的；

（3）财政供养人员亡故，继续领取工资和津贴补贴的；

（4）不在特定工作岗位工作，违反规定领取特殊岗位、艰苦岗位等津补贴的；

（5）不符合政策规定，领取民政抚恤补助金、遗属困难补助、城市居民最低生活保障待遇的；

(6) 受党纪、政纪处分及司法处理，工资待遇未按规定处理到位的；

(7) 财政不应供养或应退出财政供养的。

三、举报方式：采取信函、电子邮件或电话等方式向县财政局进行举报，举报时要提供被举报对象的姓名、职业、单位等，以便核实查处。根据自愿原则，举报人可提供本人联系方式，作为查实后领取奖金的依据。

四、举报奖励：①举报情况一经查实，县财政局立即按照节约财政资金额的一定比例进行奖励，奖金最低不低于200元。②凡多人举报同一件事件或同一对象的，只奖励第一举报人（以邮戳、电子邮件发送时间或电话记录时间为准）。举报人可通过电话、电子邮件或信函查询举报核实情况。在举报事项调查核实后及时通知举报人领取奖金。

五、建立举报保密制度。举报人姓名、电话、信函等一律不公开，切实保护举报人合法权益。

六、举报信箱和举报电话：

举报电话：××××-×××××××

电子邮件：××××@126.com

举报信寄至：××县人民路中段财政局 预算股（收）

邮编：××××××

×××县财政局（印章）

××××年××月××日

简析

这是一篇知照性通告。文字简洁，语言准确。正文开头文字“为了进一步加强财政管理，规范财政供养关系，提高财政资金使用效益，充分调动全社会参与财政管理的积极性”是通告发布的缘由，其余文字是通告的具体事项。解释清楚明白，便于人们了解公告的精神和内容。

第十章　意　见

第一节　写作理论

一、意见的概念、适用范围和特点

（一）概念

意见是对重要问题提出见解和处理方法时所使用的一种公文。

意见也是一种指导性的公文，虽然没有命令、决定那样的强制色彩，但它也是用来布置工作，要求下级机关贯彻执行的一种文体。

（二）适用范围

《党政机关公文处理工作条例》规定意见适用于对重要问题提出见解和处理办法。

（三）特点

1. 指导性

意见虽然在文种的字面含义上没有指示、批复那样明显的指导色彩，似乎只是对某一工作提出些意见供参考，可实际上它也是指导性很强的一种文体。之所以不采用指示等指导色彩强的文种行文，主要有下列一些原因：

一是为体现党政分开的原则，党的机关在涉及政务时不宜采用指示等文种。

二是有关部门虽然对下级同类部门有业务指导权，但并没有行政领导权，采用指示显然没有采用意见合适。

三是意见的内容业务性强、规划性强、组织性强，而这些内容采用较生硬的文种不如采用意见这样较委婉的文种更合适。

尽管如此，意见对受文机关来说，仍然有较强的约束性，下级机关要遵照执行。

2. 原则性

意见通常不是具体的工作安排，总是从宏观上提出见解和意见，要求受文单位结合具体情况，参照文件中提出的精神来办理。下级机关在落实意见精神时，比起执行指示有更大的灵活处理的余地。

3. 灵活性

行文可上可下，灵活方便。用意见行文，既能表明本机关的意图，有效地指导和规范各项工作的开展和某些问题的解决，又便于下级机关结合本地区或本部门实际情况研究执行；既可以报请上级机关批转或转发，又可以在自身职权范围内直接行文要求下级机关研究执行。意见在行文格式上也具有较大的灵活性或者不确定性。即意见可以抬头，也可以不抬头；可以直接行文，也可以要求上一级机关批转；成文时间、落款可以放在文尾，也可放在标题之下。这种行文格式上的特点也是其他文种所没有的。实践中直接上行文、直接下行文应抬头，成文时间、落款应在文尾。印发或批转的意见、成文时间和单位往往放在标题之下。

4. 建议性

部分意见是下级机关上报给上级机关的。下级机关在工作过程中，对某项工作或某个问题有了更深的认识，并找到更好的处理办法等，就可以向上级提供意见和方案。上级机关在决策时参考下级的建议，可以提高决策的可行性。

5. 针对性

意见有着较强的针对性。它总是根据现实的需要，针对某一重要的问题提出见解或处理意见。例如，为了全面、正确贯彻实施《中华人民共和国立法法》（以下简称《立法法》），进一步规范财政立法活动，提高财政立法质量，根据《立法法》的有关规定和《国务院关于贯彻实施〈中华人民共和国立法法〉的通知》（国发〔2000〕11号）的要求，财政部提出了贯彻实施《中华人民共和国立法法》的意见。针对政府采购改革中存在的问题，财政部及时下发了《关于全面推进政府采购制度改革的意见》。这些意见对于解决存在的问题，都发挥了积极的作用。

6. 创新性

意见所针对的重要问题一般都是新情况、新问题、新工作，大多没有现成的文件和经验可以借鉴，受文单位对此也了解不多。那么，意见就是在对情况、问题、工作认真调研的基础上，经过深刻分析之后提出的见解和处理方法。因此，意见都具有一定的创新性和理论深度。

二、意见的分类

（一）根据约束力不同划分

依据意见的约束力不同划分，意见可以分为建议性意见、指导性意见和规定性意见三类。

1. 建议性意见

建议性意见是指下级机关向上级机关或上级业务主管部门提出的改进、推动某项工作的思路、设想或建议，供上级或主管部门决策时参考的意见。如财政部、审计署和中国人民银行向国务院提出的《关于清理、检查“小金库”的意见》。此类意见一经上级批转，就作为上级机关的指导性意见，具有一定的约束力和指导作用。下级部门不得讨价还价，或者拒不执行。

2. 指导性意见

上级机关或主管部门，针对工作中的薄弱环节或出现的问题，就如何开展工作及时向下级机关发文，阐述指导思想、基本原则、方法措施和执行要求等原则性的意见，以便促进基层工作的顺利进行。

3. 规定性意见

上级机关印发的意见，用于对所属机关、组织和人员提出规范性的要求和措施，具有较强的规定性和约束力。

（二）根据可操作程度不同划分

依据意见的可操作程度不同划分，意见可以分为规划性意见、实施意见和具体工作意见三类。

1. 规划性意见

规划性意见是对某一时期的某一方面的工作提出的大体构想。它的特点是适用时期长，内容宏观化、整体化，类似于规划、纲要等计划性文体。它指示了一个时期内某项工作的要点、原则和努力方向，但一般没有具体的方法和措施。财政部于 2005 年 6 月 8 日以通知形式发布的《中国注册会计师协会关于加强行业人才培养工作的指导意见》，就是一个为了建立一支在质量和数量上能够满足我国经济和资本市场发展战略，以及现代企业制度需要的执业队伍，建设一个高水平的注册会计师行业和高效率的社会监督服务体系，而加强注册会计师行业人才培养的宏观化、纲要化的意见。

2. 实施意见

实施意见一般是指为贯彻落实上级有关指示、决定、通知精神，结合本地区、本单位实际情况，对所属下级机关提出的要求其贯彻执行的意见。它重在阐发上级的有关精神，使下级单位对上级的文件精神有更深入的理解，同时提出较为具体的行动方案和工作安排，其实质是为贯彻落实某一重要决定或中心工作所制定的实施方案，例如《监察部、财政部、国家发展计划委员会、中国人民银行、审计署关于2000年落实“收支两条线”规定工作的实施意见》和《财政部 监察部 国务院纠风办关于做好整顿统一着装工作的实施意见》。

3. 具体工作意见

具体工作意见是对如何做好某项工作提出意见，所涉及的内容比较具体，有时还会有一些可操作性的办法、措施等。如《国务院办公厅关于实施〈国家行政机关公文处理办法〉涉及的几个具体问题的处理意见》可以更具体地指向行政机关公文处理工作。

（三）根据发布方式不同划分

依据意见的发布方式不同划分，意见可分为独立发布式意见、印发式意见、批转转发式意见三类。

1. 独立发布式意见

独立发布式意见是指发文机关将就某项工作或某一重要问题制定的意见，以意见为文种单独成文发给受文单位。如《国务院关于解决农民工问题的若干意见》。

2. 印发式意见

印发式意见也称发布式意见，是指发文机关将制定的意见，不以意见文种单独成文的向受文单位发布，而是使用“决定”和“印发性通知”向受文单位进行发布，意见以其附件的形式出现。如《财政部关于印发中国会计与改革开放30年纪念活动指导意见的通知》。

3. 批转转发式意见

当下级机关的工作或拟采取的行政措施超出了本机关的职权范围，或在实施时需要其他机关给予协助支持时，主办部门为开展、推动工作而提出见解和处理办法，并报请上级机关批准转发。在报请前，主办部门应事先与其他有关部门协商取得一致意见后行文，若不能取得一致时，主办部门应列明各方理由、依据，提出建设性意见，并与有关部门会签后才能报请上级机关。上级机关接到这种意见以后，应当像对待请示一样，及时作出处理或给予答复，上级机关一旦同意和转发，该意见便代表着上级机关的行政意图，在更大范围产生效力。如《国务院办公厅转发国务院农村综合改革工作小组关于开展清理化解农村义务教育“普九”债务试点工作意见的通知》。

三、意见的格式与写法

（一）标题

意见的标题有两种常见写法。

1. 完整式

写作通式是：发文机关+事由+文种。如《监察部、财政部、国家发展计划委员会、中国人民银行、审计署关于 2000 年落实“收支两条线”规定工作的实施意见》。

2. 省略式

写作通式是：事由+文种。如《关于制定中小学教职工编制标准的意见》。有的标题在“意见”前面加上“指导”两字，变成“指导意见”。如《中国注册会计师协会关于加强行业人才培养工作的指导意见》。

作为下行文的《意见》，为了突出对下级机关指导工作的地位，一般要求完整式标题，由于标题中有发文机关，所以文后一般不再签署机关名称，直接用印即可；作为上行文或平行文的《意见》，标题一般不写发文机关（上行文说明可参考报告、请示文种，平行文为尊重同级机关），上行文、平行文文后一般要签上机关名称再用印，以示尊重上级或对方。

（二）主送机关

意见的发布方式不同，其主送机关的标注方法也不同。对于独立发布式意见，要有主送机关。主送机关的多少视实际情况而定，执行范围比较明确、针对性较强的，要写出主送机关，主送机关的排列方法和一般公文相同；涉及面较广的，可不写主送机关。如《财政部　监察部关于试行会计委派制度工作的意见》（财会〔2000〕12 号），因涉及从源头上预防和治理腐败的重大问题，要求各级政府和多个部门通力协作，各司其职，故不写主送机关。呈报上级批转的《意见》，主送机关一般是一个；对于需要用决定、通知等文体转发、印发的意见，作为转发、印发对象的意见，本身没有主送机关这一项，但转发、印发该意见的决定或通知，要把主送机关写清楚，主送机关的排列方法和一般公文相同。

（三）正文

1. 前言

这是意见的开头部分，一般是交代提出意见的背景、根据（依据）、目的、意义等，陈述“为何提意见”或“为什么发布实施意见”等，但不面面俱到。文字根据具体情况可长可短，最后以“现提出以下意见”“特制定本实施意见”等过渡性语句转入下文。如《监察部、财政部、国家发展计划委员会、中国人民银行、审计署关于2000年落实“收支两条线”规定工作的实施意见》一文的开头：

“按照党中央、国务院”关于行政事业性收费和罚没收入实行‘收支两条线’管理的部署和要求，1999年，各级公安、检察院、法院和工商行政管理部门，中央一级、省一级以及副省级城市、省会城市市一级的其他执收执罚部门已实行‘收支两条线’管理，取得了比较明显的成效。根据中央纪委第四次全会和国务院第二次廉政工作会议对这项工作的要求和部署，现就2000年落实‘收支两条线’规定工作提出以下意见:”

2. 意见条文

这是意见的核心，主要是对重要问题阐明观点、表明态度，提出相关的见解、建议，或规范性的解决办法。一般采取分条列项的写法，从总体目标和要求到具体措施和步骤，从各个角度、各个方面对有关工作如何进行提出指示性或建议性意见。

如果是规划性意见，内容繁多，可列出小标题作为各大层次的标志，小标题下再分条表述。如财政部《中国会计与改革开放30年纪念活动指导意见》一文，主体就分为三大部分，各自冠以小标题，分别是：一、开展会计与改革开放30年纪念活动的意义；二、纪念活动的主要内容；三、组织实施。每一小标题下列出若干条文。《中国注册会计师协会关于加强行业人才培养工作的指导意见》分为五个部分，共提出30条意见。

如果是内容较单纯集中的工作意见，主体部分直接列条即可，不必再设小标题。如财政部《关于改革国有资产评估行政管理方式加强资产评估监督管理工作的意见》，主体部分就直接分为3条。《国务院办公厅关于实施<国家行政机关公文处理办法>涉及的几个具体问题的处理意见》，主体部分就直接分为 11 条。

3. 执行要求

此部分通常是就意见的实施作出说明，提出执行要求。一般以提出希望、号召和督查要求为结尾。

如果是建议性意见，一般用“以上意见当否，请予审阅”“以上意见仅供参考”“以上意见供领导决策参考”等固定用语结束正文。有的结尾还写明意见解释机关、实施时间、对以往同类意见的处理办法等。

如果是报请上级批转或转发的意见，结尾要另起一行，并以“以上意见如无不妥，请批转各地区、各部门执行”做结尾用语。

如果是下行文，则对加强领导、贯彻执行作总体要求，可以列入条款，也可在正文最后单独写一段简练的文字予以说明。如无必要，此项免除。

（四）落款

独立发布式意见在正文右下方注明发文机关全称或者规范化简称，其下一行写成文日期，加盖发文机关印章。如标题中已写上发文机关全称的，可以不写发文机关，只在落款处署发文年月日，加盖发文机关印章。批转转发式的意见，落款有两种形式：一种和独立发布式意见相同，另一种是把发文机关和成文时间放在标题之下，外面用小括号括上。印发式意见由于在印发通知中有落款，那么作为印发对象的意见则不用落款。

上面介绍的标题、正文、执行要求和落款是意见的一般结构，其实意见还有另外一种格式，由标题、题注和正文三部分构成。标题采用完整式标题，题注用来标注成文时间；如标题中不出现发文机关，则把发文机关放在题注中与成文时间并列。

四、意见的写作要求

（一）文种选用要恰当

对“重要问题提出见解和处理方法”的文种不止意见一个文种，那么，在行文中，文种选用问题就非常重要。一般情况下，对国家法律法规或有关规定已经明了的难点问题，应用通知加以规范，如《国务院农村税费改革工作小组、国务院纠正行业不正之风办公室关于切实加强农村税费改革试点工作的紧急通知》，如用意见行文，显然不妥，这是因为国家法规对相关事项已有明确的规定。可见，两者是有区别的，或者说，前者用于指令性、规范性，后者用于指导性、参考性。所以，我们必须把意见与近似的“请示”“指示性的通知”及“函”区别开来。

（1）向上行文，凡是要钱、要物、要机构、要编制、要出境出国等问题，用“请示”而不能用意见。“意见”与“请示”的本质区别在于它向上级要的不是“人”“财”“物”等“硬件”，而是要“政策”“办法”等“软件”。

（2）向下行文，凡属阐明工作指导原则，而不较多地讲道理、教办法时，应用“指示”而不用“意见”；虽为工作中的重要问题，但不需作较多理论分析，且对下级规定性较强、要求很具体的，应用“指示性通知”而不用“意见”。

（3）不相隶属机关之间相互行文，对涉及某一重要问题提出见解和处理办法，如属供对方参考而不需要回复的，应用“意见”；反之，则用“函”。

（二）逻辑结构要充分把握

写“意见”不同于写“请示”“情况报告”“知照性通知”与“函”，特别是下行的“意见”，不仅要“提出问题”，而且要对问题作出深刻的分析，并在分析的基础上，有针对性地提出解决问题的完整想法。也就是说，“意见”的内在结构一般为“提出问题—分析问题—解决问题”三个层次，缺少其中任何一个层次，都不符合“意见”写作的内在规律。而有的“请示”和“通知”，基本是“提出问题—解决问题”的单一结构形式；一些“情况报告”，往往是“提出与分析问题”，而没有解决问题的内容。

（三）内容要“准”“实”“足”

（1）“准”，即问题集中抓准。意见一般是针对有疑或有难的问题而制发的，因此，应将写作的注意力或者笔墨首先放在如何写好问题这一方面。所选的问题一是重要，抓住事关全局的重要问题；二是集中，一般一文一事，紧紧围绕一个或一方面的重要问题，分析、解剖、提建议；三是切中时弊，少打外围战。在概述问题时，应做到集中、具体、明确，切忌泛泛空谈、要旨不明。

（2）“实”，即实在，见解措施有力。意见提出的见解或处理方法，一般用于针对有疑点难点的问题，因此，应在深入分析问题的基础上提出。

向上级机关报送对重要问题提出的见解或处理方法时，应该精要和切实可行；向平级机关答复意见时，应该明确表明观点；向下级机关提出指导性的意见时，应有针对性、可操作性。

（3）“足”，即理由依据充实。无论是下发的还是上报的，或者是上报后建议批转的意见，都应充分阐述其必要的理论依据、法律法规依据及其事实依据。文不在多而意要深，“味”要浓。

（四）语言表达要讲究艺术

意见的行文方向具有多向性，行文方向不同，其用语也截然不同。因此，要根据行文对象的不同，准确把握好文字表述时的分寸。对于上行的“意见”，要使用下级对上级汇报见解、陈述办法的语气，如“我们考虑”“我们认为”“我们建议”“我们要求”“我们意见”等；下行的“意见”，则较多地使用一些带有祈使语气表示肯定或带有禁止语气以示否定的指令性语气；平行的“意见”，要使用平等协商的语言，多用商量、谦恭的语句，以征得对方的理解与支持。

（五）行文及时，程序合规

意见不能付诸实施或错过了时机，再好的意见也会失去其应有的作用和意义。正所谓“言当其时，一字千金；言背其时，一文不值”。意见也不得越级主送。《办法》第二十二条规定：“除上级机关负责人直接交办的事项外，不得以机关名义向上级机关负责人报送‘请示’‘意见’和‘报告’。”

第二节　范例赏析

【例文1：独立发布式意见】

人力资源社会保障部　财政部
关于深化会计人员职称制度改革的指导意见

各省、自治区、直辖市及新疆生产建设兵团人力资源社会保障厅（局）、财政厅（局），中央和国家机关各部委、各直属机构人事部门，中央军委政治工作部干部局、后勤保障部财务局，各中央企业人事部门：

会计人员是维护社会主义市场经济秩序的重要力量。深化会计人员职称制度改革，完善符合会计工作职业特点的评价机制，对于提高会计人员专业能力，加强会计人员队伍建设，更好地服务经济高质量发展具有重要意义。为贯彻落实中共中央办公厅、国务院办公厅印发的《关于深化职称制度改革的意见》，现就深化会计人员职称制度改革提出如下指导意见。

一、总体要求

（一）指导思想（略）

（二）基本原则（略）

二、主要内容

通过健全评价体系、完善评价标准、创新评价机制、促进职称制度与会计人员培养、使用相结合等措施，建立科学化、规范化、社会化的会计人员职称制度。

（一）健全评价体系

1. 完善会计人员职称层级。初级职称只设助理级，高级职称分设副高级和正高级，形成初级、中级、高级层次清晰、相互衔接、体系完整的会计人员职称评价体系。初级、中级、副高级和正高级职称名称依次为助理会计师、会计师、高级会计师和正高级会计师。

2. 会计人员各级别职称分别与事业单位专业技术岗位等级相对应。正高级对应专业技术岗位一至四级，副高级对应专业技术岗位五至七级，中级对应专业技术岗位八至十级，初级对应专业技术岗位十一至十三级。

（二）完善评价标准

1. 突出评价会计人员职业道德。坚持把职业道德放在评价首位，引导会计人员遵纪守法、勤勉尽责、参与管理、强化服务，不断提高专业胜任能力；要求会计人员坚持客观公正、诚实守信、廉洁自律、不做假账，不断提高职业操守。完善守信联合激励和失信联合惩戒机制，违反《中华人民共和国会计法》第四十条有关规定，以及剽窃他人研究成果，存在学术不端行为的，在会计人员职称评价过程中实行“一票否决制”。对通过弄虚作假取得的职称一律撤销。

2. 充分体现会计工作职业特点。注重对会计人员能力素质和实际贡献的评价，引导会计人员全面掌握经济与管理理论、财务会计理论，熟练运用会计业务技能，不断提高专业判断和分析能力，有效参与经营管理和决策。切实改变唯学历、唯资历、唯论文、唯奖项倾向。论文不作为会计人员职称评审的限制性条件。外语和计算机应用能力不作统一要求，由用人单位或评审机构根据需要自主确定。

3. 实行国家标准、地区标准和单位标准相结合。人力资源社会保障部、财政部负责制定《会计人员职称评价基本标准条件》（附后）。各地区人力资源社会保障部门、财政部门可根据本地区经济社会发展情况，制定地区标准。具有自主评审权的用人单位可结合本单位实际，制定单位标准。地区标准、单位标准不得低于国家标准。

4. 向优秀会计人员和艰苦边远地区会计人员倾斜。对在经济社会各项事业发展中作出重大贡献的优秀会计人员，可适当放宽学历、资历、年限等条件限制，建立职称评审绿色通道。对长期在艰苦边远地区工作的会计人员，重点考察其实际工作业绩，适当放宽学历和科研能力要求，引导会计人员扎根基层。

（三）创新评价机制

1. 丰富评价方式。综合采用考试、评审、考评结合等多种评价方式，建立适应不同层级会计工作职业特点的评价机制。助理会计师、会计师实行全国统一的会计专业技术资格考试，不断提高考试的科学性、安全性、公平性和规范性。助理会计师的考试日期、考试频次等管理权限，根据报考人数增长趋势等因素逐步下放，探索实行常态化考试、一年多考。高级会计师采取考试与评审相结合方式，正高级会计师一般采取评审方式。

2. 建立同行专家评审制度。完善评审专家遴选机制，加强评审委员会建设，积极吸纳高等院校、科研机构、大中型企事业单位的高水平会计人员担任评审专家。建立评审专家责任制，实行动态管理。各省（自治区、直辖市）、国务院有关部门、中央企业可按规定成立高级职称评审委员会。国务院有关部门和中央企业成立的高级职称评审委员会报人力资源社会保障部核准备案，其他高级职称评审委员会报省级人力资源社会保障部门核准备案。健全评审委员会工作程序和评审规则，明确界定参加评审的人员范围，加强对评审委员会的组织管理。建立评审公开制度，实行政策公开、标准公开、程序公开、结果公开，确保会计人员职称评审客观公正。

3. 下放评审权限。科学界定、合理下放职称评审权限，逐步将副高级职称评审权限下放至符合条件的企事业单位、社会组织或市地。自主评审单位组建的高级职称评审委员会应当按照管理权限报送省级以上人力资源社会保障部门核准备案。对于自主评审的单位，评审结果应当报送人力资源社会保障部门和财政部门备案。加强对自主评审工作的监管，对于不能正确行使评审权、不能确保评审质量的，将暂停自主评审工作直至收回评审权。

（四）促进职称制度与会计人员培养、使用相结合

1. 促进职称制度与会计人员培养相结合。……

2. 促进职称制度与会计人员使用相结合。……

3. 加强会计人员继续教育。……

三、组织实施

会计人员职称制度改革政策性强，涉及面广，改革工作比较复杂，社会高度关注，必须按照国家统一部署要求开展工作，确保各项改革任务顺利实施。

（一）加强组织领导，抓好贯彻落实。……

（二）加强政策衔接，稳妥有序推进。……

（三）加强宣传引导，推动社会参与。……

本指导意见适用于国家机关、社会团体、公司、企业、事业单位和其他组织的会计人员。公务员符合条件的可以参加会计专业技术资格考试，但不得参加会计人员职称评审。

军队可结合自身实际制定会计人员职称评价的具体办法。

附件：会计人员职称评价基本标准条件

人力资源社会保障部（印章）　财政部（印章）

2019 年 1 月 11 日

简析

这篇发文字号为人社部发〔2019〕8 号的例文是一则独立发布式意见。开头一段首先介绍制定意见的缘由，即发文背景和目的，然后由“现就深化会计人员职称制度改革提出如下指导意见”过渡到第二部分——意见条文。意见条文部分是意见的核心，采用了分条列项的写法，围绕“深化会计人员职称制度改革”这一主旨逐步展开，形成了两条 6 项意见。第一条是“总体要求”，提出了指导思想和基本原则两项内容。“坚持服务发展”“坚持科学评价”“坚持以用为本”三个“基本原则”，既是深化会计人员职称制度改革的基本思路、基本要求和基本方向，也是评价此项改革工作质量的重要标准。第二条是“主要内容”部分，写得较为详细，提出了 4 项具体意见，项下面又分成若干方面。每一项（方面）之前都有一个显示项（方面）旨的句子。每条中的几项意见，项下的几个方面都从不同的角

度作出规定和提出要求，层次分明，内容或环环相扣，或互相补充、完善。本文最后一条“组织实施”是第三部分——执行要求。鉴于职称改革涉及面广、协调难度大、社会关注度高的实际，例文对相关部门、单位提出了“加强组织领导，抓好贯彻落实”“加强政策衔接，稳妥有序推进”“加强宣传引导，推动社会参与”3项要求，安排部署到位，非常全面。全文条理清晰，意见明确，逻辑严密，协调统一，便于下级执行。

【例文2：印发式意见】

中共中央办公厅　　国务院办公厅
印发《关于进一步加强财会监督工作的意见》的通知

各省、自治区、直辖市党委和人民政府，中央和国家机关各部委，解放军各单位和武警部队，各人民团体：

《关于进一步加强财会监督工作的意见》已经党中央、国务院同意，现印发给你们，请结合实际认真贯彻落实。

中共中央办公厅①

国务院办公厅

2023年2月8日

（此件公开发布）

关于进一步加强财会监督工作的意见

财会监督是依法依规对国家机关、企事业单位、其他组织和个人的财政、财务、会计活动实施的监督。近年来，财会监督作为党和国家监督体系的重要组成部分，在推进全面从严治党、维护中央政令畅通、规范财经秩序、促进经济社会健康发展等方面发挥了重要作用，同时也存在监督体系尚待完善、工作机制有待理顺、法治建设亟待健全、监督能力有待提升、一些领域财经纪律亟需整治等问题。为进一步加强财会监督工作，更好发挥财会监督职能作用，现提出如下意见。

---

① 中共中央、中共中央办公厅印发的文件，在落款处一般只有发文机关署名，不加盖发文机关印章。联合行文为保持协调一致，联合发文机关署名和加盖印章也采用与其相同的格式。

一、总体要求

（一）指导思想

以习近平新时代中国特色社会主义思想为指导，深入贯彻党的二十大精神，完整、准确、全面贯彻新发展理念，加快构建新发展格局，着力推动高质量发展，更好统筹发展和安全，坚持以完善党和国家监督体系为出发点，以党内监督为主导，突出政治属性，严肃财经纪律，健全财会监督体系，完善工作机制，提升财会监督效能，促进财会监督与其他各类监督贯通协调，推动健全党统一领导、全面覆盖、权威高效的监督体系。

（二）工作要求

——坚持党的领导，发挥政治优势。坚持加强党的全面领导和党中央集中统一领导，把党的领导落实到财会监督全过程各方面，确保党中央、国务院重大决策部署有效贯彻落实。

——坚持依法监督，强化法治思维。按照全面依法治国要求，健全财经领域法律法规和政策制度，加快补齐法治建设短板，依法依规开展监督，严格执法、严肃问责。

——坚持问题导向，分类精准施策。针对重点领域多发、高发、易发问题和突出矛盾，分类别、分阶段精准施策，强化对公权力运行的制约和监督，建立长效机制，提升监督效能。

——坚持协同联动，加强贯通协调。按照统筹协同、分级负责、上下联动的要求，健全财会监督体系，构建高效衔接、运转有序的工作机制，与其他各类监督有机贯通、相互协调，形成全方位、多层次、立体化的财会监督工作格局。

（三）主要目标

到2025年，构建起财政部门主责监督、有关部门依责监督、各单位内部监督、相关中介机构执业监督、行业协会自律监督的财会监督体系；基本建立起各类监督主体横向协同，中央与地方纵向联动，财会监督与其他各类监督贯通协调的工作机制；财会监督法律制度更加健全，信息化水平明显提高，监督队伍素质不断提升，在规范财政财务管理、提高会计信息质量、维护财经纪律和市场经济秩序等方面发挥重要保障作用。

二、进一步健全财会监督体系

（四）加强党对财会监督工作的领导

各级党委要加强对财会监督工作的领导，保障党中央决策部署落实到位，统筹推动各项工作有序有效开展。各级政府要建立财会监督协调工作机制，明确工作任务、健全机制、完善制度，加强对下级财会监督工作的督促和指导。

（五）依法履行财会监督主责

各级财政部门是本级财会监督的主责部门，牵头组织对财政、财务、会计管理法律法规及规章制度执行情况的监督。加强预算管理监督，推动构建完善综合统筹、规范透明、约束有力、讲求绩效、持续安全的现代预算制度，推进全面实施预算绩效管理。加强对行政事业性国有资产管理规章制度、政府采购制度实施情况的监督，保障国有资产安全完整，规范政府采购行为。加强对财务管理、内部控制的监督，督促指导相关单位规范财务管理，提升内部管理水平。加强对会计行为的监督，提高会计信息质量。加强对注册会计师、资产评估和代理记账行业执业质量的监督，规范行业秩序，促进行业健康发展。

（六）依照法定职责实施部门监督

有关部门要依法依规强化对主管、监管行业系统和单位财会监督工作的督促指导。加强对所属单位预算执行的监督，强化预算约束。按照职责分工加强对政府采购活动、资产评估行业的监督，提高政府采购资金使用效益，推动资产评估行业高质量发展。加强对归口财务管理单位财务活动的指导和监督，严格财务管理。按照会计法赋予的职权对有关单位的会计资料实施监督，规范会计行为。

（七）进一步加强单位内部监督

各单位要加强对本单位经济业务、财务管理、会计行为的日常监督。结合自身实际建立权责清晰、约束有力的内部财会监督机制和内部控制体系，明确内部监督的主体、范围、程序、权责等，落实单位内部财会监督主体责任。各单位主要负责人是本单位财会监督工作第一责任人，对本单位财会工作和财会资料的真实性、完整性负责。单位内部应明确承担财会监督职责的机构或人员，负责本单位经济业务、财会行为和会计资料的日常监督检查。财会人员要加强自我约束，遵守职业道德，拒绝办理或按照职权纠正违反法律法规规定的财会事项，有权检举单位或个人的违法违规行为。

（八）发挥中介机构执业监督作用

会计师事务所、资产评估机构、税务师事务所、代理记账机构等中介机构要严格依法履行审计鉴证、资产评估、税收服务、会计服务等职责，确保独立、客观、公正、规范执业。切实加强对执业质量的把控，完善内部控制制度，建立内部风险防控机制，加强风险分类防控，提升内部管理水平，规范承揽和开展业务，建立健全事前评估、事中跟踪、事后评价管理体系，强化质量管理责任。持续提升中介机构一体化管理水平，实现人员调配、财务安排、业务承接、技术标准、信息化建设的实质性一体化管理。

（九）强化行业协会自律监督作用

注册会计师协会、资产评估协会、注册税务师协会、银行业协会、证券业协会等要充分发挥督促引导作用，促进持续提升财会信息质量和内部控制有效性。加强行业诚信建设，健全行业诚信档案，把诚信建设要求贯穿行业管理和服务工作各环节。进一步加强行业自律监管，运用信用记录、警示告诫、公开曝光等措施加大惩戒力度，完善对投诉举报、媒体质疑等的处理机制，推动提升财会业务规范化水平。

三、完善财会监督工作机制

（十）加强财会监督主体横向协同

构建财政部门、有关部门、各单位、中介机构、行业协会等监督主体横向协同工作机制。各级财政部门牵头负责本级政府财会监督协调工作机制日常工作，加强沟通协调，抓好统筹谋划和督促指导；税务、人民银行、国有资产监管、银行保险监管、证券监管等部门积极配合、密切协同。建立健全部门间财会监督政策衔接、重大问题处理、综合执法检查、监督结果运用、监督线索移送、监督信息交流等工作机制，形成监督合力，提升监督效能。建立部门与行业协会联合监管机制，推动行政监管与自律监管有机结合。相关中介机构要严格按照法律法规、准则制度进行执业，并在配合财会监督执法中提供专业意见。中介机构及其从业人员对发现的违法违规行为，应及时向主管部门、监管部门和行业协会报告。各单位应配合依法依规实施财会监督，不得拒绝、阻挠、拖延，不得提供虚假或者有重大遗漏的财会资料及信息。

（十一）强化中央与地方纵向联动

压实各有关方面财会监督责任，加强上下联动。国务院财政部门加强财会监督工作的制度建设和统筹协调，牵头组织制定财会监督工作规划，明确年度监督工作重点，指导推动各地区各部门各单位组织实施。县级以上地方政府和有关部门依法依规组织开展本行政区域内财会监督工作。国务院有关部门派出机构依照法律法规规定和上级部门授权实施监督工作。地方各级政府和有关部门要畅通财会监督信息渠道，建立财会监督重大事项报告机制，及时向上一级政府和有关部门反映财会监督中发现的重大问题。

（十二）推动财会监督与其他各类监督贯通协调

建立健全信息沟通、线索移送、协同监督、成果共享等工作机制。开展财会监督要自觉以党内监督为主导，探索深化贯通协调有效路径，加强与巡视巡察机构协作，建立重点监督协同、重大事项会商、线索移交移送机制，通报财会监督检查情况，研究办理巡视巡察移交的建议；加强与纪检监察机关的贯通协调，完善财会监督与纪检监察监督在贯彻落实中央八项规定精神、纠治“四风”、整治群众身边腐败和不正之风等方面要求贯通协调机制，加强监督成果共享，发现党员、监察对象涉嫌违纪或职务违法、职务犯罪的问题线索，依法依规及时移送纪检监察机关；发挥财会监督专业力量作用，选派财会业务骨干参加巡视巡察、纪委监委监督检查和审查调查。强化与人大监督、民主监督的配合协同，完善与人大监督在提高预算管理规范性、有效性等方面贯通协调机制。增强与行政监督、司法监督、审计监督、统计监督的协同性和联动性，加强信息共享，推动建立健全长效机制，形成监督合力。畅通群众监督、舆论监督渠道，健全财会监督投诉举报受理机制，完善受理、查处、跟踪、整改等制度。

四、加大重点领域财会监督力度

（十三）保障党中央、国务院重大决策部署贯彻落实

把推动党中央、国务院重大决策部署贯彻落实作为财会监督工作的首要任务。聚焦深化供给侧结构性改革，做好稳增长、稳就业、稳物价工作，保障和改善民生，防止资本无序扩张，落实财政改革举措等重大部署，综合运用检查核查、评估评价、监测监控、调查研究等方式开展财会监督，严肃查处财经领域违反中央宏观决策和治理调控要求、影响经济社会健康稳定发展的违纪违规行为，确保党中央政令畅通。

（十四）强化财经纪律刚性约束

加强对财经领域公权力行使的制约和监督，严肃财经纪律。聚焦贯彻落实减税降费、党政机关过紧日子、加强基层保基本民生保工资保运转工作、规范国库管理、加强资产管理、防范债务风险等重点任务，严肃查处

财政收入不真实不合规、违规兴建楼堂馆所、乱设财政专户、违规处置资产、违规新增地方政府隐性债务等突出问题，强化通报问责和处理处罚，使纪律真正成为带电的“高压线”。

（十五）严厉打击财务会计违法违规行为

坚持“强穿透、堵漏洞、用重典、正风气”，从严从重查处影响恶劣的财务舞弊、会计造假案件，强化对相关责任人的追责问责。加强对国有企业、上市公司、金融企业等的财务、会计行为的监督，严肃查处财务数据造假、出具“阴阳报告”、内部监督失效等突出问题。加强对会计信息质量的监督，依法严厉打击伪造会计账簿、虚构经济业务、滥用会计准则等会计违法违规行为，持续提升会计信息质量。加强对会计师事务所、资产评估机构、代理记账机构等中介机构执业质量监督，聚焦行业突出问题，加大对无证经营、挂名执业、违规提供报告、超出胜任能力执业等违法违规行为的整治力度，强化行业日常监管和信用管理，坚决清除害群之马。

五、保障措施

（十六）加强组织领导

各地区各有关部门要强化组织领导，加强协同配合，结合实际制定具体实施方案，确保各项工作任务落地见效。将财会监督工作推进情况作为领导班子和有关领导干部考核的重要内容；对于贯彻落实财会监督决策部署不力、职责履行不到位的，要严肃追责问责。

（十七）推进财会监督法治建设

健全财会监督法律法规制度，及时推动修订预算法、会计法、注册会计师法、资产评估法、财政违法行为处罚处分条例等法律法规。健全财政财务管理、资产管理等制度，完善内部控制制度体系。深化政府会计改革，完善企业会计准则体系和非营利组织会计制度，增强会计准则制度执行效果。

（十八）加强财会监督队伍建设

县级以上财政部门应强化财会监督队伍和能力建设。各单位应配备与财会监督职能任务相匹配的人员力量，完善财会监督人才政策体系，加强财会监督人才培训教育，分类型、分领域建立高层次财会监督人才库，提升专业能力和综合素质。按照国家有关规定完善财会监督人才激励约束机制。

（十九）统筹推进财会监督信息化建设

深化“互联网+监督”，充分运用大数据和信息化手段，切实提升监管效能。依托全国一体化在线政务服务平台，统筹整合各地区各部门各单位有关公共数据资源，分级分类完善财会监督数据库，推进财会监督数据汇聚融合和共享共用。构建财会领域重大风险识别预警机制。

（二十）提升财会监督工作成效

优化监督模式与方式方法，推动日常监督与专项监督、现场监督与非现场监督、线上监督与线下监督、事前事中事后监督相结合，实现监督和管理有机统一。加大对违法违规行为的处理处罚力度，大幅提高违法违规成本，推动实施联合惩戒，依法依规开展追责问责。加强财会监督结果运用，完善监督结果公告公示制度，对违反财经纪律的单位和人员，加大公开曝光力度，属于党员和公职人员的，及时向所在党组织、所在单位通报，发挥警示教育作用。

（二十一）加强宣传引导

加强财会监督法律法规政策宣传贯彻，强化财会从业人员执业操守教育。在依法合规、安全保密等前提下，大力推进财会信息公开工作，提高财会信息透明度。鼓励先行先试，强化引领示范，统筹抓好财会监督试点工作。加强宣传解读和舆论引导，积极回应社会关切，充分调动各方面积极性，营造财会监督工作良好环境。

简析

这篇发文字号为中办发〔2023〕4 号的例文是一则发布式意见。这篇例文不以意见文种单独成文地向受文单位发布，而是使用“意见”和“印发性通知”向受文单位进行发布，意见以其附件的形式出现。所以意见本身没有主送机关这一项，但在“印发性通知”中则列明了主送机关。此文由中共中央办公厅文件印发，充分彰显该文规格高，重要性强。

意见开头一段首先阐述了提出意见的缘由，即发文背景和目的。然后，由“为进一步加强财会监督工作，更好发挥财会监督职能作用，现提出如下意见”过渡到第二部分——意见的主体部分，本办法采用“总分式”结构，在提出“总体要求”后，用三项十二条内容，提出了加强财会监督的具体措施，这是意见的主体部分。由于该意见是一个全面性的意见，因此这一部分采用分条列项的写法，围绕“加强财会监督”这一主旨逐步展开，形成了三项十二条意见，每一条（项）之前都有一个显示条（项）旨的句子。而每项中的几条意见又从不同的角度作出规定和提出要求，既采用并列式进行写作，也采用递进式进行写作，层次分明，内容或环环相扣，或互相补充、完善。本文“五、保障措施”与其后的六个自然段是第三部分——执行要求。全文条理清晰，意见明确，逻辑严密，协调统一，便于下级执行。此意见印发通知的左下角附注“（此件公开发布）”，说明此文件符合政务信息公开的要求，可以公开。

【例文 3：批转转发式意见】

国务院批转财政部关于完善省以下财政管理体制有关问题意见的通知

各省、自治区、直辖市人民政府，国务院各部委、各直属机构：

国务院同意财政部《关于完善省以下财政管理体制有关问题的意见》，现转发给你们，请认真贯彻执行。

中华人民共和国国务院（印章）

二〇〇二年十二月十六日

关于完善省以下财政管理体制有关问题的意见

（财政部　二〇〇二年十二月九日）

根据《国务院关于印发所得税收入分享改革方案的通知》（国发〔2001〕37 号）要求，各省、自治区、直辖市和计划单列市人民政府要结合所得税收入分享改革，完善所属市、县的财政管理体制（含省会城市的财政管理体制，以下简称省以下财政管理体制）。结合近年来省以下财政管理体制运行情况，现对完善省以下财政管理体制有关问题提出如下意见：

一、完善省以下财政管理体制的目标和原则

1994 年实行分税制财政管理体制以来，各地比照中央对地方的分税制模式，陆续调整了省以下财政管理体制，配套建立了转移支付制度。总体上看，现行省以下财政管理体制调动了各级地方政府发展经济和组织收入的积极性，基本保证了各级地方政府正常运转和各项事业发展的资金需要。但是，受多种因素的影响，省以下财政管理体制也存在一些问题，如按企业隶属关系划分收入妨碍了企业的公平竞争，地区间财力差距呈扩大趋势，一些基层政府财政运转困难等。彻底解决这些问题，治本之策是促进地区经济均衡发展，转变政府职能，调整财政支出结构，量力而行办各项事业。从财政工作看，需要结合所得税收入分享改革，进一步完善省以下财政管理体制。

近期内，完善省以下财政管理体制的目标是：充分调动各级政府增收节支的积极性，切实保证机关事业单位工作人员工资的及时足额发放和基层政权的正常运转，逐步缩小辖区内地区间财力差距，促进国民经济及各项事业的持续快速健康发展。

完善省以下财政管理体制应坚持以下原则：一是突出重点，适当增强财政困难县（含县级市、旗，下同）、乡（含镇、苏木，下同）的财力；二是积极稳妥，在采取有效措施完善省以下财政管理体制的同时，保证各级地方财政的平稳运行，省以下财力调整主要通过增量进行；三是简明规范，在确保完善财政管理体制目标实现的前提下，办法力求简单透明，统一规范，便于操作。

二、合理界定省以下各级政府的事权范围和财政支出责任

各地要按照建立公共财政框架的基本要求，依法界定各级政府的事权范围，进一步明确省以下各级政府的财政支出责任。

在明确划分各级政府财政支出责任的基础上，各级政府要各负其责，严格实行行政执法责任制。凡属省、市（指地级市、州、盟，以下简称市级）政府承担的财政支出，省、市级财政应积极筹措资金加以保障，不得以任何形式转嫁给县、乡财政。省、市级政府委托县、乡政府承办的事务，要足额安排对县、乡财政的专项拨款，不留资金缺口，不得要求县、乡财政安排配套资金。属于共同事务，应根据各方受益程度，并考虑县、乡财政的承受能力，确定合理的负担比例，积极探索共同事务的经费负担办法。

三、合理划分省以下各级政府财政收入

各地要根据各级政府的财政支出责任以及收入分布结构，合理确定各级政府财政收入占全省财政收入的比重。省以下地区间人均财力差距较小的地区，要适当降低省、市级财政收入比重，保证基层财政有稳定的收入来源，调动基层政府组织收入的积极性；省以下地区间人均财力差距较大

的地区，要适当提高省、市级财政收入比重，并将因此而增加的收入用于对县、乡的转移支付，调节地区间财政收入差距。省、市级财政不得将因完善体制增加的收入用于提高本级财政支出标准或增加本级财政支出。

省以下各级政府间财政收入的划分，要按照完善省以下财政管理体制的原则，结合各地实际，采用按税种或按比例分享等规范办法，打破按企业隶属关系划分收入的做法，为推进企业的改组改制、兼并重组和建立现代企业制度创造条件。为了降低县、乡财政收入风险，保证县、乡财政收入的稳定，应当在兼顾税收征管效率的前提下，将年度间波动幅度大、流动性强、地区之间税基分布悬殊的税种作为省、市级财政收入或主要由省、市级财政分享。

四、进一步规范省以下转移支付制度

省、市级财政要采取有效措施，切实帮助解决县、乡财政困难。在明确划分省以下各级政府财政收入和财政支出的基础上，建立规范的财政转移支付制度。

省级财政要按照有关客观因素和开支标准，合理测算所属市级、县级机关事业单位工作人员工资和政权正常运转等基本财政支出需求。对县、乡财政收入不能满足基本财政支出需求部分，省、市级财政要通过增加一般性转移支付的方式逐步加以解决。由市级政府确定县、乡财政管理体制的地区，省级财政要督促市级财政参照省级财政测算出的各县基本财政支出需求，出台弥补各县基本财政支出缺口的具体办法，并报省级财政部门备案。

省、市级政府要承担起分级管理的应尽职责，除了中央财政下达的转移支付资金外，要通过优化财政支出结构，压缩本级支出和专项拨款等方式，积极筹措资金，增加一般性转移支付资金规模，加大对财政困难县、乡的支持力度。

转移支付资金的分配要力求公平、公正和合理，要通过公式化方式分配转移支付资金，尽量减少中间环节。转移支付的形式要力求简化并相对稳定。对原体制补助、原体制上解等较为确定的转移支付要进行归并。省、市级财政要采取措施保证中央安排的转移支付资金落实到县、乡。

五、根据乡经济状况合理确定乡财政管理体制

各地要根据乡经济状况，区别对待，合理确定乡财政管理体制，妥善处理县与乡的财政分配关系，避免向乡财政转嫁支出。对经济欠发达、财

政收入规模较小的乡，其财政支出可由县财政统筹安排，以保障其合理的财政支出需要；对经济较为发达、财政收入规模较大、财政收入增长能够满足自身支出需要的乡，可实行相对规范的财政管理体制，以调动其发展经济和增加收入的积极性。要进一步加强对乡财政的管理，约束乡政府行为。乡财政要严格执行国家有关规定，除接受中央转贷外，不得举债或为企业、建设项目出具担保。

六、强化财政预算管理，提高财政资金使用效率

（一）要按照建立公共财政框架的要求并区别轻重缓急，调整支出结构，合理确定财政支出顺序。要确保基层机关事业单位职工工资、离退休人员离退休费和基本养老金以及国有企业下岗职工基本生活费等按时足额发放。在基层政权基本财政支出需要没有充分保证的情况下，不得将财政资金投入到其他领域，更不能用于安排一些“形象工程”、“政绩工程”。对按国家规定由财政安排的机关事业单位职工工资性支出，各级财政要足额安排，并全部纳入财政在国库开设的工资专户，专门用于工资发放。

（二）要进一步规范财政资金供给范围，解决财政供养人口过多、包揽过宽的问题。行政事业单位要严格实行定编定员，对超编人员，要采取措施，限期清理辞退。要加强对事业单位的管理，改进事业经费的拨付办法，科学核定对事业单位的拨款数额。

（三）要稳步推进预算管理改革，强化预算管理。通过实行部门预算、国库集中收付和政府采购制度等改革措施，提高财政资金使用效率。

简析

这篇发文字号为国发〔2002〕26号的例文是一则批转转发式意见。公文开头一段是前言部分，介绍了意见提出的根据。由段尾“现对完善省以下财政管理体制有关问题提出如下意见”这个过渡句引出了意见的第二部分——意见条文。在高度概括分税制的成效和分析完善省以下财政管理体制的必要性的基础上提出了六条意见。这些意见原则性比较强，对受文单位既有一定的约束力，也便于其结合实际制定具体实施办法，有利于调动他们的积极性。这篇意见虽然没有专门写出第三部分即提出实施说明，自然作结，但也显得轻松自如。

第十一章　通　知

第一节　写作理论

一、通知的概念、适用范围和特点

（一）概念

通知是批转下级机关的公文，发布规章制度，转发上级机关和不相隶属机关的公文，传达要求下级机关办理和需要有关单位周知或者执行的事项，任免聘用人员时所使用的一种公文。

（二）适用范围

《党政机关公文处理工作条例》规定通知适用于发布、传达要求下级机关执行和有关单位周知或者执行的事项，批转、转发公文。

（三）特点

1. 功能的多样性

在下行文中，通知的功能是最为丰富的。它可以用来布置工作、传达指示、晓谕事项、发布规章、批转和转发文件、任免干部等，但通知的规格，要低于命令、决议、决定、指示等文体。用它发布的规章，多是基层的，或是局部性的、非要害性的；用它布置工作、传达指示的时候，文种的级别和行文的郑重程度，明显不如决定、指示。

2. 运用的广泛性

通知的发文机关，几乎不受级别的限制。大到国家级的党政机关，小到基层的企事业单位，都可以发布通知。

通知的受文对象也比较广泛。在基层工作岗位上的干部和职工，接触最多的上级公文就是通知。而且通知虽然从整体上看是下行文，但部分通知也可以发往不相隶属的机关。

3. 一定的指导性

通知这一文体名称，从字面上看不显示指导的姿态，但事实上，多数通知都具有一定程度的指导性。用通知来发布规章、布置工作、传达指示、转发文件，都在实现着通知的指导功能，受文单位要在规定时间内完成通知布置的任务。

个别晓谕性的通知，特别是通知作为平行文发布的时候，可以没有指导性或只有微弱的指导性。

4. 较强的时效性

通知是一种制发比较快捷、运用比较灵便的公文文种，它所办理的事项，都有比较明确的时间限制，受文机关要在规定的时间内办理完成，不得拖延。

二、通知的基本类型

（一）批转转发性通知

这类通知包括两种情况：批转下级的公文和转发上级、不相隶属单位的公文。区分的关键在于分清现发文机关与被批转或转发的公文机关的关系。

如果把某一下级机关报来的公文（主要是请示或意见）加上批示性意见，批转给有关下级机关，要求其他有关的下级执行或参照执行，叫做“批转”，其特点在一个“批”字。这种通知的主要精神不在通知的正文本身，而在被批转的公文中。如《国务院批转财政部关于完善省以下财政管理体制有关问题意见的通知》（国发〔2002〕26 号）。批转通知的制发主体必须是上级机关，转发后下级机关的请示、意见、法规办法等就具有了上级机关的效力。

如果把上级机关或不相隶属机关的公文（主要是指示、意见、通知等）转发给下级机关，叫做“转发”，其特点在一个“转”字，因为对上级机关或不相隶属机关的公文不能写“同意”或“原则同意”等批语。如河南省财政厅转发《财政部〈农民专业合作社财务会计制度（试行）〉的通知》的通知（豫财办会〔2008〕8 号），国家税务总局关于转发《财政部　监察部关于对党政领导干部拖欠公款进行清理的通知》的通知（国税函〔2004〕707 号）。

批转通知和转发通知相比而言，前者更具有权威性，公文的基本精神，要求下级机关必须执行，而后者只要求参照执行。

这种批转、转发性通知，一般都写得比较简短，放在所批转、转发公文的前面，与被批转或转发的公文一起构成一个新的公文。

（二）印发性通知

印发性通知又称“发文通知”，以发布附件作为主要行文目的，是把发文单位本身制定的文书下发，要求下级知晓或遵照执行的通知。除重要的法律性文件用命令颁布之外，多数法规和规章性文件，如条例、规定、办法、细则、实施方案等，都适合用通知颁发。如财政部关于印发《罚没财物管理办法》的通知（财税〔2020〕54 号）。

发布类通知的范围比较广，形式灵活，不像批转类通知那样规范。凡机关团体、企事业单位认为可以印发的公文、文字材料，都可发印发通知。常见的发布类通知有印发法规，印发不能单独行文生效的类规章性公文，如印发工作意见、工作要点、实施方案、计划、规划、纲要、宣传提纲、会议记录、领导讲话、谈话要点以及其他需要以本机关名义印发的不相隶属机关的公文等。

（三）指示性通知

这类通知用来传达上级机关的决定和指示，布置需要执行或办理的工作事项。凡是需对某一事项进行处理、对某一问题作出指示，但限于发文机关的权限，或因其内容不宜用命令（令）、决定、指示的形式行文的时候，均可用通知的形式进行办理。例如《财政部关于规范收费管理促进农民增加收入的通知》（财综〔2004〕17 号），《财政部关于进一步改进非贸易非经营性购汇人民币限额预算管理的通知》（财预〔2004〕48 号），《财政部、农业部、国家税务总局关于 2004 年降低农业税税率和在部分粮食主产区进行免征农业税改革试点有关问题的通知》（财税〔2004〕77 号），《财政部、中国人民银行关于将部分行政事业性收费纳入预算管理的通知》（财预〔2002〕584 号）。

（四）知照性通知

这类通知一般只有告知性，而不需要直接执行或办理的事项，即没有指导性。其用途较广泛，如设立或撤销机构、机构名称变更、机关隶属关系变更，人事调整、迁移办公地点，启用、作废或更换公章，修改行政规章、修正或补充文件内容，调整办公时间、安排假期等各种事项，都可使用这种通知。如《国务院关于成立国务院三峡工程建设委员会的通知》、《财政部关于调整充实会计准则委员会人员组成的通知》（财会〔2003〕8号）。

（五）会议培训性通知

这是一种常见的通知，既可用于下行，也可用于平行。此类通知是指召开会议或组织培训的机关向参加会议或培训的机关、单位行文，一般包括：召开会议或组织培训的目的、意义、会议（培训班）名称、时间；会议（培训）内容、中心议题和主要程序；对参会或参加培训人员身份、会（培训）前准备工作的要求；报到时间、地点及联络人；其他需要事先说明的事项等内容。如《××省财政厅关于召开全省财政工作会议的通知》。

（六）任免聘用性通知

此类通知是指用于将本机关任免人员的消息传达下去的通知，目的是让有关机关知道有关人员的变动，从而协调好相关工作。任免领导干部的职务，根据职务的重要程度的不同，可分别采用不同的文种，最高可用任免令，其次可以用决定，再次用通知，最低用公布任免名单的方式。由此可见，任免基层干部时，通常用通知。任免通知，只需写明什么会议决定，任命什么人担任什么职务，免去什么人的什么职务即可，不必说明原因。如《××财政局关于×××等同志职免任免的通知》。

三、通知的格式与写法

由于通知的功能多、种类多，写法彼此有较大的区别，我们在分类时已经有意识地对各种不同通知的写法作了一些介绍，这里只能概括性介绍一些通知写作的基本方法。

（一）标题

1. 批转转发性通知的标题一般有两种写法

（1）完整式。写作通式是：

发文机关+“转发”或“批转”+被转发或批转的公文标题+文种

有时由于被批转、转发公文标题中已有“关于”和“的通知”字样，或者被批转、转发的公文标题比较长。如：

“××县财政局关于转发《××市财政局关于转发〈××省财政厅关于转发‘财政部关于××××问题的通知’的通知〉的通知》的通知”

这个标题有四个层次，用了四个“关于”，三个“转发”，四个“的通知”，读起来非常啰嗦。如果再到基层，重复会更加严重。有的基层部门为了避免上述问题，标题只引发文字号，这是不规范的。遇到层层转发时，为了避免标题冗长的问题，标题可以自拟摘要，不必照抄被转发公文的标题。通知的标题一般可保留末次批转、转发公文机关和始发公文机关的标题，省略多余的“关于”“转发”和“的通知”字样。那么，上述标题可以简化为：

“××县财政局转发财政部××××问题的通知”

各级机关的转发层次及要求，可在转发意见中交代清楚。

《办法》第十条规定“标题中除法规、规章名称加书名号外，一般不用标点符号”。因此，批转或转发引用的原件标题，如非法规、规章类公文标题，不得加书名号，如《国务院办公厅转发财政部关于深化收支两条线改革进一步加强财政管理意见的通知》《国务院办公厅转发财政部关于全面推进政府采购制度改革意见的通知》。反之，被批转、转发公文为法规、规章时，一般应加上书名号。如：

“××县财政局转发财政部《会计从业资格管理办法》的通知”

（2）省略式。省略发文机关，写作通式是：

“转发”或“批转”+被转发或批转的公文标题+文种

如《转发财政部关于部分中央二级预算单位整改银行账户违规问题情况通报的通知》

2. 发布性通知的标题一般有两种写法

（1）完整式。写作通式是：

发文机关+“发布”（或“颁发”“颁布”“印发”等）+被发布（或“颁发”“颁布”“印发”等）的公文标题+文种

被发布（或“颁发”“颁布”“印发”等）的公文为法规、规章时，一般应加上书名号。有时由于被发布（或“颁发”“颁布”“印发”等）的公文标题中已有“关于”和“通知”字样，或者被发布（或“颁发”“颁布”“印发”等）的公文标题比较长，这时，通知的标题一般可保留末次发布（或“颁发”“颁布”“印发”等）公文机关和始发公文机关，省略多余的“关于”和“的通知”等字样。可参见批转、转发性通知的标题的写法。

“发布”（或“颁发”“颁布”“印发”等）的公文，一般情况下都是法规、规章类文件，文件内容出现在标题中时，一定要使用书名号。如

《财政部关于印发〈新型农村合作医疗基金会计制度〉的通知》。

（2）省略式。省略发文机关，写作通式是：

“发布”（或“颁发”“颁布”“印发”等）+被发布（或“颁发”“颁布”“印发”等）的公文标题+文种

如《关于印发〈中华人民共和国会计法〉的通知》。

写作发布性通知的标题时应注意：公布重要的规章、制度和办法一般在标题的事由中使用“发布”“颁发”“颁布”等字样，公布一般的规章制度或其他文件如计划、总结等一般使用“印发”。如《国务院关于发布〈国家行政机关公文处理办法〉的通知》《财政部关于印发〈新型农村合作医疗基金会计制度〉的通知》。

3. 其他种类的通知

（1）完整式。通知的标题一般采用公文标题常规写法，由“发文机关+事由+文种”组成。如《财政部 教育部关于确保农村义务教育经费投入加强财政预算管理的通知》。

（2）省略式。可以省略发文机关，由“事由+文种”组成标题。如《关于举办预算管理业务培训班的通知》。

（3）省略发文机关和事由，只写文种“通知”。这种写法一般是在范围比较小，内容比较简单时才使用。如通知事由特别重要或事情紧急，可在“通知”前加“重要”或“紧急”；如通知的内容是对不久前发出的文件加以补充，可以用“补充通知”字样的标题。

（二）主送机关

主送机关即受文对象，通知的受文对象比较广泛，可以是一个或几个甚至所有的有关单位。根据实际情况，可单一称、泛称、递降称。若系在一定范围内公布的普发性通知，可省去主送机关名称不写受文对象；如系其他通知，均须写明受文对象。其写法是：

（1）特定的机关单位（一个或几个）之间，要用顿号隔开。

（2）特定的几类（两类或两类以上）机关单位之间，在类内用顿号、类间用逗号隔开。

（3）对于主送机关较多的，要注意主送机关排列的规范性。如果主送机关中既有下级政府对口单位，又有同级单位，一般将下级政府对口单位写在前面，同级部门排在其后。

如《财政部关于印发〈村集体经济组织会计制度〉的通知》的主送机

关是“各省、自治区、直辖市、计划单列市财政厅（局），新疆生产建设兵团财务局，国务院有关部委”。

国务院有关部委是财政部的同级部门，财政部对外发文时就把“各省、自治区、直辖市、计划单列市财政厅（局），新疆生产建设兵团财务局”列在了“国务院有关部委”的前面。省与自治区、直辖市、计划单列市财政厅（局）属于同类，于是它们中间用“顿号”分开。“各省、自治区、直辖市、计划单列市财政厅（局）”与“新疆生产建设兵团财务局”以及“国务院有关部委”不属于同一类单位，所以它们之间用“逗号”分开。

由于级别、名称不同，主送机关的称法和排列非常复杂，上述例子这个序列显然是经过深思熟虑后确定下来的。

少数通报情况的通知，或受文面极广的通知，可以不写主送机关。

（三）正文

通知的正文一般包括缘由、事项和执行要求三部分。不同种类的通知其正文内容和写法不同，下面分别进行介绍。

1. 批转转发性通知

批转公文的通知有两种写法：

（1）简单按语式。此写法是直接对批转的公文表明态度或作出评价与简要批示，无须说明缘由。上级机关对批转公文的评价、意见或安排，俗称按语或批语。对于批转的对象，不仅要写明原发文机关，而且要写明原件名称，内容重要的还要写明原件发文字号。写作通式是“批转机关对批转对象的态度或评价+转发决定+简要批示或执行要求”，如《国务院批转财政部等部门关于清理检查预算外资金意见的通知》的正文：

“国务院同意财政部、国家计委、审计署、中国人民银行、监察部《关于清理检查预算外资金的意见》，现转发给你们，请遵照执行。”

在上例中，“同意”是批转机关国务院对所批转对象“财政部、国家计委、审计署、中国人民银行、监察部《关于清理检查预算外资金的意见》”的态度，“财政部、国家计委、审计署、中国人民银行、监察部”是原发文机关，“《关于清理检查预算外资金的意见》”是原件的名称，“现转发给你们”是转发决定，“请遵照执行”是简要批示或执行要求。

（2）复杂按语式。此写法是在表明态度或作出评价之后，再针对批转公文的内容，作进一步的阐述与论证，指出原件有什么工作的目的和意义，有哪些做法值得学习和推广等，或者说明执行重点与执行要求以及注意事项等，以提高下级机关对某项工作的认识，在实际工作中有所遵循。如《国务院批转财政部等部门〈粮食风险基金管理暂行办法〉的通知》（国发〔1993〕70号）的正文：

“国务院同意财政部、国家计委、国家经贸委、内贸部、农业部、国家粮食储备局联合制定的《粮食风险基金管理暂行办法》，现转发给你们，请认真贯彻执行。

建立粮食风险基金制度，是保持粮食生产稳定发展，深化粮食流通体制改革，加强宏观调控的重要措施。各省、自治区、直辖市人民政府要高度重视，加强领导，抓好《粮食风险基金管理暂行办法》的组织落实，尽快将省级粮食风险基金拨付到位。财政部、国家计委、经贸委、内贸部、农业部、国家粮食储备局等部门要密切配合，加强指导、协调和督促，财政部要尽快将中央粮食风险基金拨付到位。各地政府和有关部门在贯彻实施《粮食风险基金管理暂行办法》的过程中，要注意研究总结经验，使我国的粮食风险基金制度在实践中逐步得到完善。”

批转下级机关的公文，如果考虑下发执行机关的实际情况或要求在执行中有所变通，常用“请参照执行”“请研究执行”的字样。

转发公文的通知，也有两种写法：

（1）简单按语式。以简要的文字写明所转发公文的制发机关、标题与转发机关的原则要求。只要能让受文对象清楚所转发的公文和贯彻要求是什么就行。写作通式是：

转发机关对转发对象的态度+转发决定+执行要求

如《国务院办公厅转发财政部关于深化收支两条线改革 进一步加强财政管理意见的通知》（国办发〔2001〕93号）的正文：

“财政部《关于深化收支两条线改革进一步加强财政管理的意见》已经国务院同意，现转发给你们，请认真贯彻执行。”

（2）复杂批示式。此种写法和上一种写法的写作通式相同，其中“转发机关对转发对象的态度”和“转发决定”两部分与上一种写法相同，只是“执行要求”这部分内容比上一种写法复杂，一般要结合实际情况，对受文单位提出如何贯彻执行的指示性要求。如对原件的实施进行具体说明，或者阐明原件所示工作的意义和重要性，以及领导机关的意见和工作指示等，目的是方便下级了解更高级机关或不相隶属机关的公文精神。

如《国家税务总局转发〈国务院批转财政部等部门关于清理检查预算外资金意见的通知〉及有关文件的通知》的正文：

“现将《国务院批转财政部等部门关于清理检查预算外资金意见的通知》（国发〔1996〕12 号）和财政部、国家计委、审计署、中国人民银行、监察部《关于印发清理检查预算外资金实施办法的通知》（财监〔1996〕26 号）转发给你们，并提出要求如下：

一、要充分认识清理检查预算外资金工作的重要性，严格按照清理检查的各项具体要求，结合税务部门的实际情况，切实把这项工作抓紧抓好。

二、这次清理检查预算外资金工作是按财务隶属关系进行的，各级国税局不仅要做好本级的清理检查工作，还要加强对下属单位的指导、督促和检查。各级税务机关要有一位局领导负责，明确清理检查的职能部门，有关部门要配合协作。

三、清理检查工作采取自查和重点抽查相结合的办法。各级税务机关都要对照要求进行自查，并将自查结果逐级上报。各省、自治区、直辖市、计划单列市国家税务局可根据当地自查的情况和存在的问题，组织力量进行重点抽查。

四、按照财政部关于清理检查预算外资金的报表要求，总局制定了 1995 年发票和税务登记证的收费统计报表，请你们如实填报。此外，各地国家税务局存在的其他属于清理检查范围的项目、金额、批准收费机关、用途、问题和整改措施等情况也一并汇总上报总局。以上报表和有关情况请于 1996 年 6 月 30 日前书面报送国家税务总局计划财务司。

附件：1995 年发票和税务登记证收费情况表（略）”

应当注意：转发上级机关的公文，不能用“同意”“原则同意”等批语，只能对主送机关提出“望遵照执行”“请参照执行”等执行要求。转发平级或不相隶属机关的公文，常用“照此执行”“按照执行”等语句。

批转转发性通知的批语是对批转或转发公文所指示、布置的工作等加以强调，表明批转或转发机关对此项工作的态度立场、重视程度以及需要特别明确的政策、要求。但不是对所批转或转发公文内容的重复，文字应极其精练，一般数百字即可。

2. 发布性通知

这类通知的正文通常十分简短，多数情况下篇段合一，无明显的开头部分，往往不交代缘由，一般也不加批语。通常先写明所发布的规章名称、原件的生效时间或执行要求。执行要求习惯以“请按照执行”“请遵照执行”“执行中有何问题，请及时反馈我部”等一类语言表示。如《财政部关于印发〈村集体经济组织新旧会计制度有关衔接问题的处理规定〉的通知》（财会〔2004〕21号）的正文：

“为做好村集体经济组织执行《村集体经济组织会计制度》的衔接工作，现将《村集体经济组织新旧会计制度有关衔接问题的处理规定》印发给你们，请遵照执行。执行中有何问题，请及时反馈我部。

附件：村集体经济组织新旧会计制度有关衔接问题的处理规定”

上述例文由目的、发布对象、发布决定、执行要求组成。有时还可以更简短，只由发布对象、发布决定、执行要求三部分组成。如《财政部关于印发〈财政检查工作规则〉的通知》的正文：

“现将《财政检查工作规则》印发给你们，请遵照执行。”

这类通知是复合体公文，被发布的规章全文附在通知之后，但不作为附件处理，而是正件的组成部分。

发布规章要经上级机关批准的，应写明授权依据。少数发布性通知为了强调工作的重要性，往往会加上几句简短的按语，指明意义，提出要求。有的发布性通知为便于联系工作，在结尾处还注明具体经办机构、人员的联系电话和电子邮箱地址。如《财政部关于印发政府收支分类改革方案的通知》的正文：

“为完整、准确地反映政府收支活动，经国务院同意，财政部制定了《政府收支分类改革方案》，并据此制定了《2007年政府收支分类科目》。现印发给你们，从2007年1月1日起执行。

《2007年政府收支分类科目》与《2006年政府预算收支科目》相比，收支分类范围、分类体系和具体科目设置办法等都有较大变化。各有关单位务必高度重视、精心组织，确保政府收支分类改革顺利实施。

具体工作中如有意见和建议，请及时与财政部预算司联系。

联系电话：010—68551409

Email:budget_constitution@ mof. gov. cn

附件：1. 政府收支分类改革方案

2. 2007年政府收支分类科目（另行印发）”

对于修订后重新发布的发布性的公文，其执行要求一般包括执行机关、限定日期和对以往发布的相应公文的处理情况等。

3. 指示性通知

上级机关在对下级机关某一项工作有所指示和安排，而根据公文内容又不必用“命令”或“指示”行文时，则用这种通知。此类通知政策性和指令性较强，其内容分为布置工作、制定政策、管理措施和廉政纠风等情况。情况不同，写法也有差别。

（1）部署工作通知

这是通知中最常见的一种。

缘由部分。一般说明制发通知的目的和依据，相当于引言。

事项部分。如果是年度或阶段性全面工作部署，要阐述明确工作指导思想、方针、原则，特别是各项工作要分清主次和轻重缓急，重点突出。如果是专项工作部署除阐明工作指导思想、方针外，一般应突出步骤、方法、措施。

执行要求。一般在通知正文的最后一条写明。

写作部署工作的指示性通知应注意：

一是正文一般采用加序码分条列项的方式进行阐述。不管哪一种，作为工作部署性通知，应有明确的工作目标、责任要求、工作标准。一般来说，机关层次高，要求可原则些；机关层次低，要求可具体些。部署工作性通知在语言运用上讲求平实无华，实事求是，切忌为了修饰语言而提出不切实际的目标、要求。在工作措施上，要操作性强，避免责任目标含糊不清，使下级机关无所适从。如《财政部关于编制 2008 年中央部门预算的通知》。

二是说理分析要有度。用于部署工作的指示性通知经常遇到对缘由、事项进行分析的情形，有的通知没有专门的执行要求部分，而是结合分析通知事项内容，提出执行要求。这种通知从形式上是“缘由+事项”或者“缘由+执行要求”，其实是缘由、事项和执行要求通知正文写作的三大要素都包含其中。写作这种通知时，切忌把部署工作事项的内容写成宣传提纲。对下级机关提要求，适当的说理、宣传教育是必要的，不一定每一个决策、每一项要求都把决策的理由根据写到通知中。分析要抓住关键，言简意赅。重要的工作部署可以另行宣传提纲加以配合，但不要把这种工作部署通知与宣传提纲混在一起写，避免把工作部署性通知写得累赘、冗长。如《财政部关于开展 2002 年会计信息质量检查工作的通知》（财监

〔2002〕46号）是一个部署专项工作的通知，它在简述事理之后，就把检查的目的及范围、组织实施、检查重点内容、检查中重点开展调查的内容、有关要求等，写得清清楚楚。下面是《财政部关于开展2002年会计信息质量检查工作的通知》的正文：

"为进一步贯彻落实《中华人民共和国会计法》和国务院《关于整顿和规范市场经济秩序的决定》精神，财政部决定于2002年4月至8月组织驻各地财政监察专员办事处（以下称专员办）和地方财政部门采取上下联动方式继续开展会计信息质量检查工作。现将有关事项通知如下：

一、检查目的及范围（略）

二、组织实施

（一）专员办实施的检查以就地检查为主、交叉检查为辅，就地检查的由专员办负责处理，交叉检查的由财政部负责处理。检查工作全面结束后，财政部统一汇总情况，统一发布公告。

（二）各省、自治区、直辖市和计划单列市财政厅（局）负责本辖区范围内会计信息质量检查的组织实施和汇总工作，独立处理处罚、独立发布公告，并按本通知要求向财政部报送有关材料。

（三）检查工作应以财政部门人员为主，可以适当聘用注册会计师及相关人员参加。聘用人员必须符合财政部《委托会计师事务所及聘用注册会计师等相关人员开展会计信息质量检查暂行办法》规定的条件，必须严格遵守财政部各项检查规则和保密制度。专员办聘用人员所需的费用，由财政部根据实际工作量和检查质量统一安排。地方财政部门开展检查有关费用由地方财政解决。

（四）各专员办检查单位涉及同一家会计师事务所的，由财政部统一协调，确定一家检查或指定由牵头的专员办组织联合检查。地方检查中涉及此类问题的，由财政厅（局）按此原则协调办理，以减轻被查单位负担。属于需跨省检查的事务所，检查单位应与被查事务所所在地的注册会计师协会及时沟通，取得支持。

（五）财政部将对此次检查工作的开展情况进行巡查和督导。财政部监督检查局具体负责会计信息质量检查工作的组织与协调。

三、检查重点内容

本次检查的内容为企业2001年会计信息的真实完整性，检查对象涉及会计报表的编制主体和审计主体。各级财政部门要按照《中华人民共和国会计法》第三十一条、第三十二条等规定，结合被检查单位的行业特点、特殊管理要求等确定检查的重点内容。

（一）会计基础工作及会计核算（略）

（二）报表编制及报送（略）

（三）会计师事务所是否按《中华人民共和国注册会计师法》和独立审计准则的要求履行审计程序和出具审计报告（略）

四、检查中重点开展调查的内容（略）

五、有关要求

（一）各级财政部门在依法实施检查过程中，要加强与审计、税务、监事会等其他有关部门的沟通协调，建立信息共享制度，凡其他部门的检查结果能够满足需要的，则不再进行重复检查。同时，财政部门内部要形成监管合力。各地专员办与当地财政厅（局）应定期或不定期地进行工作交流，相互配合，相互促进；各地注册会计师协会要积极支持检查工作；对会计师事务所和注册会计师的检查，财政监督检查机构要与注册会计师协会联合进行，并依据财政部《违反注册会计师法处罚暂行办法》进行处理处罚。

（二）各级财政部门要严格按照财政部《财政部门实施会计监督办法》、《财政检查工作规则》的有关要求实施检查工作。要认真制定检查计划，下达检查通知书；进入被查单位后，要深入细致做好检查工作，认真编制工作底稿；对查出的问题，要以事实为依据，以法律为准绳，划清单位的会计责任和会计师事务所的审计责任，在充分听取被查单位意见的基础上，按法定程序出具结论下达处理处罚决定，并跟踪落实处理处罚决定的执行情况。对于查出的严重违反《会计法》的行为，除对有违法行为的单位依法给予行政处罚外，对其直接负责的主管人员和其他责任人员也要依法给予行政处罚。在确保事实清楚、数据无误的前提下，根据处理处罚决定拟定公告事项。

（三）为加强2001年会计决算报表的填报工作质量，确保会计报表汇总上报数据的真实、完整，各级财政部门应结合会计信息质量检查，认真做好会计报表编报情况的检查工作。对中央企业的2001年度会计报表编报情况的检查已纳入本次检查统一进行；对地方企业和行政事业单位2001年度会计决算报表检查，另行发文布置。

（四）检查工作结束后，各专员办、财政厅（局）要认真进行总结，于 8 月 15 日前将书面总结等材料上报财政部监督检查局。

（1）专员办上报材料包括：①总结报告（一式两份）和会计信息质量检查表并附报软盘。总结报告要侧重对检查结果的分析、归纳，并对检查工作的体会提出建设性意见，对会计报表编报情况在总结中单独反映；②对会计师事务所和注册会计师的处理建议；③聘用注册会计师等相关人员的“委托检查付费申请表”（包括与事务所签订的协议）；④企业社会保险缴费情况的调查报告；⑤典型案例。

（2）财政厅（局）上报材料：①总结报告，主要侧重检查结果、公告情况等（一式两份）；②会计信息质量检查基本情况表（要求上报表 8、表 9，并附报软盘）；③企业社会保险缴费情况的调查报告；④典型案例。

（3）对检查中发现的重大案例、一些行业政策、体制改革中的突出问题，以及检查工作进展情况，请各专员办和各财政厅（局），及时以简报的形式上报财政部。

附件：一、会计信息质量检查工作表（表 1～表 9）（略）

二、会计信息质量检查工作表填制及上报说明（略）”

（2）制定政策通知

此类通知往往是上级机关根据情况的变化，对某项工作的指导思想、原则、政策作相应调整而提出新的规定。

缘由部分。该部分说明制发通知的目的、依据、意义、背景。

事项部分。该部分逐项写明各项政策制度。要求做什么、怎么做，禁止或不得做什么是这类通知的关键之点。政策界限必须明确，切实可行，便于操作，切忌说理分析。

执行要求。该部分一般放在通知的最后一条或最后一段，对受文单位提出总的希望和要求。要特别注意政策上的衔接，凡对原有政策修改的应有所交待，原有政策规定停止执行的要明确。结束语通常有“此前有关规定与本规定不一致的，以本通知为准”“本通知自×年×月×日起执行”“本通知自×年×月×日起执行，××〔××××〕×号文件同时作废”“本通知自×年×月×日起执行，以前文件规定与本通知相抵触的，一律以本通知为准”“本通知自×年×月×日起执行，以下文件和规定同时废止。（然后另起一行，空两格依次列出公文名称、发文字号和有关条款）”等字样。

此类通知的正文结构写作比较灵活，“事项”“缘由+事项”“缘由+执行要求”三种结构形式都存在，一般视通知的内容而定。在内容上，这类公文刚性强，即所谓“一言九鼎”。因此，结构要严谨，用语要周密，既要实事求是，又要无懈可击。如《财政部 国土资源部 中国人民银行关于调整新增建设用地土地有偿使用费政策等问题的通知》《财政部关于政府收支分类改革后事业单位会计核算问题的通知》和《关于调整和完善消费税政策的通知》。

（3）管理措施通知

这种通知主要用于上级机关指示下级机关如何开展工作。

缘由部分。用一至三句话高度概括总结过去的工作，简明指出工作运行中存在的问题及危害，明确发文目的，由“现就有关事项”或“现就×××问题通知如下”承接下文。

事项部分。针对工作中出现的较带普遍性的问题提出解决办法，要求下级机关执行。明确说明该怎么做或禁止做什么等一系列加强管理的措施。其作用相当于“指示”，对下级具有强制性约束力。

执行要求。一般在通知正文的最后一条提出。

此类通知行文时情况要吃得透，问题要抓得准，且情况部分非常概括明了，几十字至百字即可；如情况比较复杂，问题比较多，要分条列项地进行阐述。应将问题分清主次，眉目清晰，表述准确。更关键的是措施要切实可行，具有较强的可操作性，便于落实。如《国务院关于地方税务机构管理体制问题的通知》（国发〔1997〕34号）。

此类通知写法比较灵活，有的只有事项部分，有的是把工作内容和工作要求结合起来写作，内容多的要分条列出，最后一段或一条相当于一个小结，对受文单位提出总的希望和要求。

（4）廉政纠风通知

此类通知是上级机关针对下级机关或某些单位普遍存在的不良倾向、错误行为制发的制止、纠正、禁止错误做法的公文，其写法和管理措施性通知相近。

缘由部分。简明扼要地交代背景、提出问题和指出危害，说明制发公文的目的。

事由部分。阐明措施及检查纠正的方法、要求和时限。

执行要求。往往以要求受文单位报告落实情况、听取专门汇报和开展检查结束。

此类通知一定要把写作重点放在拟定的措施上，提出的问题在篇幅上不可过多。如《关于加强全省财政系统2006年元旦、春节期间党风廉政建设的通知》。

上面分别介绍了四种情况的指示性通知写法，无论是哪种情况，写作时都应做到重点突出，条理清晰，简明扼要，通俗易懂。内容要切实可行，文字要通顺达意，准确精练，使下级机关一看就明白要求他们解决什么问题，为什么解决这些问题，采取什么措施来解决这些问题。

指示性通知的正文可以只含缘由和事项两部分，执行要求部分的内容则视具体通知情况的不同而不一样。它一般不单独结尾，结尾则写贯彻落实通知事项的要求、希望。有的写明完成任务的日期，有的写明善后防范工作的注意点，有的写明在完成任务后要向上级写出报告等。有的结尾只用一句惯用语简单地提出贯彻执行要求，如“请遵照执行”“请研究执行”等。如无必要，结尾也可以不写这一部分，言尽即止。

指示性通知虽然语气严格、坚定、不容置疑，带有指示的性质，但也应该谦虚，采取商洽合作的态度。千万不能使用命令和告诫等写作指示的语气。

4. 知照性通知

此类正文由缘由和通知事项两部分构成。缘由直陈根据或原委。不必如指示性通知那样进行说理分析，因此更为简约；通知事项，只讲决定怎么办，直截了当，充分显示其关照、告知的作用，不提出执行要求，常以“特此通知”的尾语结束全文。如《国务院关于更改新华通讯社香港分社、澳门分社名称问题的通知》，采用了根据与目的相结合的开头方式；《×××市财政局关于成立金财工程建设工作领导小组的通知》，采用的是以“为了”领起的“目的式”开头方式。

对于人事调整通知，有时需要列出新成立组织的成员名单，以及改变名称或隶属关系之后职权的变动等。如《财政部关于调整充实会计准则委员会人员组成的通知》的开头，不仅高度概括地总结了会计准则委员会成立以来的成绩，而且交待了调整的根据。

5. 会议培训性通知

这是一种常见的通知，既可用于下行，也可用于平行。会议通知与其他通知的写法稍有不同。会议通知的内容最主要是写清楚明白，写作时要考虑周全，让有关人员知道该做什么，需要怎么做。它的内容较为固定，一般包括如下内容：

（1）会议（培训班）的正式名称；

（2）会议（培训）目的、指导思想；

（3）会议（培训）内容或主要议程（主要课程）；

（4）各参加会议（培训）人员规格、条件、名额（包括是否允许自带交通工具，是否允许带工作人员、司机等）；

（5）会议（培训）详细地点、地址；

（6）报到时间、开会（开学）时间、离会（培训结束）时间；

（7）出席会议（培训班）前需要准备的工作，如要求携带的文件、资料、证件、经费及其他物品等；

（8）与会议承办单位联系方式、联系人电话号码、传真号码，接收材料电子文档的电子邮箱地址，是否需要提前上报参加会议（培训）人员名单；

（9）会务费用报销方法，需交会务费的要注明收款单位和收款单位银行账号；

（10）报到的具体方式，是否接送站、交通工具的安排、往返车票船票的预定等，若不接送站要注明到会的交通路线和需要乘坐几路公交车；

（11）其他需要事先说明的事项。

每个通知不一定必须将上述内容全部写上，写什么内容要视情况而定。一般有三种写法：

第一，人数较少的一般性会议通知的写法。只需简要写明会议的名称、目的、时间、地点、与会人员、准备事项即可。

第二，内容比较复杂、日期较长、与会人员较多的会议通知的写法。要写清楚名称、期限、报到时间、地点、与会范围、会务费用交纳或报销方法、准备事项与注意事项、入场凭证、联系单位、联系人、联系电话、传真号码、电子邮箱等。

第三，内容重要十分隆重的会议通知的写法。除了必须具备会议通知的前八项内容外，还应附上会议日程安排和有关证件等。

会议通知最基本的写作方法是正文要分小标题写作，至少要把前八项内容整合写进几个小标题中。如果不写小标题，写作起来很容易发生混乱。其实这也是写作会议通知的捷径。

例如《×××省财政厅关于召开全省财政工作会议的通知》的正文：

“经研究，定于 2006 年 6 月 15 日在××市召开全省财政工作会议，现将有关事项通知如下：

一、会议议题：传达贯彻全国农村税费改革工作会议及全国财政工作会议精神；通报上半年全省预算执行情况及重点工作进展情况，安排部署下半年主要工作。

二、参加人员：各省辖市财政局局长和2名助手，有关县（市）财政局局长。

三、会议时间：6月14日下午报到，15日开会，会期一天。

四、会议地点：××宾馆。

请各地接到通知后于6月13日前将与会人员名单报厅办公室秘书科。

联系人：××× ×××

电话：×××-××××××× ×××××××

传真：×××-×××××××”

6. 任免聘用性通知

此类通知的写法十分简单，只需写明制发通知的依据（什么会议决定），通知的事项（任命什么人担任什么职务，免去什么人的什么职务）即可，不必说明原因。有的还加上决定任免的组织、享受的级别待遇以及任期等。例如《关于×××等同志职务任免的通知》的正文：

“经厅党组研究决定：

任命×××为政府采购处处长，免去其预算处副处长职务。

任命×××为会计处副处长，免去其会计处主任科员职务。”

这种通知是发文机关任免本机关内部及所属单位人员的通知。如果各级人大选出本地的行政首长，就不宜使用这种通知，而应用公告。写作此类通知应注意以下四点：

一是任免通知正文的第一句话需写明通知发布的授权依据，这是必不可少的；

二是如果同时有任职和免职，就要先写任职的人，再写免职者；

三是在任免事项中职务由高到低排列；

四是任免两个或两个以上人员时，标题中事由部分不需列出所有任免人员名单，只需在列出任免的第一位人员的名字后加“等”即可。

（四）落款

在正文右下方注明发文机关全称或者规范化简称，其下一行写成文日期，加盖发文机关印章。如标题中已写上发文机关全称的，可以不写落款，只在落款处署发文年月日，加盖发文机关印章。作为正式公文的通知，也可将发文时间提前，置于标题之下。

四、通知的写作要求

通知具有使用范围广、使用频率高、种类繁多等特点。发布通知是要求所属机关单位贯彻执行或周知的，目的在于指导和推动工作。因而，撰写通知应注意下列问题：

（一）切勿滥发、乱发通知

滥发即不管事情大小，有无必要，逢事就发。如有时通知事项很少，只有一两点内容，而通知的对象又只有一两个单位，就不如采用电话通知的方式代替行文的方式。乱发即不应该用“通知”行文的内容，而使用通知行文。如在实践中有些内容事项本应用“函”“指示”“意见”“通告”文种发文，却以“通知”代替，甚至有些“启事”“声明”之类事务性文书也用“通知”行文。

（二）避免标题冗长重复

对于层层转发的公文，为避免转发时标题过于累赘、重复，下级单位转发时，可以根据转发公文的主要事由自拟标题，不必照抄被转发公文的标题，但在正文中应将各级机关的转发层次及要求加以说明。转发性通知标题要写明被转发公文标题的主要内容，一般写法是省略发文机关名称后面的“关于”，只写“转发”即可，基本公式为：“转发”+原件标题+通知。通知标题中“除发布或批转法规、规章名称加书名号外，一般不用标点符号”。不能以文号代替事由，不应重复出现“通知的通知”。

（三）事项要明确具体，措施要切实可行

通知主要是向下级机关发布的下行文，因而要体现对下级机关的领导与指导。内容必须既符合党和国家的方针政策，以及上级机关的指示精神，又合乎本地区、本部门的实际情况。事项是通知的基本内容，特别是指示、贯彻、周知性的通知内容更要直接，阐述的理由、提出的事项、应采取的方法、步骤、措施要写得明确具体、切实可行。语言流畅而不空泛，令人一目了然，明白无误。这在内容较多的通知中往往较难把握，如一份关于教育经费专项检查工作的通知，通知的事项只有检查内容和检查时间两项，而没有检查范围一项，显然不够系统、明确。会议通知的前 8 个要素，有不少通知都未能达到应有的标准。

（四）用语要讲究，结构要条理

通知具有多种行文方向，不同的行文方向用语是不同的，下行时要突出其权威性、指令性，平行时要突出其协调性、尊重性，泛行时要考虑所有受文单位的范围，选择适当的语体。力避政治套话连篇，啰啰嗦嗦，给人只打雷而不见下雨的感觉，同时还要防止重复拖沓、篇幅冗长等毛病。通知的结构或采用自然段形式，或采用条文式，都需条文清晰，排列有序，段落与条文之间应杜绝出现内容交叉、重复现象。

（五）按语要有针对性

批转、转发性通知的正文，即是为批转、转发的公文所加的按语。不同性质的通知，按语内容各不相同，必须注意其针对性。批转性通知的按语，内容主要是对被批转的公文表明态度，对公文内容作出精确的分析、恰如其分的评价，提出执行的要求以及应注意的事项。转发性通知的按语略为简单，但也要注意针对什么来写的问题。

第二节　范例赏析

【例文 1：印发性通知】

财政部关于印发《罚没财物管理办法》的通知

党中央有关部门，国务院各部委、各直属机构，最高人民法院、最高人民检察院、国家监委，各省、自治区、直辖市、计划单列市财政厅（局），新疆生产建设兵团财政局，财政部各地监管局：

为进一步规范和加强罚没财物管理，根据国家有关法律法规，结合各地区、各部门实践情况，我部制定了《罚没财物管理办法》，现印发给你们，请遵照执行。

附件：罚没财物管理办法

财政部（印章）

2020 年 12 月 17 日

附件：

罚没财物管理办法（略）

简析

这篇发文字号为财税〔2020〕54号的例文，是一篇发布性通知。发布性通知内容简单，一般不加批语。通知的发布对象《罚没财物管理办法》作为附件，附在正文之后。发布性通知，若带有批语，其主要目的是让受文机关高度重视所发布对象，更好地推动工作的开展。

【例文2：指示性通知】

财　政　部
关于开展2022年度政府部门财务报告编报工作的通知

有关中央预算单位，各省、自治区、直辖市、计划单列市财政厅（局），新疆生产建设兵团财政局：

为做好2022年度政府部门财务报告编报工作，根据《中华人民共和国预算法》及其实施条例、《国务院关于批转财政部权责发生制政府综合财务报告制度改革方案的通知》（国发〔2014〕63号）、《国务院关于进一步深化预算管理制度改革的意见》（国发〔2021〕5号）和《财政部关于修订印发〈政府财务报告编制办法（试行）〉的通知》（财库〔2019〕56号）等有关规定，现就有关事项通知如下：

一、扎实做好政府部门财务报告编报工作

各地区、各部门要全面学习贯彻党的二十大精神，认真贯彻党中央、国务院关于进一步深化预算管理制度改革的决策部署，严格落实预算法及其实施条例相关规定，按照“十四五”期间政府财务报告制度改革的目标任务和2022年全国财政决算工作会议有关要求，扎实开展政府部门财务报告编报工作。

（一）加强组织协调，完善工作机制。严格贯彻落实改革方案要求，加强组织领导，高效合理安排部门财务报告的布置、编制、审核、报送等环节的工作，明确任务分工，压实部门单位主体责任，推动部门财务报告编制工作规范化、法制化。县级以上财政部门要组织做好本级部门单位财务报告编制工作。

（二）狠抓基础管理，做好数据衔接。严格执行政府会计准则制度，及时规范账务处理，细化核算内容，加强日常对账，扎实做好公共基础设施、政府储备物资、保障性住房、文物文化资产的会计核算。健全内部控制机制，按规定定期清查资产负债，未入账的资产负债要及时确认入账，全面清理历史债权债务，及时处置财务挂账，防控财务风险。优化管理流程，进一步做好政府部门财务报告与部门决算、行政事业性国有资产报告之间的数据衔接。

（三）注重分析利用，实现数据价值。做好历年数据资料整理汇编，推动数据共享共用。探索完善财务报告分析指标体系，深入挖掘数据价值，通过分析及时发现管理中存在的薄弱环节，提出改进建议，充分发挥政府部门财务报告逆向反馈和促进管理的作用，为领导决策提供信息支持。

（四）完善系统建设，强化技术支撑。各地应严格按照预算管理一体化规范、系统技术标准和政府财务报告管理系统地方整合实施方案要求，加快推进系统整合，使用预算管理一体化系统进行编报，加强数据报送管理，确保数据真实、完整、准确。有关中央预算单位应使用中央预算管理一体化系统编报财务报告。系统操作培训、使用等事宜另行通知。

二、着力提高政府部门财务报告编制质量

（一）准确界定编制主体范围。认真梳理应纳入政府部门财务报告编制范围的单位清单，完善编制单位基础信息，将部门所属行政事业单位、与同级财政部门有预算拨款关系的社会团体全部纳入编制范围，保证编制范围的完整性。对于经费自理事业单位，应按照《财政部办公厅关于进一步明确政府部门财务报告编制合并范围的通知》（财办库〔2021〕182号）规定确定所属关系，准确把握合并级次，确保不重不漏。

（二）认真落实对账抵销要求。按照政府会计准则制度解释第4号、政府部门财务报告编制操作指南及相关规定，组织做好内部交易事项对账抵销工作。中央部门要积极配合中央政府综合财务报告编制工作，认真开展部门与财政之间、部门与部门之间交易事项信息的采集、分类、整理及核对，对存在的差异要准确查找原因，及时处理。

（三）压紧压实编制审核责任。部门单位作为报告编制的“第一责任人”，要切实履行主体责任，严格审核把关。优化编审流程，提高工作效率，细化审核内容，杜绝基础性错误，及时纠正审核、审计发现的问题，切实提高政府部门财务报告编制质量。

三、按要求完成政府部门财务报告编报工作

（一）有关中央预算单位应于2023年4月底前完成部门间对账，于2023年5月底前将2022年度部门财务报告纸质版和电子数据，以及所属单位财务报告电子数据报送财政部（国库司）。部门财务报告纸质版应当以正式文件报送。按照国家有关规定，部门单位认定为涉密的信息，应当通过光盘等介质进行离线报送，并准确标注报送介质的密级。

（二）有关中央预算单位应于2023年5月底前将本部门编制工作总结纸质版报送财政部（国库司），同步将电子版发送至工作邮箱（zfcwbgc@mof.gov.cn）。工作总结应包括编制工作开展情况、具体做法、发现的问题及相关工作建议等内容。

（三）各地区根据本地政府综合财务报告编制工作部署，自行决定本地部门财务报告报送要求。

（四）财政部将适时组织2022年度中央部门财务报告集中审核，请各部门做好准备工作。

执行中的重要情况和建议，请及时反馈沟通。联系电话：010-68552374、010-68552039。

附件：2022年度政府部门财务报告样式

财政部（印章）

2023年1月18日

简析

这篇发文字号为财库〔2023〕2号的例文是一则用于布置工作的指示性通知。正文第一自然段是通知的缘由部分，说明制发通知的目的，并由“现就有关事项通知如下”一句话过渡到下文。通知的事项部分包括“扎实做好政府部门财务报告编报工作”“着力提高政府部门财务报告编制质量”两条内容，第三条内容“按要求完成政府部门财务报告编报工作”是通知的执行要求部分。整篇通知写得条理清晰，具体明确，易于执行和操作。

【例文3：知照性通知】

财　　政　　部
关于调整财政部教材编审委员会组成人员的通知

有关单位：

为了进一步做好财政部教材建设工作，根据财政部教材编审委员会部分委员工作变动情况，经部领导批准，决定对财政部教材编审委员会组成人员进行调整。现将调整后的名单通知如下：

主任委员：刘红薇（财政部部长助理）

副主任委员：欧文汉（干部教育中心主任）

委　员：胡静林（办公厅主任）

（其他委员名单省略）

有关“财政部教材编审委员会的组织和任务”仍按财政部《关于印发第四届财政部教材编审委员会及各专业编审组成员和有关文件的通知》（财办［2000］24号）执行。

特此通知。

中华人民共和国财政部（印章）

二〇〇七年九月二十九日

简析

这篇发文字号为财办〔2007〕42号的例文是一则知照性通知。第一自然段是缘由部分，介绍说明调整的目的、背景、依据。由“现将调整后的名单通知如下”一句过渡语引出下文。由于是告知有关单位需要周知而不需要直接执行或办理的事项，所以该文没有提出执行要求，而以“特此通知”作为结尾。

【例文4：会议培训性通知】

财　　政　　部
关于召开第九次全国财政干部教育培训工作会议的通知

各省、自治区、直辖市、计划单列市财政厅（局），财政部各干部培训点，北京、上海、厦门国家会计学院：

为了深入学习贯彻党的十七大精神和2007年全国财政工作会议精神，

牢固树立和认真落实科学发展观，总结、交流2003年以来全国财政系统开展大规模培训干部工作的先进做法和成功经验，认清当前财政干部教育培训工作面临的新形势，分析存在的主要问题和原因，探讨开展新一轮大规模培训财政干部工作的指导思想、目标任务和对策举措，努力开创全国财政系统大规模培训干部工作新局面，经部领导批准，财政部干部教育中心决定召开第九次全国财政干部教育培训工作会议。现就有关事项通知如下：

一、会议内容

（一）学习贯彻党的十七大精神和2007年全国财政工作会议精神；

（二）回顾总结第一轮大规模培训财政干部工作，特别是2006年、2007年度全国财政系统开展大规模培训干部工作的情况；

（三）交流各省级财政部门第一轮大规模培训干部工作的有效做法和成功经验；

（四）表彰2007年全国财政系统干部教育培训工作先进单位；

（五）紧紧把握当前财政干部教育培训工作面临的新形势，认真分析存在的主要问题和原因，着力探讨开展新一轮大规模培训财政干部工作的指导思想、目标任务和对策举措，全面部署2008年、2009年财政干部教育培训工作。

二、参加人员

各省、自治区、直辖市及计划单列市财政厅（局）人事教育处处长、干部教育（培训）中心主任、中华会计函授学校校长各1人，财政部各干部培训点主任1人，北京、上海、厦门国家会计学院负责人各1人。请各单位严格按照要求安排人员参加会议。

三、时间地点

会议时间：3月13日—14日，12日报到。

会议地点：杭州金溪山庄（杭州市杨公堤39号，0571-87992288）。

四、注意事项

（一）请各单位务必于3月7日前将填好的报名回执（见附件）传真至浙江省财政干部教育中心，并于3月10日前将到达杭州的航班、车次告知浙江省财政干部教育中心，以便安排接站。

（二）联系人及电话：

1. 浙江省财政干部教育中心，金幼芳，电话：0571-88085786（传真）、13858192767；汪国葆，电话：0571-88084989，13646828278；

2. 杭州金溪山庄，朱琦，电话：0571-87992288 转 6903，13336037818；

3. 财政部干部教育中心综合处，汪自贵，电话：010-68552462（传真），68552066。

附件：报名回执（略）

中华人民共和国财政部（印章）

二〇〇八年三月四日

简析

这篇发文字号为财办〔2008〕9 号的例文是一则会议通知。正文开头首先写制发通知的目的、依据。然后有过渡语“现将有关事项通知如下”承启下文，即通知的事项部分，具体、周到地写明了会议内容、参加人员、时间地点及注意事项等问题。为与会人员赴会考虑得比较周到是本会议通知的一大特点，非常值得我们学习和借鉴。

【例文 5：任免通知】

××市财政局关于柳××等同志职务任免的通知

局属各二级单位，市局各科室：

经 200×年×月××日局党组会议研究决定：

任命柳××为××市财政局办公室主任，免去其××市财政局税政条法科科长职务；

任命徐××为××市财政局预算科科长，免去其××市财政局预算科副科长职务；

任命王××为××市财政国库集中收付中心副主任（副科级，试用期一年）。

××市财政局（印章）

二〇〇×年××月××日

第十二章　通　报

第一节　写作理论

一、通报的概念、适用范围和特点

（一）概念

通报是表彰先进、批评错误、传达重要精神或者情况时所使用的一种公文。它是党政机关公文体系中的一种主要公文体裁，从行文方向看，属于下行文。通报主要起表彰、惩戒、知照等作用。

（二）适用范围

《党政机关公文处理工作条例》规定通报适用于表彰先进、批评错误、传达重要精神和告知重要情况。由此可知，通报分为三种基本类型：表彰性通报、批评性通报和情况通报。

（三）特点

1. 题材的典型性

通报的题材，不论是表彰性的、批评性的，还是通报情况的，都要求有典型意义。典型就是既有普遍性、代表性，又有个性和新鲜感的事实。只有普遍性没有个性的题材，不能给读者以深刻印象；只有个性没有普遍意义的题材，缺乏广泛的指导价值。

2. 思想的引导性

通报的内容，不论是肯定性的，还是否定性的，其价值都并不仅仅在于宣布对事件的处理结果，而是要树立学习榜样，或者提供借鉴，使读者能够总结经验、汲取教训，思想上受到启迪，得到教益。

3. 制发的时效性

通报所涉及的事实比较具体，写作时对发生的时间、地点等要素都要进行交代，具有新闻的时效性。因此，通报的写作和传播都应该是迅速及时的。

二、通报的类型和写法

通报的结构分标题、正文和落款三部分。

（一）标题

标题大致有四种类型：

一是由发文机关的名称、事由和文种组成；

二是由事由和文种组成；

三是由发文机关和文种组成；

四是只由文种“通报”作标题。

（二）正文

正文是通报主体部分。因通报种类不同，写法也就不同。

1. 表彰通报

表彰通报用来表彰先进人物或先进集体，介绍先进事迹、推广典型经验。这是从高层机关到基层单位都广泛采用的常用公文类型。

表彰通报的正文分为四个部分。

（1）介绍先进事迹

这一部分用来介绍先进人物或集体的行动及其效果，要写清时间、地点、人物、基本事件过程。表达时使用概括叙述的方式，只要将事实讲清楚即可，不能展开绘声绘色的描绘，篇幅也不可过长。

（2）先进事迹的性质和意义

这部分主要采用议论的写法，要注意文字的精炼。要注意措辞的分寸感和准确性，不能出现过誉或夸饰的现象。

（3）表彰决定

这部分写什么会议或什么机构决定，给予表彰对象以什么项目的表彰和奖励。如果表彰的是若干个人，或者有具体的奖励项目，可分别列出。

（4）希望号召

这是表彰通报必须要有的结尾部分，用来提出希望、发出号召。希望号召部分表述的是发文的目的，也是全文的思想落脚点，要写得完整、得体，富有逻辑性。

2. 批评通报

批评通报是针对某一错误事实或某一有代表性的错误倾向而发布的通报，有针砭、纠正、惩戒的作用。它可以是针对某一个人所犯的错误事实而发，也可以针对某一部门、单位的不良现象而发，还可以针对普遍存在的某种问题而发。

批评通报正文也分为四个部分。

（1）错误事实或现象

如果是对个人的错误进行处理的通报，这部分要写明犯错误人的基本情况，包括姓名、所在单位、职务等，然后是对错误事实的叙述，要写得简明扼要、完整清晰。

如果是对部门、单位的不良现象进行通报，这部分将要占较大的篇幅。

如果是针对普遍存在的某一问题进行通报，这部分要从不同地方、不同单位的许多同类事实中，选择出一些有代表性的进行综合叙述。

（2）错误性质或危害性的分析

处理单一错误事实的通报，这部分要对错误的性质、危害进行分析，一般都写得比较简短。对综合性的不良现象或问题进行通报，这部分的分析性文字可能要复杂一些 。

（3）惩罚决定或治理措施

对个人单一错误事实进行处理，要写明根据什么规定，经什么会议讨论决定，给予什么处分等。

对普遍存在的错误现象或问题，在这部分中要提出治理、纠正的方法措施。内容复杂时，这部分可以分条列项。

（4）提出希望要求

在结尾部分，发文机关要对受文单位提出希望要求，以便受文单位能够高度重视、认清性质、吸取教训、采取措施。

如果是针对一些违纪比较严重的现象进行通报，结尾部分的措辞还可以更严厉一些，譬如提出继续违反要严惩、要登报公布等警告。

3. 情况通报

用来传达重要精神、沟通重要情况的通报是情况通报。为了让下级单位或民众对一些重要事件或全局状况有所了解。例如，国务院办公厅关于

2016年第二次全国政府网站抽查情况的通报。情况通报正文由三个部分构成。

（1）缘由与目的

情况通报的开头要首先叙述基本事实，阐明发布通报的根据、目的、原因等。作为开头，文字不宜过长，要综合归纳、要言不繁。

（2）情况与信息

主体部分主要用来叙述有关情况、传达某些信息，通常内容较多，篇幅较长，要注意梳理归类，合理安排结构。

（3）希望与要求

在明确情况的基础上，对受文单位提出一些希望和要求。这部分是全文思想的归结之处，写法因文而异，总的原则是抓住要点，切实可行，简练明白。

（三）落款

在正文右下方注明发文机关全称或者规范化简称，其下一行写成文日期，加盖发文机关印章。如标题中已写上发文机关全称的，可以不写落款，只在落款处署发文年月日，加盖发文机关印章。

三、通报的写作要求

（一）典型要选准

写通报都会碰到选取材料的典型问题，或是人物事迹的典型，或是引导工作的事迹性质的典型。发布通报的目的在于用典型事实对广大干部和群众进行引导、教育，因此，无论是通报正面典型还是反面典型，都要注意讲政治，着眼于正确导向，选取的正反例子都要有代表性、典型性，要有说服力，让人们从中受到教育，给人以启迪、警示。否则，通报就起不到"以点代面""以一代十"的效果。从这个意义上说，通报也是不能乱发的。

（二）情况要真实可靠

无论是表扬还是批评，都要以严肃慎重、实事求是的态度认真核准，有一说一、有二说二，决不能人为地拔高或贬损，更不能推测。反之，就起不到通报应有的作用。

（三）挖掘分析要深刻

通报的写作，特别是表彰性和批评性通报的写作，往往要在叙述事实的基础上做出进一步的分析和评价，挖掘事件或事故发生的主、客观原因和责任归属，据以提示问题的实质，从中概括出可资借鉴的经验和应当吸取的教训。要注意触及事件的本质，向思想和灵魂深处挖掘，切中要害，一针见血，使人受到茅塞顿开的启迪和深刻的教育。

（四）评价要中肯

在通报中，无论表彰也罢，批评也罢，传达情况也罢，对原有的事迹或事件都要作出中肯的评价，文字表述也要准确恰当，不能随意上纲上线，力避任意夸大、缩小或歪曲事实的现象发生。如通报批评，如果评价不中肯，被批评人往往不服，他人也可能对此通报有看法。这样一来，不但工作未做好，反而有可能产生负面的效果。

（五）观点鲜明，详略得当

要注意把握重点，突出发文机关的态度和意见，对提倡什么、反对什么，一定要是非分明，旗帜鲜明地表明态度，使读者一目了然，切忌含糊其辞。叙述事实的文字应详略得当，属于全面性的情况介绍可以简要概括一些，对主要的事迹或问题的叙述，则应当具体些，写出具体对象的主要思想、典型表现、代表性语言，行为或事迹的客观效果等，使读者看到活生生的事例。对主要事实和重要精神表述清楚，具体细节可简略。对需要大家学习的精神或经验，要鲜明、准确地加以提炼、概括。若过于简单，变成抽象的概念，人们难于受到教育，产生不了爱憎之情。若过于详细，将“通报”写成近似“通讯”或“报告文学”，又会让人难于把握要领。

（六）教育性要突出

通报与决定不同，它不是一种行政命令，其最主要的特点是教育性，在写作时要注意突出这一特点。因此，在写通报中的处理意见时，必须注意政策，掌握好分寸，使处理决定与事实、政策相一致，做到合情合理。否则，既对当事人不利，又难于服众。

（七）行文要及时

通报的时间性极强，写作要及时迅速，以指导当前工作；否则，时过境迁，就失去了指导、宣传和教育作用。

第二节　范例赏析

【例文 1：表彰通报】

×××市人民政府关于表彰全市财政税务系统的通报

各县（市、区）人民政府，市人民政府各部门：

2018 年，全市各级财政、国税、地税部门抓住经济又好又快发展有利时机，依法组织收入，强化税收征管，坚持均衡支出，确保重点支出，财政收支实现重大历史性突破。截至 2018 年 12 月 31 日，全市全口径财政收入突破×××亿元大关，达到×××. ×亿元，比上年增长××. ×%；一般预算收入突破×××亿元大关，达到×××. ×亿元，比上年增长××. ×%，净增××. ×亿元。其中，税务部门组织地方税收××. ×亿元，比上年增长××. ×%；财政部门组织收入××. ×亿元，比上年增长××. ×%。税收占一般预算收入的比重达到××. ×%，比上年提高×. ×个百分点；财政支出突破×××亿元，达到×××. ×亿元，比上年增长××. ×%，净增××. ×亿元，圆满完成省定目标任务，为全市经济社会发展和民生改善提供了有力的保障。为此，市政府决定对全市财政、税务系统予以通报表彰。

全市各级财政、税务部门工作取得的成绩，是各级党委、政府高度重视和大力支持财税工作的结果，是我市经济社会全面协调持续发展的结果，也是全市各级财政、税务系统广大干部职工认真落实科学发展观，积极贯彻市委、市政府重大决策和工作部署，开拓创新、扎实工作的结果。各级、各部门要认真学习财政、国税、地税部门恪尽职守、不畏艰难、积极进取的敬业奉献精神，学习他们求真务实、团结协作、狠抓落实的工作作风，进一步在全市营造自觉服务服从于经济社会发展大局、求真务实、真抓实干的良好氛围。在新的一年里，希望各级财税部门进一步发扬成绩、再接再厉，继续坚持依法征收，强化税收筹集财政收入的主渠道作用，确保财政收入持续稳定增长、收入质量进一步提高；要加强财政科学化、精细化管理，努力提高财政资金使用效益，为全面建设小康社会、促进我市经济又好又快发展做出新的贡献。

×××市人民政府（印章）

××××年××月××日

简析

这是一篇表彰通报。正文分为四个部分，第一部分是“2008 年以来”到“圆满完成省定目标任务”，叙述了被表彰者的先进事迹；“为全市经济社会发展和民生改善提供了有力的保障”是第二部分，分析评价先进事迹的意义；第一自然段最后一句话“市政府决定对全市财政、国税、地税系统予以通报表彰”是第三部分，宣布了表彰决定；第四部分是本例的第二自然段，在分析被表彰者先进事迹产生原因的基础上，发文机关分别对“面”（各级、各部门）发出了号召，对“点”（全市各级财政、国税、地税部门）提出了希望。这一部分直接表达了发文的目的，是全文的思想落脚点。

【例文 2：表彰通报】

遂宁市人民政府关于表彰全市财政工作先进集体和先进个人的通报

各区、县人民政府，市府各部门：

2006 年，我市财政系统广大干部职工在各级党委、政府的领导下，深入贯彻落实党的十六大精神，解放思想，实事求是，与时俱进，开拓创新，为促进我市经济建设和构建社会主义和谐社会作出了积极贡献，涌现出了一批先进集体和先进个人。

为弘扬正气，鼓励先进，发挥榜样的模范作用，营造崇尚先进、学习先进的良好氛围，进一步调动广大干部职工献身财政事业的主动性、积极性和创造性，市人民政府决定：对射洪县等 8 个财政工作先进集体，李永安等 12 名财政工作先进个人予以表彰。

一、先进集体（8 名）

射洪县、船山区、市财政局

射洪县财政局太和镇财政所

…………

二、先进个人（12 名）

李永安　市国家税务局局长

曾　健　市地方税务局局长

…………

希望受到表彰的先进集体和先进个人珍惜荣誉，谦虚谨慎，再接再厉，不断创造新的业绩。全市各级财政部门和广大财政干部职工要以受到表彰的先进集体和先进个人为榜样，按照“科学发展、和谐创业、坚韧不拔、富民强市”的总要求，与时俱进，励精图治，出色完成各项财政工作任务，为促进遂宁经济社会全面协调可持续发展，构建和谐遂宁，做出更大的贡献。

遂宁市人民政府（印章）

二〇〇七年二月十三日

简析

这篇发文字号为遂府函〔2007〕18 号的例文是一篇表彰通报。正文分为四个部分，第一自然段“2006 年，我市财政系统广大干部职工在各级党委、政府的领导下，深入贯彻落实党的十六大精神，解放思想，实事求是，与时俱进，开拓创新”是第一部分，用精练的语言介绍被表彰者的先进事迹；“为促进我市经济建设和构建社会主义和谐社会作出了积极贡献，涌现出了一批先进集体和先进个人”是第二部分，分析评价先进事迹的意义；第二自然段是第三部分，宣布表彰目的和决定；第四部分是本例的第四自然段，按照从“点”到“面”的顺序，对受表彰者（“点”）提出希望，对全市财政部门和广大财政干部职工（“面”）提出要求。

【例文 3：批评通报】

河南省监察厅　河南省财政厅
河南省粮食局　河南省审计厅
关于邓州国家粮食储备库违反国家粮食收购政策问题的通报

各省辖市人民政府：

最近，根据群众举报，省监察厅、财政厅、粮食局、审计厅按照省政府领导批示，会同南阳市人民政府有关部门，对邓州国家粮食储备库在新库装新粮过程中严重违反国家粮食收购政策问题进行了严肃查处。

经查，邓州国家粮食储备库新建库于1999年12月至2000年5月期间（未划归中国储备粮管理总公司郑州分公司之前），从邓州市各粮管所及周边县区共收购新粮10 250万千克。在新库装新粮的粮食收购中，第一批新粮入库前，邓州市粮食局原局长陈××召集副局长兼该库主任陈××、副局长陈××等一起商量，以补充机关经费不足和冲抵新库建设时地方财政承诺的配套资金为由，人为提高收购粮食的不完善粒指标，变相压级压价。第二批新粮入库时，新任局长李××沿用了第一批收购的办法。一是在收购的10 102.55万千克小麦中，采用不完善粒扣重的方法（即不完善粒每超标3%，扣重1%），实际结算9 753.24万千克，扣重造成溢库349.31万千克。而后，又将部分溢库的小麦，假托邓州市各粮管所的名义，虚开收购发票，以新收购的小麦入库、入账，获取粮食收购差价资金419万元。二是对从周边县区粮食部门采购的1 552.9万千克小麦直接压价收购，以保护价1.22元/千克向农发行贷款，以1.06元/千克、1.07元/千克、1.08元/千克、1.10元/千克不等的价格支付给售粮单位，从中又获取差价236万元。两次合计655万元，并由会计人员编制假收购发票、假统计报表，造假账、假凭证以掩盖违规行为。

邓州市粮食局及邓州国家粮食储备库采取弄虚作假，为图小团体利益不惜损害地方企业和人民群众利益的行为，违反了国家粮食收购政策，构成严重违纪，且性质严重，影响恶劣。邓州市纪委、监察局给予市粮油公司总经理陈××（已免职）行政降级处分、给予市粮食局局长李××（已免职）行政记大过处分；中国储备粮管理总公司郑州分公司给予邓州直属库临时负责人陈××（邓州国家粮食储备库原主任，已辞去邓州直属库工作）行政记大过处分，并对到直属库工作的其他责任人也给予了相应的纪律处分。邓州市纪委、监察局及中国储备粮管理总公司郑州分公司所作出的决定是正确的。有关责任人受到党纪、政纪严肃处理，完全是咎由自取。

邓州市粮食局及邓州国家粮食储备库发生问题的根本原因是政府有关部门及粮食企业的少数领导同志政策观念淡薄，群众观念不强。在贯彻执行国家粮食政策过程中，未能正确处理全局与局部的关系，未能正确地履行职责。此类问题在我省个别地方和少数粮食企业也有不同程度存在。为认真吸取这一违纪案件的深刻教训，举一反三，杜绝此类问题再次发生，现提出以下要求：

一、各级政府及有关部门和国有粮食企业的领导同志，要时刻牢记江泽民总书记“三个代表”重要思想的要求，从讲政治的高度，从维护改革、发展、稳定大局的高度，从密切党和政府同广大人民群众的血肉联系的高度，坚定不移地贯彻落实国家的粮食政策，正确处理国家、群众和企业之间的利益关系。要把农民的利益放在心上，时刻想着为群众做点什么、付出点什么，不要一味索取。要端正经营指导思想，强化服务意识，努力做好粮食工作，做到政府满意、群众满意、企业满意。

二、建立健全规章制度，强化内部管理，严防类似问题的再次发生。邓州国家粮食储备库发生的严重违纪案件，反映了粮食企业内部管理制度不健全，缺乏有效的监督约束机制。粮食企业一定要从中吸取教训，建立健全内部管理制度，强化监督制约，规范各项业务活动，确保国家粮食政策落到实处。

三、各地要结合《会计法》执行情况大检查活动，对粮食企业执行《会计法》情况进行认真检查。要加强粮食风险基金管理，落实企业超储补贴数量，提高财政补贴资金使用效益。

四、从现在起，粮食企业要结合各自实际，对执行国家粮食政策的情况再进行一次认真自查，发现问题立即纠正，要制定整改措施，认真进行整改。各有关部门要积极支持、帮助、督促粮食企业落实国家粮食政策，推动粮食流通体制改革不断深化。当前，夏粮收购正在进行，各级粮食部门和粮食企业要不折不扣地执行国家粮食收购政策，切实做到按保护价敞开收购，严禁压级压价、超标准扣杂扣水，保护农民利益。凡发生违反粮食政策问题的，要发现一起，查处一起，决不姑息。

河南省监察厅（印章）　河南省财政厅（印章）

河南省粮食局（印章）　河南省审计厅（印章）

二〇〇一年七月十五日

简析

这篇发文字号为豫监发〔2001〕14号的例文是一篇批评通报。按照行文规则的要求，“省监察厅、省财政厅、省粮食局和省审计厅”是不能直接对“各省辖市人民政府”行文的，但例文开头一句“省监察厅、财政厅、粮食局、审计厅按照省政府领导批示”，既说明了省政府领导对此项工作的重视程度，也表明这次行文不是发文机关擅自行文，而是经过省政府授权批准的，所以本次行文合乎规定。正文分为五部分，第一自然段是第一部分，简要说明通报的缘由，扼要介绍查处的背景和查处进度；第二自然段为第二部分，介绍错误事实；第三自然段包括通报的第三和第四两个部分，其中“采取弄虚作假，为图小团体利益不惜损害地方企业和人民群众利益的行为，违反了国家粮食收购政策，构成严重违纪，且性质严重，影响恶劣”是第三部分，指出了错误性质和危害性。紧跟其后的是第四部分，交代纪检监察部门对涉案人员的处理情况。第四至八自然段是通报的第五部分，在分析错误产生原因的基础上，对受文单位提出了明确要求。

【例文 4：批评通报】

国家税务总局关于安徽省歙县国家税务局弄虚作假骗取代征手续费问题的通报

各省、自治区、直辖市和计划单列市国家税务局、地方税务局，扬州税务进修学院，局内各单位：

2003 年年底，根据总局要求，安徽省国家税务局对中央电视台《焦点访谈》节目播出的安徽省歙县国税局弄虚作假、骗取代征手续费问题进行了调查。现问题已经查清，有关责任人受到政纪处分。现通报如下：

2002 年 11 月，歙县国税局召开会议决定扩大代征范围，以便多争取黄山市国税局拨付代征代扣手续费。会后，歙县国税局下属分局分别与 8 个乡镇财政分局（所）签定了虚假委托代征协议。歙县国税局根据各分局上报的虚假代征税款数据，将“应付”手续费汇至各分局，由分局通过经费账户汇至各代征单位（财政分局（所）），然后由各代征单位将手续费以“政府奖励”等名义分期汇回各分局经费账户，各分局再将该笔手续费汇回县局“基建帐户”和“经费帐户”。现已查明，2002 年 1 月至 2003 年 11 月，歙县国税局与该县 8 个乡镇财政分局（所）共虚假委托代征税款 2 674万元，向财政分局（所）拨手续费 139. 92 万元。安徽省国税局在调查结束后，已对上述问题进行了纠正。同时，安徽省黄山市国税局给予歙县国税局党组书记、局长高翔撤职处分。

歙县国税局无视国家法律、法规的规定，置部门私利于国家利益之上，弄虚作假，套取财政资金，性质严重，在社会上造成了极其恶劣的影响，损害了税务部门的形象。这起案件的发生，反映了税务系统少数领导干部法律观念淡薄，为了本地区、本部门小团体的利益，置国家法律法规于不顾，有令不行，有禁不止，滥用人民赋予的权力。同时也暴露了黄山市国税局在管理上存在的对下级监督不力、疏于管理的问题。

为了吸取教训，避免类似的问题再次发生，总局提出如下要求：

一、各级税务机关要坚持用“三个代表”重要思想和党的十六大、十六届三中全会精神统领税收工作，坚持把聚财为国、执法为民作为税收工作的根本出发点和落脚点。要切实增强法律意识，践行依法行政要求。要不折不扣地执行有关法律、法规、规章的规定，维护法律、法规的严肃性。要树立大局观念，正确处理部门利益和国家利益、地区利益与整体利益的关系，行使好人民赋予的权力，切实做到“权为民所用”。

二、各级税务机关要从本案中吸取教训，加强对代征代扣手续费的管理，严格执行《财政部 国家税务总局 中国人民银行关于代扣代收和代征税款手续费纳入预算管理的通知》（财预〔2001〕523号）、《国家税务总局关于代征代扣税款会计核算问题的通知》（国税发〔2002〕49号）、《国家税务总局关于印发<国家税务局系统代扣代收代征手续费专项经费管理（暂行）办法>的通知》（国税发〔2002〕65号）的各项规定，坚决禁止以任何理由、任何方式挪用、截留、骗取代征代扣手续费，切实发挥代征代扣制度在组织税收收入、减少税收成本、提高征管效率和调动协税护税的积极性方面的突出作用。

三、要加大执法监督力度，规范税收执法行为。各级税务机关要树立求真务实的工作作风，加强对下级税务机关执法情况的监督检查，及时发现、制止、纠正执法过程中出现的各种违规违纪行为。总局将下发有关对代征代扣手续费问题逐级进行检查的通知，各地要认真组织落实。对在检查中发现的管理工作中存在的问题，要及时建章立制，进行整改，堵塞漏洞。各级税务纪检监察部门要认真履行职责，积极参与检查工作，对顶风违纪者必须严肃查处，决不能姑息迁就。

国家税务总局（印章）

二〇〇四年一月二十日

简析

这篇发文字号为国税发〔2004〕16号的例文是一篇批评通报。正文第一自然段是介绍通报的背景、缘由。第二自然段自“2002 年 11 月”至“向财政分局（所）拨手续费 139.92 万元”错误事实部分，简明扼要、完整清晰地叙述了错误事实；第二自然段末尾“安徽省国税局在调查结束后，已对上述问题进行了纠正。同时，安徽省黄山市国税局给予歙县国税局党组书记、局长高翔撤职处分”是惩罚决定部分，交代了具体处理情况。第三自然段是对错误性质或危害性的分析部分，指出了错误的危害性及其产生的原因。第四至七自然段是提出希望要求部分，对今后杜绝此类问题发生提出了具体要求。

【例文 5：情况通报】

财政部关于近年来彩票市场违规情况的通报

各省、自治区、直辖市财政厅（局）：

2001 年以来，根据《国务院关于进一步规范彩票管理的通知》（国发〔2001〕35 号）的要求，财政部陆续制定并下发了《彩票发行与销售管理暂行规定》（财综〔2002〕13 号）、《彩票发行与销售机构财务管理办法》（财综〔2001〕84 号）、《财政部关于加强彩票市场监管的紧急通知》（财综〔2001〕29 号）等文件，加强了对彩票游戏规则和彩票资金的管理，全国大部分地区彩票市场运行规范有序，发行量持续快速增长。但是，仍有少数地方彩票机构违反彩票管理政策和制度，擅自发行彩票，甚至采用具有赌博性质的游戏规则。这些违规行为严重扰乱了彩票市场秩序，损害了政府形象。为加强彩票市场管理，推动彩票业健康发展，现将近年来一些地方出现的违规情况通报如下：

一、擅自发行地方彩票

《国务院关于进一步加强彩票市场管理的通知》（国发〔1993〕34 号）、中共中央办公厅和国务院办公厅《关于严格彩票市场管理禁止擅自批准发行彩票的通知》（中办发电〔1994〕21 号）、《国务院关于进一步规范彩票管理的通知》等都明确规定，彩票发行的审批权集中在国务院，任何地方或部门均无权批准发行彩票。国家禁止发行“六合彩”“万字票”。但是，一些地方公然违反国家彩票管理政策，未经国务院批准，擅自发行地方彩票，所得资金没有纳入国家彩票资金分配和管理体系。海南省体育彩票管理中心自 2000 年 10 月至 2002 年 6 月，擅自发行国家明令禁止的“万字票”；海南省福利彩票发行中心于 2001 年 10 月至 12 月、2002 年 1

月至3月、2002年6月至7月期间，以搞所谓即开型福利彩票“二次开奖促销活动为名”。先后在海口、三亚、文昌、琼山、琼海、万宁等市县，擅自采用“11选1”的游戏规则发行彩票；湖南省福利彩票发行中心效仿海南省福利彩票中心的做法，于2002年6月16日至6月24日，擅自采用“12选1”的游戏规则发行地方专项彩票；内蒙古自治区二连浩特市民政局同样效仿海南省福利彩票中心的做法，于2002年7月17日至7月23日，擅自采用“10选1”的游戏规则发行彩票。

二、违反游戏规则管理政策和制度

财政部发布的《彩票发行与销售管理暂行规定》明确规定，“各种彩票的游戏规则及发行销售方式，由彩票发行机构报财政部审核批准。未经财政部批准，任何彩票不得上市发行销售”，并且只允许采用比例返奖方式，即彩票的奖金来源于一定比例的彩票销售收入，不允许实行赔率式返奖。但是，海南、湖南、内蒙古等地方福利彩票机构在擅自发行地方性彩票时，不仅采用的游戏规则未经财政部批准，而且还采用了国家政策禁止的赔率式返奖，具有明显的赌博性质。另外，2002年4月，福建省福利彩票发行中心和体育彩票管理中心，违反彩票游戏规则审批程序，未经财政部批准，先后擅自采取“21选5”游戏规则发行彩票。

三、违规宣传

为防止彩票机构发布的信息误导彩民，规范市场竞争行为，财政部发布的《彩票发行与销售管理暂行规定》第三十条第二款规定，“不得公布下期（次）预计销售额和奖金额。”但广西福利彩票发行中心、甘肃福利彩票发行中心、甘肃体育彩票管理中心、青海福利彩票发行中心、宁夏福利彩票发行中心、陕西福利彩票发行中心、陕西体育彩票管理中心等无视规定要求，仍在公开发布信息时公布下期（次）预计销售额和奖金额。

上述违规现象的发生，反映出当前规范彩票机构发行销售行为，维护彩票市场正常秩序的任务仍然十分艰巨。各地财政部门要从中吸取教训，按照国务院《关于进一步规范彩票管理的通知》，以及财政部的有关规定，严格执行现行彩票管理政策和制度要求，加强对彩票发行销售活动的监督管理，建立对开奖和中心机房等重要工作环节的监督检查制度，经常对本地区彩票市场进行检查，及时查处各种违规行为，切实履行好监管彩票市场的职责。

中华人民共和国财政部（印章）

××××年×月×××日

简析

这篇发文字号为财综〔2002〕63号的例文是一则情况通报。本例正文分三部分，第一自然段是第一部分，概括说明了通报的背景、原因和目的，并由“现将近年来一些地方出现的违规情况通报如下”引出下文。其后的三条内容是通报的第二部分，列举了彩票发售工作中存在的违规现象，是本例的主体部分。第三部分是本例最后一个自然段，对规范彩票市场管理提出了明确的要求。

【例文6：情况通报】

国务院办公厅关于水利专项资金审计情况的通报

各省、自治区、直辖市人民政府，国务院各部委、各直属机构：

1998年，审计署组织对全国31个省、自治区、直辖市的2 139个地（市）、县水利部门，以及水利部长江、淮河等6个流域水利委员会1996年至1997年度水利专项资金的筹集、管理和使用情况进行了审计。在国家财力十分紧张的情况下，1996年、1997年中央和地方财政预算内水利资金的投入继续保持了一定的增长，同时，国家建立了水利建设基金，专项用于水利基础设施建设，这对于加快水利建设，保障大江大河的安全等发挥了重要作用。但从审计结果看，当前水利专项资金在筹集、管理和使用中存在一些突出问题，有的还相当严重。根据国务院领导的指示精神，现将有关审计情况通报如下：

一、国务院关于建立水利建设基金的决定在一些地方尚未落实。为加快水利建设步伐，提高大江大河防洪抗旱能力，缓解水资源供需矛盾，国务院决定从1997年1月1日起，建立中央和地方水利建设基金，专项用于水利建设。根据这一决定，1997年，中央财政足额筹集了水利建设基金26.99亿元。但大多数地方没有按照国务院的决定予以落实到位，其中，北京、上海、天津、辽宁、内蒙古、宁夏、新疆、青海、西藏、云南、贵州和广东12个省（自治区、直辖市）没有按照国务院的决定建立水利建设基金；其余19个省（自治区、直辖市）虽已建立水利建设基金，但仅筹集16.93亿元，占应筹集51.74亿元的39.98%。

二、挤占挪用水利专项资金用于平衡预算、弥补行政经费、建房和购买小汽车等问题严重。如辽宁省辽阳县财政局1996年占用水利专项资金462.8万元平衡财政预算。新疆维吾尔自治区水利厅将预算内水利专项资金455.8万元和2 955万元，分别用于弥补机关经费和发放水利工程局离退休职工工资，相当于同期自治区本级财政水利专项支出的17.76%。河北省水利厅将1 999万元水利资金用于垫付省防汛抗旱指挥中心建设的拆迁费，向桃林口水库工程指挥部借工程款399万元，用于本厅物资供应站补充流动资金。安徽省六安市水利局挪用水费983.65万元兴建皋城大厦。水利部与湖南省共同投资兴建江垭水库，按批准的工程概算应购小汽车两辆，实际购买了27辆，购车费超支966.54万元。甘肃省引大入秦工程指挥部挪用工程款269.76万元，购买了8辆小汽车。

三、采取虚报冒领和乱摊派等手法挖挤国家水利建设资金。1992年，淮河水利委员会为解决本单位“菜篮子”问题，采取加大材料损耗、虚报临时工程等手段，多付给两个施工单位工程款156.79万元和好处费15.68万元，合计172.47万元。两个施工单位得到好处费后，将多付的工程款返还给淮河水利委员会所属的建安公司，后因该公司资不抵债，所转资金损失殆尽。1996年年底，重庆市南川市政府致函该市肖家沟水库工程指挥部，要求该指挥部动用工程款89.75万元，购买原县委副书记和政协主席等人利用职权在工程用地中违章建造的私房。内蒙古江河水利水电开发公司以帮助上湾子水电站争取到了上级资金为由，从自治区财政拨入该电站的工程款中索要139万元。湖南省慈利县政法委、公安局、交警大队等单位分别以治安费、办案费、经费补贴等名义，向江垭水库摊派128万元，在工程款中列支。

四、主管部门滞留、欠拨水利专项资金，地方配套资金不到位问题突出。1996年至1997年，淮河水利委员会及淮河流域的安徽、江苏、河南、山东四省的一些水利部门共滞留欠拨国家治淮专项资金6.49亿元，占同期国家投入治淮资金总额的36%，致使很多工程不能按期完工，造成损失浪费，而滞留的资金多数被转作银行存款生息，共获得利息收入2 748万元，大部分转作各单位的自有资金。山西省滞留在财政、计划等部门的水利资金2 594.6万元，有的滞留时间长达三年以上，一些地区还以资金紧缺为由，少拨或不拨应由地方配套的水利专项资金。截至1997年年底，长江流域的一些地方政府共欠拨长江水利工程配套资金3.92亿元，占应配套资金的39%。湖北省荆州市政府以不直接受益为由，对应拨付洪湖分蓄洪区二期工程配套资金 799 万元，分文未拨。1996 至 1997 年，湖南省应配套水利资金 3 199.25 万元，实际仅配套 711.5 万元，占 22.88%。

五、擅自改变项目投资计划，违规将水利投资实行有偿使用。1996 年，长江水利委员会自行调减湖北荆江大堤工程投资计划 1 599 万元，并将其中的 599 万元用于本委的职工宿舍建设。松辽、珠江、海河水利委员会未经国家有关部门批准，擅自将国家下拨的水利基本建设投资 2.13 亿元实行有偿使用。1999 年以来，松辽水利委员会将无偿改为有偿使用的水利项目共 19 个，金额 1.13 亿元，截至 1997 年年底，已收取资金占用费 679 万元，其中，继续用于有偿使用项目的仅 159 万元，其余 511 万元全部用于自身的管理费开支和下属公司的开办费等。

水利是农业的命脉和国民经济的基础产业。今年长江、嫩江和松花江流域的特大洪水再一次警示我们，必须高度重视并切实搞好水利建设，决不能有丝毫懈怠。水利专项资金审计中发现的上述问题，必须予以高度重视，采取切实有效措施加以解决：

（一）各级政府及审计、监察等部门对这次审计查出的水利专项资金筹集、管理和使用中存在的问题，必须逐一依法严肃查处，决不能姑息迁就。除给予经济处罚外，还必须追究有关直接责任人和领导人的行政责任；构成犯罪的，依法追究刑事责任。有关地区和部门应将上述问题的处理结果，于 1999 年 4 月底前报审计署，由审计署汇总后报国务院。今后，要进一步加大审计监督力度，坚决查处各种挤占挪用水利专项资金的行为，确保专款专用，使有限资金发挥最大的效益。

（二）各级政府及有关部门要认真贯彻国务院关于建立水利建设基金的决定，积极做好基金的筹集和管理工作。财政部、水利部近期要对各地筹集水利建设基金的情况进行一次全面检查，确保各地的水利建设基金按规定及时足额筹集到位。今后对不能及时足额筹集水利建设基金的地区，中央财政要相应减少对该地区的水利专项拨款。

（三）各级财政、水利主管部门要切实加强对水利专项资金的管理和监督，特别要针对这次审计发现的问题，举一反三，认真汲取教训，决不允许再出现挤占挪用水利专项资金的问题。水利部要带头加强对流域机构的管理和监督，认真执行国家有关财经法规和水利建设计划，确保国家水利资金的合理有效使用。

国务院办公厅（印章）

一九九九年一月二十二日

简析

这则发文字号为国办发［1999］11号的例文是一则情况通报。正文分为三个部分：例文第一自然段是第一部分，简明扼要地说明了通报的背景和依据。例文第二至六自然段是第二部分，这是通报的主体部分。该部分通报了在水利专项资金审计中发现的五类突出问题，一是国务院关于建立水利建设基金的决定在一些地方尚未落实；二是挤占挪用水利专项资金用于平衡预算、弥补行政经费、建房和购买小汽车等问题严重；三是采取虚报冒领和乱摊派等手法挖挤国家水利建设资金；四是主管部门滞留、欠拨水利专项资金，地方配套资金不到位问题突出；五是擅自改变项目投资计划，违规将水利投资有偿使用。第三部分是本例的第七至十自然段，该部分针对水利专项资金筹集、管理和使用中存在的问题提出三条整改要求。整个例文主旨突出，结构严谨，层次分明，循序渐进，符合人们思维习惯和认识规律。

通报这一文种的写作，无论用于表扬还是用于批评，都要求事实清楚，定性准确，语言简练，文风庄重。通报不仅要具有重要的现实意义，还要经得起历史的推敲。本文很好地体现了这些特点和基本要求。第一部分概述了审计的时间、范围，财政预算安排水利资金和建立水利建设基金的意义，以及审计中发现的问题。第二部分在列举五类突出问题时，运用了举例说明和数字说明的方法，使说明的内容具体生动、形象突出，给人以鲜明、深刻的印象，更增强了说服力。这些例子典型，有代表性，有启发性。第三部分写应采取的措施。该部分多处采用“依法严肃查处”“坚决查处”“必须追究”“认真贯彻”“切实加强”等字样，用语坚定明确，具有很强的指令性，表明国务院的坚定态度和决心。这一部分是全文思想的归结之处，要点突出，简练明白，切实可行。

本例不是针对某一重大具体事件和灾害事故，而是针对水利专项资金筹集、管理和使用中的一些突出问题提出意见与要求，完全可以用“通知”行文。本文之所以采用“通报”这个文种行文，主要缘于水利是农业的命脉和国民经济发展的基础，水利专项资金的筹集、管理和使用，事关加快水利建设和保障大江大河安全的大局，非“通报”不足以引起“各省、自治区、直辖市，国务院各部委、各直属机构”的高度重视。

第十三章　报　告

第一节　写作理论

一、报告的概念、适用范围和特点

（一）概念

报告是向上级机关汇报工作、反映情况，答复咨询、上报备案、报送材料等使用的公文文种。它是行政机关和党的机关都广泛采用的重要上行文，一般产生于事后和事情过程中。报告的写作者只能是下级机关，并且只向本机关的直接上级发出。所谓“直接上级”，既指直接隶属的领导机关，又指主管的业务指导机关。如某设区的市财政局，其直接上级既是该市市政府，又是本省的省财政厅。

（二）适用范围

《党政机关公文处理工作条例》规定报告适用于向上级机关汇报工作、反映情况、回复上级机关的询问。

作为党政机关公文的报告，和一些专业部门从事业务工作时所使用的、标题中也带有“报告”二字的行业文书，如“审计报告”“评估报告”“立案报告”“调查报告”等，不是相同的概念。这些文书不属于党政公文的范畴，注意不要混淆。

（三）特点

1. 单向性

报告是下级机关向上级机关汇报工作、反映情况、提出建议时使用的单方向上行文，与请示需要批复不同，报告不需要上级机关给予批复。为此要特意提请注意，类似“以上报告当否，请批示”的说法是不妥当的。

2. 陈述性

报告在汇报工作、反映情况时，所表达的内容和使用的语言都是陈述性的。需要把时间、地点、人物、事件、原因、结果叙述清楚，向上级机关提供准确的现实性信息。即便是提出建议的报告，也要在汇报情况的基础上，才能深入一步提出建议来。

3. 事后性

在机关工作中，有“事前请示，事后报告”的说法。多数报告，都是在开展了一段时间的工作之后，或是在某种情况发生之后向上级作出的汇报。但建议报告应该尽量超前一些，如果木已成舟，再提建议也是没有意义的了。

二、报告的基本类型

（一）工作报告

凡是用来向上级汇报工作的报告，都是工作报告。

工作报告又可分为综合工作报告和专题工作报告两种。

综合工作报告涉及面宽，要把主要工作范围之内的方方面面都涉及到，可以有主次的区分，但不能有大的遗漏。大到国务院提供给人民代表大会的政府工作报告，小到某单位向上级提供的年度、季度、月份工作报告，都属于这种类型。

专题工作报告的涉及面窄，只针对某一方面的工作或者某一项具体工作进行汇报。

（二）情况报告

如果本单位出现了正常工作秩序之外的情况，譬如说发生了事故，出现了意想不到的问题等，应该及时向上级将有关情况进行汇报。一些有倾向性的新动态、新风气，以及最近出现的新事物等，必要时也要向上级报告。

凡此种种，都属于“情况报告”。作为下级机关，有责任做到“下情上达”，保证上级机关耳聪目明，对下面的情况始终了如指掌，这就是情况报告的意义。如果隐情不报，则是一种失职的表现。

（三）建议报告

对自己职权范围内的某方面工作有了深思熟虑、切实可行的设想之后，将其归纳整理成意见、办法、方案，上报上级，希望上级机关采纳，这就是建议报告。

对于建议报告，上级如果采纳，可能会批转给有关部门实施，这是建议报告目的的最终实现。但上级部门也可能不予采纳，这也是很正常的。作为下级机关，有建议的权力，却没有逼迫上级机关一定采纳的权力，对此，也要有清醒的认识。

（四）答复报告

答复上级机关询问的报告，称为答复报告。这种报告内容针对性最强，上级询问什么，就答复什么，不能答非所问。对待上级机关的询问，一定要慎重，如果不了解真情，则要经过深入的调查研究后再作答复。

三、报告的格式与写法

（一）标题和主送机关

1. 标题

报告的标题，有两种写法，

一是发文机关+事由+文种的写法。

二是事由+文种的写法。

2. 主送机关

行政机关的报告，主送机关尽量要少，一般只送一个上级机关即可。但是若受双重领导的，主送机关可以不止一个。报告应报送自己的直接上级机关，一般情况下不要越级行文，如需其他相关的上级机关阅知，可以抄送 。

（二）正文

1. 导语

不同类型的报告，其导语的写法也有较大不同。概括起来，报告的导语有以下类型：

报告的导语一般用来交代报告产生的现实背景、报告产生的根据、发文的目的，甚至可以在开头简略叙述一个事件的概况以反映情况。大家在运用时可以举一反三，融会贯通，灵活处理。

2. 主体

报告的主体也有多种写法，下面择要介绍几种常见形态。

（1）总结式写法

这种写法主要用于工作报告。主体部分的内容，以成绩、做法、经验、体会、打算、安排为主，在叙述基本情况的同时，有所分析、归纳，找出规律性认识，类似于工作总结。

总结式写法最需要注意的是结构的设计安排。按照总结出来的几条规律性认识来组织材料、安排层次，是最常用的结构方式。

（2）“情况—原因—教训—措施”四步写法

这种结构多用于情况报告。先将情况叙述清楚，然后分析情况产生的原因，接着总结经验教训，最后提出下一步的行动措施。

（3）指导式写法

这种结构多用于建议报告。希望上级部门采纳建议，批转给有关部门执行、实施，是建议报告的基本写作目的。为此，建议要针对某项工作提出系统完整的方法、措施和要求，对工作实行全面的指导。形式上采用分条列项的方法逐层表达。

3. 结语

报告的结语比较简单，可以重申意义、展望未来，也可以采用模式化的套语收结全文。模式化的写法大致是：“特此报告”“以上报告，请审阅”“以上报告如无不妥，请批转执行”等。

（三）落款

在正文右下方注明发文机关全称或者规范化简称，其下一行写成文日期，加盖发文机关印章。如标题中已写上发文机关全称的，可以不写落款，只在落款处署发文年月日，加盖发文机关印章。

四、报告的写作要求

（一）把握写作结构

报告的写作结构通常采用“三段式”，具体模式分为如下六种：

（1）情况—做法—问题（意见）；

（2）情况（做法）—问题—今后意见；

（3）情况—问题—今后意见；

（4）情况—原因（责任）—下一步做法；

（5）情况—原因—责任及处理意见；

（6）情况—问题—建议。

上述模式并非一成不变，有时也会随着报告内容的不同而发生变化，如有的专题报告就采取“情况—做法”的两段式。

（二）情况真实可靠

报告的写作以叙述情况为基础，因此，向上级汇报工作、反映情况必须做到内容实事求是，真实可靠，把实际工作中遇到的情况和问题客观地反映出来，有喜报喜，有忧报忧，既不夸大成绩，也不掩盖存在的缺点和问题。如果报告的情况失实，上级机关就不能真正了解情况，就有可能影响他们决策的准确性和科学性。

（三）材料使用合理

报告的容量大，涉及的材料多。因此，在写作时一定要注意个体材料和整体材料的配合使用。尤其是综合报告，涉及的方面多，内容复杂，更要注意个体材料和整体材料的配合使用。有个体材料没有整体材料，会使报告零碎，缺乏整体印象；反之，有整体材料没有个体材料，报告内容则显得空乏，缺乏力度和深度。

（四）主题立意新颖

提炼主题，应该在占有大量材料的基础上进行分析研究，归纳出新颖的观点，从而形成主题。主题，即报告的主旨。在提炼主题和观点的过程中，要有敏锐的眼光，发现新的有价值的材料，从新的角度、新的立足点去分析取舍材料，这样才能提炼出立意新颖的主题，反映出本质的、带规律性的问题。

（五）理清经验规律

写报告要用正确的立场、观点、方法对事实进行分析研究，着力揭示问题的实质，分析预测发展趋势，提出拟采取的措施、办法，从中总结出一些经验规律。无论是成功的经验，还是失败的教训，对今后的工作都具有重要的指导意义。

（六）内容详略有度

报告的写作虽然关系到情况的客观性，但在写作中也不能只罗列事实，而必须突出重点，做到有先有后，有点有面，有主有次，有简有略。即使是写综合性报告，也应突出几个问题，不能面面俱到；既要有典型事例，又要有面上的综合情况，点面结合；既要以数字进行分析，有时又可做些对比，以增加深度和说服力；既要有措施，又要有针对性。内容以叙述为主，不过多议论，可以适当的议论点明主题。

（七）行文迅速及时

报告是决策的基础条件之一，向上级汇报工作、反映情况和提出建议必须及时迅速，不能拖沓。如果不注重时效性，就可能影响决策的及时性和科学性。对于常规性工作，要按制度向上级写出报告，如政府或机关的工作报告。有些上级没有交代要写的报告，要考虑是否确系有必要写作，不能大事小事、有事无事均向上级报告，但一些重大情况、重大事故等，要不失时机地主动向上级写出报告。对于专题报告，要一事一报，一定要及时反映新情况、新问题，讲究实效。同时，要反对那些为得到领导的好感而乱打报告的“马屁精”现象，不然就容易扰乱上级机关的工作注意力。

（八）语言精练扼要

在汇报和反映问题时，要做到语言精练，用词准确，直截了当，行文简洁。写作时可做必要的分析，使报告条理化，上升到理论高度。要“舍得删削”，把那些可用可不用的字、词和句子删掉；要“脱靴摘帽”，削减开头的套话和结尾的空话，力求字斟句酌，言简意赅。

（九）程序符合规范

上级机关对报告不负答复责任，因此在报告中不能夹带请求事项，不然就会影响事项的及时处理。如有请示事项，宜另用请示文种行文。报告不得越级主送。要注意结语，呈报的，文末要写“特此报告”等；承转的，文末要写上“以上报告如无不妥，请批转各地参照执行”等。

第二节 范例赏析

【例文 1：工作报告】

河 南 省 财 政 厅
关于 2005 年对种粮农民直接补贴兑现情况的报告

财政部：

根据中央 1 号文件精神和有关规定，省委、省政府决定，2005 年，我省继续实行对种粮农民直接补贴政策。在各级党委、政府的领导下，全省各级财政部门按照求真务实的要求，继续发扬政策宣传、方案制定、信访处理、督导检查“四个一竿子插到底”工作作风，扎扎实实做好直补工作。截至 5 月底，全省对种粮农民直接补贴资金 117 696 万元全部兑现到位，补贴面积 9 459 万亩，亩均补贴 12.44 元，1 913 万农户得到了实惠。

一、2005年直接补贴政策落实情况

2005年，我省对种粮农民直接补贴的基本原则是“大稳定、小调整”。“大稳定”，即保持粮食直补政策的基本稳定，补贴总额维持2004年安排的11.63亿元不变，亩均补贴12.38元，确保农民已得的实惠不减少。“小调整”，即对补贴资金兑现办法进行适当调整，由抵顶农业税改为发放银行存折。

省委、省政府把对种粮农民直接补贴作为今年承诺要办好的10件实事之一，明确提出能否把这一惠民政策落实到户，是衡量各级领导班子和干部政治觉悟、工作作风、思想感情的一个重要标准，必须以对党和人民群众高度负责的态度，把对种粮农民直接补贴作为当前农村的一项重要工作来抓。省委、省政府主要领导亲自审定方案，把握工作进程。省委书记徐光春、省长李成玉和常务副省长王明义等领导同志多次带领省直有关部门深入农村调查研究，直接向农民群众解释政策、听取对政策落实的意见，解答农民提出的问题，指导直补工作。省财政厅厅长、直补办主任赵江涛亲自布置安排今年的直补工作，每天听取直补办工作汇报，具体指导工作进程。省财政厅副厅长、直补办副主任范立新多次主持直补办会议，研究具体问题，并亲自带队深入乡村农户，督导检查。各级财政部门的一把手兼任直补办公室主任，对直补工作具体抓，抓具体，采取有力措施，扎扎实实做好直补工作。各级党委、政府把落实直补政策作为为民办实事的具体体现，加强领导，实行行政首长负责制和责任追究制，主要领导亲自宣传，并深入乡村督导检查，为直补工作提供了强有力的组织保障。

省财政厅本着“大稳定、小调整”原则，从河南实际出发，科学制定直补资金兑现实施方案。各级财政部门认真落实直补政策，工作扎实细致，做到了五个到位：

一是政策宣传到位。(略)

二是张榜公示到位。(略)

三是督导检查到位。(略)

四是信访工作到位。(略)

五是存折发放到位。(略)

二、取得的成效

2005年，全省实际兑现到户补贴资金总额11.77亿元，农民人均补贴16.5元，广大农民继续享受直补政策带来的实惠，种粮的积极性空前高涨，市场粮价平稳，政策导向作用充分显现出来。由于政策好、人努力、天帮忙，今年我省夏粮总产量达261亿公斤，再创历史新高。秋粮播种面积达到6 247万亩，比上年增加200万亩。“农民自己算笔账，越算心中越欢喜”、“一减一补增实惠，咋不叫俺喜眉间”。5月31日《河南日报》刊登的扶沟县农民吴书款编写的《直补政策七字歌》，以质朴的语言，深厚的感情，表达了广大农民群众对党的一系列惠农政策的拥戴，满意和喜悦之情溢于言表。直补工作结束后，周口市财政局组织2 000多名大学生对直补工作进行了问卷调查，全市农民对直补政策落实满意率为99.9%。暑假期间，省直补办公室委托8 000多名大中专学生对全省直补政策宣传、张榜公示、资金兑现等情况进行问卷调查，农民对各级政府直补工作综合满意率为99.5%，社会各界对直补政策落实情况也给予了较好评价：

“种粮直补”政策是一盏“指示灯”。它明白无误地告诉农民：各级党委和政府高度重视“三农”问题，办实事，动“真格”，兑现承诺不“打折”，尽心竭力创造条件，扎扎实实落实中央政策。“过去排队交钱，如今排队领钱”，农民们发自内心地说：各级党委和政府真心实意给我们办好事！

“种粮直补”政策是一台“稳定器”。这种亘古未有的惠农政策，保护了种粮人的积极性。农民种粮，政府补钱，账目透明，一目了然，广大农民种粮得到了实惠，种粮的积极性空前高涨，耕地成了“香饽饽”，撂荒地重新披了上绿装。这样的好政策，稳定了农村，稳定了民心，百姓满意，群众拥护，农民心里“得劲”！

“种粮直补”政策是一道“防火墙”，确保了国家粮食安全。“种粮直补”资金发放到位，对我省农业再投入是一个有力的支撑。我省作为小麦主产区，在全国粮食生产体系中起着举足轻重的作用。“手中有粮，心中不慌”，只要政策到位，落实有力，粮食安全的主动权就掌握在我们手中。

“种粮直补”政策，还是转变干部作风的“催化剂”，是密切干群关系的“润滑剂”。“微笑来发存款折，勤政为民关心俺”，农民们的肺腑之言，道出了干群关系的新气象。基层同志也反映：“如今，政策落实了，群众气顺了，工作好干了，关系也更密切了”。

回顾今年的直补工作，给我们诸多启示：最重要的一条，就是做任何事，关键是要以群众满意不满意为标准，把好事办好，把好事办实，把好事办久，这是做好事、干成事的根本保障。在各级党委和政府的领导下，各级财政部门坚持用群众满意不满意这一标准要求自己和对照检查，扎扎实实做好每一项具体工作，确保了直补政策落实到位千家万户。

三、存在问题和完善措施

2005年对种粮农民直接补贴工作取得显著成效，受到社会各界好评，但也存在一些需要进一步完善的问题：一是个别地方存在粮食种植面积大于补贴面积；二是基层反映直补工作程序需要进一步简化；三是部分农民反映补贴标准太低，赶不上农业生产资料价格的上涨幅度；四是基层农村信用社的服务设施需要改善，以方便农民存取资金。为此，我们将在总结今年直补工作的基础上，采取以下措施，扎扎实实做好明年的直补工作：一是千方百计筹措资金，确保直补资金到位，把党和国家的惠民政策落实到每个农户。根据财政部的要求，2006年对种粮农民直接补贴要达到粮食风险基金规模的50%，据此算账，我省直补资金总额为14.45亿元，按今年补贴面积9 459万亩计算，全省亩均补贴15.28元。二是分别情况，采取措施，妥善解决个别地方和农户种植面积大于直补面积问题，确保直补工作平稳有序进行。三是在确保补贴资金及时足额兑现到农民手中的前提下，尽可能简化补贴兑现手续，方便农民领取补贴，降低运行成本。四是各级财政部门要加强与农信社的沟通协调工作，改善服务设施，进一步提高服务质量，满足农民随时存取现金的要求。

河南省财政厅（印章）

××××年×月×××日

简析

这是一则专题工作报告。正文在开头交代了报告的背景之后，将主体部分分为三层：一是2005年直接补贴政策落实情况，即工作所采取的主要措施；二是取得的成效；三是存在问题和完善措施。这篇专题报告与其他工作报告相比，内容的基本面是相同的，基本能够突出这类报告的写作特色，我们从中可以窥见工作报告写作的某些规律。

【例文 2：情况报告】

关于公路建设资金审计情况的报告

（审计署　二○○一年一月九日）

2000 年上半年，我署对广东、江苏、山东、浙江、四川、河北、云南、黑龙江、湖南、湖北、辽宁、安徽、福建、河南、广西、重庆等省、自治区、直辖市 1999 年度公路建设资金的筹集、管理和使用情况进行了审计。审计结果表明，近年来，地方各级人民政府和交通部门按照中央的部署，充分发挥各方面的积极性，加大资金投入，公路建设步伐明显加快，有力地拉动了经济增长。但同时也发现，公路建设资金在筹集、管理和使用中还存在着一些不容忽视的问题，有的问题还相当严重。现将审计查出的主要问题报告如下：

一、越权审批设立公路建设基金、违规收取各类行政性收费

一些地方政府及其有关部门越权审批设立公路建设基金、各种行政性收费项目和在公路上乱收费问题较为普遍。虽然财政部、国家计委等部门几次组织清理，但广东、山东、江苏、浙江、湖北、重庆、四川、云南、广西等 9 个省、自治区、直辖市，还有 23 项越权审批设立的公路建设基金和收费项目仍在执行，截止 2000 年 3 月底，已累计征收 60.9 亿元，其中 1999 年度征收 30.6 亿元。主要表现：

（一）违反《国务院关于加强预算外资金管理的决定》（国发〔1996〕29 号）规定，越权审批设立公路建设基金。广东、山东、江苏、湖北、重庆、四川、云南、广西等 8 个省、自治区、直辖市越权审批设立公路建设基金 15 项，共征收 43.9 亿元，其中 1999 年度征收 20.1 亿元。1996 年，云南省人民政府批准开征地方新购车辆附加费，征收标准为车辆购置价的 5%，征收范围与国家规定的车辆购置附加费相同，1999 年度共征收 2.6 亿元。

（二）违反国务院关于禁止在公路上乱设站卡、乱罚款、乱收费的规定，收取车辆通行费。浙江、河北、云南等省在不符合规定条件的公路（桥梁）上设立站卡，收取车辆通行费 7.98 亿元。河北省 1991 年以前改扩建 110 国道怀来至宣化段，总投资 1.03 亿元，其中银行贷款仅为 100 万元，其余全部为财政性资金，但省交通厅在 1992 年未经省人民政府批准

(1996年省人民政府才发文核准)，违规设站收费，截止1998年底，已累计收取车辆通行费1.72亿元，相当于银行贷款的172倍。经浙江省人民政府同意，衢州市交通局从1993年9月起，在用养路费投资建设的320国道常山、205国道江山、205国道开化三个省界点设收费站，征收车辆通行费，自1996年9月至2000年4月止，累计征收1.06亿元。

(三) 违反规定扩大收费范围。国家计委、财政部、交通部《关于规范公路客货运附加费增加公路建设资金的通知》(计价管〔1998〕1104号) 规定，行政机关、军队、各国驻华使领馆和企事业单位及个人不从事取酬运输的车辆，不属于征收公路客货运附加费的范围。但云南省人民政府却批准省交通厅对非营运性车辆也征收客货运附加费，1999年度共征收4.7亿元，其中对政府机关征收2.55亿元、私人车辆1.95亿元、摩托车2 230万元。

二、违规集资

河北、安徽、四川省和重庆市的交通部门及有关单位违反《中共中央国务院关于治理向企业乱收费、乱罚款和各种摊派等问题的决定》(中发〔1997〕14号)，未经国务院及有关部门批准擅自集资，共募集资金10.7亿元，有些集资还带有为本系统及权力部门人员谋取利益的性质。

安徽省阜阳市公路管理局于1993年至1999年间，未经批准，先后5次向交通系统职工集资8 548万元，集资利率为12%~20%。河北省保定市交通局为建设107国道保定管辖段和市二环路，未经批准，于1997年10月至1998年7月间，向市交通局及所属单位职工和省计委、省物价局、省交通厅等单位干部两次集资1.84亿元，利率分别为18%和15%。上述集资利率均高于同期银行贷款利率和个人存款利率。

三、挪用建设资金

一些地方交通部门及有关单位挪用公路建设资金的情况比较严重，审计查出挪用金额达31.3亿元。挪用资金主要去向：

(一) 投资证券市场、购买国债等5.97亿元。广东省交通厅所属的广东交通实业投资公司，在1996至1999年期间，共挪用车购费分成等公路建设资金2.5亿元用于炒国债，截至2000年3月底，仍有1.04亿元没有收回。

(二) 投资楼堂馆所7.6亿元。四川高速公路公司挪用公路建设资金1.55亿元，用于建宾馆和购买写字楼。

（三）违规出借资金7.1亿元。四川高速公路公司挪用2.18亿元借给成都蜀海投资管理公司、四川省高速环保公司和西南交通培训中心等20个单位，用于流动资金周转，建楼堂馆所，开发房地产以及兴办各类经济实体等。河北省道路开发中心挪用建设项目结余资金2 000万元，借给省委政研室所属的决策咨询中心，用于开办汽车出租公司。

（四）用于机关行政经费开支、发放奖金、设立“小金库”等2.56亿元。1999年，湖北省交通厅在养路费中列支1 520万元，用于弥补机关行政经费、宣传费及机关维修费用的不足。1999年5月，四川省成都至乐山高速公路建设指挥部与施工单位和监理单位签订“目标责任书”，延长了合同工期。2000年2月至4月，该指挥部在向施工单位、监理单位发放的“提前竣工奖”372万元中收取现金回扣120万元，用于支付有关地（市）领导和指挥部人员奖金98.45万元，其中按2万元至5万元不等的标准，付给乐山市、眉山地区和省交通厅的9名党政领导共27万元。

（五）投资兴办各类从事非公路建设的公司7.4亿元。福建省财政厅经省人民政府批准，挪用客货运附加费、车辆通行费、养路费等共计1.2亿元，作为省投资担保公司的注册资金。原四川蜀海公司（现四川高速公路公司）1994年投资1 800万元，与香港新中港汽车有限公司等合资组建四川新中港华通有限公司，截至1999年年底，合资公司已累计亏损6 579万元，蜀海公司投入的资金面临损失。

另外，审计还发现了一些地方财政、交通部门及建设单位滞留、闲置中央公路建设资金，公路项目概算审批不严，公路服务区建设标准过高，以及公路经营权转让管理不规范等问题。

对上述挤占、挪用和滞留、闲置公路建设资金以及公路建设项目管理方面的问题，我们已依照国家有关法律、法规进行了审计处理。为了使存在的问题得到全面查处、及时纠正，提出如下建议：

一、对地方政府越权审批公路建设基金、违规设立行政性收费项目和在公路上违规设站收费问题，请财政部、国家计委会同省级人民政府加大清理力度，并逐一作出处理，坚决制止和纠正乱设基金、乱收费问题。

二、由于对公路建设资金监管不力，不少地方公路建设资金未能严格纳入预算管理，专项资金不能专用，造成资金使用混乱，甚至损失浪费。鉴此，请财政、交通等部门抓紧研究完善公路建设资金管理办法，切实管好和用好各类公路建设专项资金，特别是对地方建设资金的管理和使用应作出明确规定，同时对交通部门用于自身的非生产性设施建设应严格审批程序，纠正将公路建设资金用于弥补机关行政经费不足的做法。

简析

这篇发文字号为国办发〔2001〕12号的例文是一篇典型的反映重大政策情况的情况报告。首先，在开头一段交代了报告的缘由，并由过渡语“现将审计查出的主要问题报告如下”引领下文；其次，列举了存在的问题（自“越权审批设立公路建设基金、违规收取各类行政性收费”到“以及公路经营权转让管理不规范等问题”）；最后，针对问题，提出建议（“对上述挤占、挪用和滞留、闲置公路建设资金”至结尾）。如何解决公路建设资金筹集、管理和使用中存在的这些重大问题，是国家审计署无权决定的，必须上交国务院才有权解决，为此，例文提出了解决问题的初步建议。例文问题摆得非常具体和尖锐，其中运用了大量的数字，更增加了问题的说服力。此篇报告从写清问题、表明态度到提出意见，都非常明确，是一篇规整严谨的报告范文。

【例文3：建议报告】

财政部　审计署　内贸部
中国人民银行　国家粮食储备局
关于粮食政策性财务挂账停息的报告

国务院：

根据中共中央、国务院关于妥善解决粮食财务挂账问题的一系列文件精神，结合各地清理粮食财务挂账的实际情况，经过反复研究，对粮食财务挂账实行停息的有关政策提出如下意见：

一、停息的前提条件。在中国农业发展银行设立粮食财务挂账专户，将清理核实后的政策性挂账、企业自补挂账、其他挂账分别转入专户，逐年进行考核。一是当年不挂新账；二是在5年内按规定的比例逐年解决已清理的旧挂账；三是粮食企业政企分开、划清政策性业务与经营性业务，建立两条线运行机制。凡是达到上述三个条件的，中央财政按规定对挂账实行停息。

二、停息的原则。以各省、自治区、直辖市人民政府清理核实后上报的1991粮食年度末挂账数为基础，对政策性挂账部分，由中央财政给予停息，并由各地签订责任书。以省、自治区、直辖市为单位，属粮食主产区和经济贫困区的，其政策性挂账实行全额停息；属非粮食主产区和非经济贫困区的，其政策性挂账按50%停息。根据1992年、1993年全国平均人均粮食产量确定，粮食主产省有11个，分别是辽宁、吉林、黑龙江、江苏、浙江、安徽、江西、山东、湖北、湖南、四川；根据1992年人均地方财政收入确定，经济贫困省、自治区有13个，分别是河北、山西、内蒙古、河南、广西、贵州、云南、西藏、陕西、甘肃、青海、宁夏、新疆。北京、上海、福建、广东、海南5个省、直辖市属非粮食主产区和非经济贫困区。对应由企业自补挂账和其他挂账，由各地区别情况，在5年内逐步解决。

三、停息时间和办法。从1994年10月1日开始停息，至1999年12月31日结束。从1994年10月1日到1994年12月31日，实行银行先收利息，中央财政后返还的办法；从1995年1月1日到1999年12月31日，实行直接停息的办法。银行由此减少的收入由中央财政"按季预拨，年终清算。"

四、凡是停息后再新增加粮食财务挂账的省、自治区、直辖市，中央财政将从核定的停息基数中相应扣除新增挂账。

五、有关粮食挂账停息的具体财务处理办法由财政部会同有关部门另行制定。

以上报告如无不妥，请批转各地各部门执行。

财政部（印章）　审计署（印章）　内贸部（印章）

中国人民银行（印章）　国家粮食储备局（印章）

××××年×月×××日

简析

这篇发文字号为国发〔1994〕62号的例文是一篇建议报告。财政部、审计署、内贸部、中国人民银行和国家粮食储备局解决粮食政策性财务挂账停息问题，需要其他许多部门配合，作为职能部门，可以提出切实可行的合理化建议措施，报国务院批准后，再由国务院以批转转发性通知行文，要求有关单位执行。因此，这也可以说是一篇呈转性报告。正文以根据式导语开头，主体分五层问题叙述，提出的意见、建议，为指导式写法。正文结尾采用模式化的写法，提出请求批准和转发执行的要求。全文简洁得体，格式规范，重点突出。

【例文4：答复报告】

××省人民政府办公厅
关于清理整顿统一着装工作情况的报告

国务院统一着装管理委员会：

根据你委着装办字〔1992〕5号文要求，现将我省清理整顿统一着装工作情况报告如下：

1991年26日省政府办公厅下发了《关于进一步清理整顿统一着装的通知》(×政办发〔1991〕55号)，省监察厅、财政厅、审计局根据通知组成了省清理整顿统一着装办公室，开展了全省性的清装工作。经过我省各级监察、财政、审计部门的共同努力，1991年12月，整个清装工作基本结束。今年2月10日，省财政厅根据国务院着装委《关于印发〈国务院统一着装管理委员会第一次全体会议纪要〉的通知》要求，以某财行字〔1992〕3号文上报了《关于清理整顿统一着装工作情况的报告》。省监察厅也于3月25日向监察部报告了此项工作情况。国务院着装委〔1992〕国着装委字2号、3号文下发后，鉴于我省前段清装工作与上述文件精神基本一致，省财政厅、监察厅已分别写出了专题报告，所以未再报告工作情况。

关于养路费征收和路政管理人员的着装问题，因当时有关规定不够明确，故确定“暂缓清理”。今年8月接到国务院着装〔1992〕国着装字4号文后，我们立即着手进行调查研究，并部署开展了清理工作，目前正在进行中。待工作结束后，将专题上报清理情况。

特此报告

××省人民政府办公厅（印章）

××××年××月×日

简析

这是一篇答复报告。开头一段扼要介绍上级机关交办的事项。第二自然段说明了对上级交办事项的大致处理过程。第三自然段交代了处理结果。最后以“特此报告”作结。

第十四章　请　示

第一节　写作理论

一、请示的概念、适用范围和特点

（一）概念

请示是下级机关向上级机关请求指示或批准的上行文种。

（二）适用范围

《党政机关公文处理工作条例》规定请示适用于向上级机关请求指示、批准。与之相对应的文体是批复。

请示应用范围十分广泛。大致可归纳为以下方面：

（1）下级机关遇到新情况、新问题，因无章可循而没有对策或没有把握，需要上级机关给以指示的时候，要用请示；

（2）下级机关在处理较为重要的事件和问题时，因涉及有关方针政策必须慎重对待，需要报请上级机关批准时，要用请示；

（3）下级机关在工作中遇到问题，虽然有解决的办法，但由于职权、条件的限制，没有权力或没有能力实施这些办法，需要上级帮助解决的时候，要用请示；

（4）下级机关对有关方针、政策和上级机关发布的规定、指示有疑问，需要上级机关给予解答时，要用请示；

（5）下级机关之间在较重要的问题上出现意见分歧，需要上级机关裁决时，需要请示。

（三）特点

1. 期复性

下级有一份请示报上去，上级就会有一份批复发下来。不管上级是不是同意下级的请示事项，都必须给请示单位一个回复。因此可以说，写请示最直接的目的就是得到批复。而且，下级机关都是在遇到比较重要的情况和问题需要解决时，才会及时向上级机关请示，急切地期待回复是请示者的必然心态。

一般不得越级请示。特殊情况确实需要越级请示的，如经多次请示上级机关而长期未能解决问题，可以越级请示，但必须同时抄报给被越过的直接上级机关。

2. 单一性

跟其他上行文相比，请示更要强调遵循“一事一报”的原则。在一份请示中，只能就一项工作或一种情况、一个问题作出请示，不得在一份公文中就若干事项请求指示和批准。如果确有若干事项都需要同时向同一上级机关请示，可以同时写出若干份请示，它们各自都是一份独立的文件，有不同的发文字号和标题。而上级机关则会分别对不同的请示作出不同的批复 。

二、请示的基本类型

请示有两种在内容、性质、行文目的方面不尽相同的类型，一种是请求指示的请示，另一种是请求批准的请示。

（一）请求指示的请示

请求指示的请示适用于以下三种情况：

（1）遇到新情况、新问题，在有关的方针、政策、规章以及上级的指示中，都找不到相应的处理依据，无章可循，因而没有对策，需要上级机关给以指示。

（2）对有关方针、政策和上级机关发布的规定、指示有疑问，需要上级机关给予解释和说明。

（3）与友邻机关或协作单位在较重要的问题上出现意见分歧，需要上级机关裁决。

（二）请求批准的请示

请求批准的请示又可分为以下三种：

1. 请求批准有关规定、方案、规划

依据有关规章和管理权限，下级机关制定的某些规定、方案、规划等，需要经过上级部门的批准才能发布施行。如本部门长期实行的法规，在制定出来后须经上级批准；由于本单位的特殊情况，难以执行上级的统一规定，需要进行变通处理，须提出变通方案报上级批准；设立新的机构，也要将设想或方案报上级批准；重要的工作计划、规划，也要报请上级部门批准。

2. 请求审批某些项目、指标

在工作中遇到人、财、物方面的困难，自己无法解决，可提出解决的方案请上级机关审核批准，在人、财、物方面给予相应的调配。如请求审批基建项目，请求审批购进设备物资，请求增加人员编制等。

3. 请求批转有关办法、措施

某职能部门在自己的职权范围内制定了相关的办法和措施，却不能直接要求平级机关和不相隶属机关照办，可用请示的方式要求上级机关批转给有关部门执行。如绿化部门制定的保护花草和绿地的办法，由于职权的限制不可能自己直接出面要求有关部门都执行这一办法，就可以将这些办法和措施通过请示提交给上级，要求上级机关批转给所有相关部门施行。

三、请示的格式与写法

（一）标题

（1）发文机关+事由+文种，如《××市教育局要求解决我市中小学校危房改造资金的请示》。

（2）事由+文种，如《关于要求解决我区老旧小区改造配套资金的请示》。

（二）主送机关

请示的主送机关就是负责受理和答复请示的机关。请示在确定主送机关时，要注意以下两点：

1. 主送机关只能有一个，且不能主送领导者个人

向上级机关行文，应当主送一个上级机关，如需同时送其他机关，应当用抄送的形式。受双重领导的机关向上级机关行文，应当写明主送机关和抄送机关，由主送机关负责答复其请示事项。请示主送的是上级机关，不能是某领导者个人。

2. 不得越级

国务院办公厅规定："一般不得越级请示和报告。"中央办公厅规定："党委各部门应当向本级党委请示问题。未经本级党委同意或授权，不得越过本级党委向上级党委主管部门请示重大问题。"

（三）正文

请示的正文由开头、主体、结语三部分构成。

1. 开头

开头主要表述请示的缘由，是上级机关批复的主要依据。这部分要写得充分、恰当、具体。如《关于恳请解决2017年度大气污染防治专项工作经费的请示》的开头：

"2016年以来，我市空气环境质量逐步改善，但由于一季度空气污染严重、欠账较多，加之多种因素影响，全年总体改善情况不明显，未能完成省政府下达的年度目标任务。面对严峻形势，市委、市政府高度重视，从9月份起坚持上措施、出重拳，集中狠抓了系列重点领域大气污染专项治理，收到明显效果。2017年，为实现环境空气质量持续改善，扭转工作被动局面，市大气办将进一步加强统筹协调、强化监督检查、推动综合治理，亟需在工作经费上给予充分保障。"

如果请示仅仅是为了履行一下规定的程序，开头可以写得简略一些。如《关于申请2017年安徽省环境保护专项资金项目的请示》的开头：

"根据安徽省环境保护厅、安徽省财政厅下发的文件《关于申报2017年省级环保专项资金项目的通知》要求，经认真筛选，特确定乌江镇石山村"环境综合治理项目"作为申请2017年安徽省环境保护专项资金项目上报。现就有关事项请示如下："

内容简略、篇段合一的请示，开头也可以是表达行文目的和意义的一两句话，不独立成段。

2. 主体

主体是表明请示事项的部分，也是请示最核心、最重要的部分。请求指示的请示，主体要写明想在哪些具体问题、哪些方面得到指示。请求批准的请示，要把要求批准的事项分条列款一一写明。如果在请求批准的同时还需要人、财、物等方面的支持和帮助，更需要把编制、数量、途径等表达清楚、准确，以便上级及时批准。如《关于江苏省扬州中学110周年校庆问题的请示》一文的主体部分：

“（一）拟请以省教育厅名义为江苏省扬州中学发 110 周年校庆贺电。

（二）拟请省教育厅一位领导届时出席江苏省扬州中学 110 周年校庆活动并致辞。”

上文中《关于恳请解决 2017 年度大气污染防治专项工作经费的请示》的主体部分：

“经概算，需日常办公、广告宣传、系统运维、考察培训及腌腊制品熏制点建设等经费 100 万元，恳请市政府予以解决。”

如果请示内容十分复杂，可以在条款之上分列若干小标题，每一小标题下再分条列款。

3. 结语

请示的结语比较简单，在主体之后，另起一段，按程式化语言写明期复请求即可。期复请求用语常见的有“当否，请批示”“妥否，请批复”“以上请示，请予审批”“以上请示如无不妥，请批转有关部门执行”等。

（四）落款

在正文右下方注明发文机关全称或者规范化简称，其下一行写成文日期，加盖发文机关印章。如标题中已写上发文机关全称的，可以不写落款，只在落款处署发文年月日，加盖发文机关印章。

四、请示的写作要求

（一）正确使用文种，弄清“请示”的行文对象和行文程序

“请示”的行文对象必须是领导或指导关系的直属上级，比如一个县的财政局，县政府与它是领导与被领导的关系，市财政局与它是指导和被指导的关系。县财政局可以就某些问题向市财政局或县政府用“请示”行文。某省教育厅用“请示”而不是用“请批函”向省财政厅行文，是误用文种的例子，因为省财政厅和某省教育厅是平级关系，不是上下级关系。现实中有不少“请示”的行文程序不正确，甚至个别公文教科书中的例文也不符合这方面的要求，如某市某县发生重大自然灾害，恢复生产和生活需要大量救灾资金，该县人民政府向市财政局请示款项的例子，从行政程序上说，类似的款项审批权，是超出财政局的职权范围的。另外，标题不要写成“请示报告”，也不要将“请示”误用为“报告”。

（二）坚持一文一事一个主送机关

一份“请示”只能向上级请示一个问题，以便上级机关及时、专一地

进行处理。否则，如果一个公文请示几个问题，上级机关需要花更多的时间去研究，难以及时答复。如果因其中一件事情未解决好而连及其他可以解决的事情也被搁置，更会贻误工作。多头请示容易使主办与协办机关之间责任不清，相互推诿、扯皮，延误审批时间，或由于两个上级机关的批示意见不一致，使下级无所适从。受双重领导的单位，在请示问题时，应当本着谁有权力批准这一问题就主送给谁，可将另一个上级单位列为抄送，以便了解或支持。“请示”不得同时抄送下级机关；一般不主送领导个人（领导交办的事项除外）。

（三）把握内在逻辑结构，写清原因问题

请示的问题应是工作中亟待解决的问题，一份“请示”不论文字长短，其内在逻辑结构均是由“为什么要请示”和“请示什么问题”两大层次组成。所谓“为什么要请示”，通常包括请示的根据、依据、背景和目的；所谓“请示什么问题”即要求上级机关为我们解决什么问题和怎样来解决这些问题。行文不能为了解决某个问题而有意虚报事实，要真正做到情况必须真实，原因必须说透，理由必须充足，说服必须有力，依据必须充分，层次必须清楚，中心必须突出，办法必须可行。只有这样，才能说明所请示事项的必要性，才能引起上级机关的重视、关注，促使请示问题的及时解决。

（四）要事先协商一致，标注联系方式

请示的内容如涉及其他部门的业务时，必须事先协商取得一致意见后方可行文。请示要写在欲做事之前，决不能先斩后奏，像个总结报告。应当在末页附注处注明联系部门、联系人的姓名和电话，便于上级联系。该联系人一般是公文起草部门的负责人。

（五）联合请示，搞好会签

如果几个同级单位，有同一事项需向同系统上级机关请示时，可联合行文。联合行文除同级各单位的意见和要求必须统一外，还必须搞好会签，会签时主要发起单位可以放在首位。

（六）用语应简明扼要，行文须逐级递送

用语要委婉，语言应简明扼要，语气要谦恭，措施要恰当而有分寸，结尾一般用“当否，请批示”“当否，请批复”“以上请示，请予审批”“以上（意见）请示如无不妥，请批转各地区、各部门研究执行”等委婉、谦恭的语气。一般情况下，请示应送直接上级，这样有利于解决问题。如果因为特殊情况须越级行文时，应当抄送被越过单位。

第二节 范例赏析

【例文 1：请求指示性请示】

×××省财政厅关于《会计人员职权条例》中“总会计师”既是行政职务又是技术职称的请示

财政部：

国务院 1987 年国发〔1987〕175 号通知颁发的《会计人员职权条例》规定，会计人员技术职称分为总会计师、会计师、助理会计师、会计员四种；其中“总会计师”既是行政职务，又作为技术职称。在执行中，工厂总会计师按《条例》规定，负责全厂的财务会计事宜；可是每个工厂，尤其大工厂，授予总会计师职称的人有四五人，究竟由哪一位负责全厂的财务会计事宜，执行总会计师的职责与权限呢？我们认为宜将行政职务与技术职称分开。总会计师为行政职务，不再作为技术职称，比照最近国务院颁发的《工程技术干部技术职称暂行规定》将《条例》第五章规定的会计人员职称的“总会计师”改为“高级会计师”。

以上意见是否妥当，请指示。

×××省财政厅（印章）

一九××年×月×日

简析

这是一则请求指示的请示。本文是就《会计人员职权条例》执行中的有关问题请求上级机关给予指示。“国务院……执行总会计师的职责与权限呢?”是请示理由，其后是请示事项。本例请示理由充分，请示事项清楚明白，便于上级机关批复。《会计人员职权条例》虽然已经废止，但该文在写作方法上仍有许多值得借鉴之处。

【例文 2：请求指示性请示】

财政部　国家税务总局
关于二滩电站增值税先征后返问题的请示

国务院：

国务院第 155 次总理办公会议决定，为减轻二滩电站债务负担，降低上网电价，可考虑在一定期限（五年）内返还增值税，具体方案由电力部牵头，财政部等有关部门提出报国务院审定（《国务院会议决定事项通知》国秘通〔1997〕61 号），电力部转请财政部提出具体方案会有关部门报国务院审批。经与有关部门共同研究，现对二滩电站税收政策问题请示如下：

一、二滩电站的基本情况

二滩电站位于长江支流雅砻江上，装机总容量 330 万千瓦，年可发电量 170 亿千瓦时，1991 年 9 月主体工程开工，预计 1998 年 7 月第一台机组投产，2000 年全部竣工，是我国本世纪投产的最大水电站。二滩水电开发有限责任公司为项目业主单位，电站总投资约 300 亿元，其中资本金 20 亿元，分别由国家开发投资公司、四川省投资集团公司、四川省电力公司按 48%、48%、4%的比例出资，国内贷款 190.77 亿元人民币，国外贷款 10.75 亿美元。国内贷款的还款期限是 2009 年年底，国外贷款的还款期限是 2015 年年底。由于二滩电站贷款规模大，还贷期相对集中，因此，在项目投产发电的初期，测算的上网电价过高，四川电网难以接受。据二滩电站测算，在正常纳税的情况下，不含税上网电价分别为：1998—2009 年 0.482 7元/千瓦时；2010—2015 年 0.269 7 元/千瓦时；2016—2020 年 0.148 5元/千瓦时。而四川电网 1997 年不含税目录电价（销售电价）为 0.351 5元/千瓦时，含代购代销的独立电厂电网平均销售电价水平为 0.375 4元/千瓦时，加上各项基金和费用后，用户实际支出的不含税综合电价水平为 0.437 元/千瓦时，二滩电站的预计上网电价大大高于现行电价。

二、我们的意见

（1）根据国务院决定精神，为支持我国水电事业的发展，适当降低二滩电站的上网电价，建议从 1998 年起至 2002 年五年的时间内，对二滩电站实行增值税先征后返的优惠政策，据测算，这一方案五年共可返增值税约46亿元。返还增值税后，每千瓦时电价可相应降低0.05元。

（2）关于返还税款的归属问题。国务院会议决定事项通知中规定，返还的增值税款作为中央投资。二滩电站是由中央和地方共同投资建设的，其中国家开发投资公司和四川省电力公司属于中央企业，四川省投资集团公司属于地方企业，中央投资占全部资本金比例的52%，地方占48%。四川省政府提出，四川省应保持占二滩股权的48%的比例不变，返还的增值税应按照中央52%，四川48%的比例分别作为中央和地方的资本金。由于增值税属于中央和地方共享收入，因此，四川省所提返还的增值税按比例分别增加中央和地方的资本金是有道理的。关于具体比例的确定，据我们测算，1994年至1996年中央与四川省对两税的平均分成比例为56∶44，1997年为58∶42，四川省对两税的实际分成比例呈逐年下降趋势。为简化操作程序，兼顾中央和地方的实际利益，建议五年内对先征后返的增值税按中央和地方58∶42的固定比例确定资本金投入。其中中央资本金部分，再按照国家开发投资公司和四川省电力公司在二滩公司中所占的股份分别相应增加各自的资本金。这样处理，比较符合实际，也同四川省政府提出的要求基本接近。

以上妥否，请批示。

财政部（印章）　国家税务总局（印章）

一九九八年五月十三日

简析

这篇发文字号为财税字〔1998〕9号的例文是一则请求指示的请示。本文是就二滩电站增值税先征后返的问题请求上级机关给予指示。第一自然段是请示理由，其后是请示事项。本例请示依据充分，理由充足，请示事项切实可行，有助于上级机关及时给予批复。

【例文3：请求批准性请示】

××市财政局关于拨给我市中小学危房改造资金的请示

省财政厅：

根据中发〔19××〕48号文件关于“校校无危房”的要求，我市自19

××年开始就有计划地对中小学的危险校舍进行了抢修改造，截至19××年年底，4年间共抢修校舍8万多平方米。但是，由于我市中小学校舍老旧房屋较多，很多校舍年久失修，有的已经到了不彻底维修不能再使用的程度，而更新维修的费用比较大。据不完全统计，今年我市中小学急需抢修的危房仍有2万多平方米，需要资金230万元。今年我市在财力十分紧张的情况下预算安排了130万元，目前尚有100万元的资金缺口。为此，特恳请省财政厅补助我市中小学危房改造资金100万元。

妥否，请批复。

附：××市中小学校舍情况统计表

××市财政局（印章）

二〇××年九月二十五日

（联系人：×××，联系电话×××××××）

简析

这是一则请求批准性请示。本文是就危房改造资金问题请求上级帮助的请示，文中不仅请示缘由“根据中发〔19××〕48号……目前尚有100万元的资金缺口”和请示事项“特恳请省财政厅补助我市中小学危房改造资金100万元”写得非常清楚，而且附有“××市中小学校舍情况统计表”，这些材料使得请示的理由更加充分有力，对上级机关及时给予批复很有帮助。该文在附注处标明了联系人和联系电话，这是《办法》对请示行文的特殊要求，显得整篇例文内容更加完整，格式更加规范。

【例文4：请求批准性请示】

国家国有资产总局 财政部 国家工商行政管理总局
关于1992年在全国范围内开展国有资产产权登记工作的请示

国务院：

根据《国务院关于加强国有资产管理工作的通知》（国发〔1990〕38号）中有关对国有资产进行产权登记（以下简称产权登记）的精神，我们于1990年12月发布了《国有资产产权登记管理办法（试行）》，要求各地、各部门结合实际情况组织试点。目前已有18个省、自治区、直辖市和部分国家机关开展了产权登记工作。从试点情况看，开展产权登记，对加强国有资产管理，防止国有资产流失，推动企业所有权和经营权适当分离的改革，都起到了积极作用。鉴于以上情况，我们建议，1992 年可在全国范围内开展产权登记工作。为此，提出以下意见：

一、提高认识，加强领导。进行产权登记，是保卫国有资产的重要措施，是实施国有资产所有权管理的一项基础工作。国有资产管理部门代表国家依法对全民所有的资产进行登记，是依法确认企业和单位占有、使用国有资产的法律行为。开展产权登记工作，对加强企业和单位的产权管理，深化经济体制改革将起到积极的重要作用。

二、产权登记的目的。这次产权登记，重点是解决企业、单位普遍存在的产权归属不清、定性不准、账实不符、国有资产流失等问题。同时，为全国开展清产核资工作进行前期准备。

三、产权登记的范围。凡占用国有资产的企业和实行企业化管理的事业单位，都必须办理产权登记。产权登记分为开办产权登记、变动产权登记、注销产权登记。今后，产权登记将纳入经常性的产权管理工作，由各级国有资产管理部门按企业、单位的财务隶属关系组织实施。

四、目前，国有资产局正会同有关部门制定《国有资产产权登记管理试行办法》。进行产权登记时，要严格按照国家统一规定执行，执行中的有关问题，由国有资产局负责制定具体办法。

以上请示如无不妥，请批转各地区、各部门执行。

国家国有资产管理局　财政部　国家工商行政管理局

（印章）　（印章）　（印章）

一九九二年一月二十七日

简析

这篇发文字号为国办发〔1992〕13 号的例文是一篇请求上级批准性请示，目的是请求上级机关将请示批转有关单位执行。第一自然段“根据……都起到了积极作用”是请示缘由部分，说明请示的根据、背景。自“我们建议，1992 年可在全国范围内开展产权登记工作”到结尾是请示事项部分，该部分采用分条列项的写法，条理清晰，陈述理由充分、有力，使上级机关难以拒绝批准，从而达到了请示的目的。

第十五章 批 复

第一节 写作理论

一、批复的概念、适用范围和特点

（一）概念

批复是上级机关针对下级机关的请示问题表明意见，用于答复提出请示的下级机关时所使用的一种公文。批复是一种下行文。

（二）适用范围

《党政机关公文处理工作条例》规定批复适用于答复下级机关请示事项。

（三）特点

1. 针对性

批复的针对性极强，下级机关请示什么事项或问题，上级机关的批复就指向这一事项或问题，决不能答非所问，也无需旁牵他涉。

2. 集中性和明确性

由于下级的请示是一事一报，请示内容十分集中，相应的批复也是一文一批，答复的内容也十分集中。因此批复的篇幅一般都不长。

批复的态度和观点必须十分明确。对于请求指示的请示，批复要给以明确的指示；对于请求批准的请示，批复或者同意、批准，或者不同意、不批准。有时，由于情况的复杂性，原则同意，但对某些个别环节提出不同的意见和要求，这是允许的，不违背态度明确的原则。但如果观点不明，态度含混，令下级机关无所适从，就不符合基本要求了。

3. 政策性和依据性

对于撰写批复的上级机关而言，不管是发出指示还是批准事项，都必须有政策依据，不能随意为之。对于发出请示的下级机关而言，批复一旦到达，就是行动的依据，不得违背。在这些方面，批复和指示的特点是一致的。

二、批复的分类

划分依据不同，批复的分类也不同。依照请示类型的不同，批复可以分为指示性批复和批准性批复两类。

（一）批准性批复

批准性批复只对请示事项做出明确答复，不提出其他工作意见或要求。

（二）指示性批复

指示性批复是针对下级请示的事项或提出的问题，上级机关不仅要对下级机关的请示事项表明态度，而且要就请示事项的落实、执行或就事项的重要性、意义、措施提出指示性意见，带有指导下级工作的性质。指示性批复的作用相当于“指示”，下级必须遵照上级批复的精神执行。

此外，依照内容不同，批复可以划分为政策性批复、核准重大问题的批复和具体事务的批复三类；依照性质和用途不同，批复可以划分为直接批复和转发性批复两类；依照批复机关的态度不同，批复可以划分为肯定性批复、部分肯定性批复和否定性批复三类。

三、批复的格式与写法

（一）标题和主送机关

1. 标题

批复的标题由发文机关+事由+文种构成。

批复往往在标题的主要内容一项中，明确表示对请示事件的意见和态度，而一般公文标题中的主要内容部分一般只点明文件指向的中心事件或问题，多数不明确表示态度和意见。如《国务院关于同意陕西省撤销榆林地区设立地级榆林市的批复》，其中“同意”两字就是用来表明态度和意见的。如果不批准请求事项，标题中可以不出现态度和意见，到正文中再表态。如果是答复请求指示的请示，也无须在标题中表态。

2. 主送机关

批复的主送机关，一般只有一个，那就是发出请示的下级机关。

（二）正文

批复的正文由三部分组成，分别是批复依据、批复事项、执行要求。

1. 批复依据

批复依据主要涉及两个方面：一是对方的请示，二是与请求事项有关的方针政策和上级规定 。

对方的请示是批复最主要的论据，要完整引用请示的标题并加括号注明其请示的发文字号，例如："你委《关于报送西部大开发"十三五"规划（修改稿）的请示》（发改西部〔2016〕2750 号）收悉。"

上级有关的文件和规定是答复请示的政策和理论依据。可表述为："根据××关于××的规定，现作如下答复。"必要时，可标引文件名、文件编号和条款序号。如果下级请示的事项在上级文件和规定中找不到依据，这样的文字便不需出现了。

2. 批复事项

针对下级机关请示所发出的指示，做出的批准决定，以及补充的有关内容，都属于批复事项。如果内容复杂，可分条表述，但必须坚持一文一批的原则，不得将若干请示合在一起用列条的方式分别给以答复。

3. 执行要求

对下级执行批复的要求可写在结尾处，文字要简约。如《国务院关于乌鲁木齐市城市总体规划的批复》的结尾："乌鲁木齐市人民政府要根据本批复精神，认真组织实施《总体规划》，任何单位和个人不得随意改变。你区和住房城乡建设部要加强对《总体规划》实施工作的指导、监督和检查。"如果只是批准事项，无需提出要求，此段可免 。

批复撰写要注意及时、明确、庄重周严、言简意赅。

（三）落款

在正文右下方注明发文机关全称或者规范化简称，其下一行写成文日期，加盖发文机关印章。如标题中已写上发文机关全称的，可以不写落款，只在落款处署发文年月日，加盖发文机关印章即可。

四、批复的写作要求

（一）要先回应后批复

批复是针对请示写的，所以批复正文的开头，一定要表示来文已经收到。一般要写明来文的标题或发文字号，并加“收悉”“收到”等字眼。回应之后才是批复，或表态，或指示，或既表态，又指示。

（二）行文对象要弄准

“批复”的行文对象是来文请示的单位，中间转报的“请示”，批复时应行文给转报的单位，也就是说“批复”不可越级行文和多头主送，也不能变单头主送为普发公文。当“批复”的内容具有普遍指导意义，可在批复时广泛抄送各有关机关或单位。拟抄送给其他下属单位时，也只是抄送给直属的下一级机关，一般不再扩大。

（三）结构形式应灵活

批复的内在结构一般由三部分组成，即提出问题—分析问题—解决问题。核准性和答复性“批复”，多采用“篇段合一”的形式，即通常只有一段文字就成了一份批复文件。指示性“批复”，多采用“撮要分条”的形式，即先写一段独立的开头，用非常简明的文字说明批复的缘由和依据，表明态度；然后再分条提出要求。文字短小的“批复”多采用“篇段合一”，文字稍长一些的，可采用“分条列项”或“撮要分条”的结构形式。

（四）要篇幅短小，针对性强

批复一般不需分析论理，应开门见山，表明态度即可。对个别确需阐述理由、提出注意事项、要求汇报结果的，也应简明扼要，讲清即可，不必作具体的分析和阐述。切忌长篇大论。因为批复是针对下级机关的请示而行文的，所以必须紧扣请示的事项，有问有答，回复清楚，既不能所答非所问，也不能只答复其中一部分，置另一部分于不顾。

（五）态度须鲜明，措辞要恰当

对请示事项持什么态度和意见，什么原因和理由，在批复中都要明确表示，给予结论性答复，不能含糊其辞，模棱两可。即使不批准下级的请示，也要态度诚恳地说明理由，不能生硬否决、以势压人。如果指示的内容比较多，最好分点列出，以便下级把握要领。批复事关请示的命运，必须慎重。既要考虑法规背景，又要考虑其可行性，更应考虑发文机关的职责权限。要措辞严密，用语准确，严谨周全，以免产生歧义和疏漏，耽误工作。

（六）要有求有应，及时制作

批复的制作和应用是以下级的“请示”为条件，不管对请示的事项同意与否，都应做到有一份“请示”，就应有一份“批复”，即“有来有往”。但不涉及请示以外的事情或问题。下级机关请示什么事项，往往是有些事情要急于办理的，如果作为请示的上级机关不及时办理，或因不能迅速理清与请示相关的某些问题而一拖再拖，下级的工作很有可能会急得如热锅上的蚂蚁，乱成一团糟。因此，批复应有一定的时限性，过期不批复，视为同意。

（七）坚持一文一事

“批复”必须坚持一文一事的原则，一份“批复”针对一份“请示”，假若一个单位的数份“请示”或数个单位同一内容的“请示”同时审批的，也应坚持一文一事，分别“批复”，而不应在一份“批复”中包括数份“请示”的内容。

第二节　范例赏析

【例文 1：指示性批复】

财　政　部
追授刘宏涛同志“忠诚财会卫士”荣誉称号的批复

陕西省财政厅：

你厅《关于请求追认刘宏涛同志为全国先进财会工作者的请求》收悉。

刘宏涛同志生前系陕西省旬邑县后掌乡财政预算会计，因在突发火灾事故中抢救国家财产而献出了年轻的生命，时年 35 岁。根据《中华人民共和国会计法》“对认真执行本法，忠于职守，坚持原则，作出显著成绩的会计人员，给予精神的或者物质的奖励”的规定，经研究，追授刘宏涛同志“忠诚财会卫士”荣誉称号。

刘宏涛同志作为一个年轻的财会人员，在血与火的考验中能够大义凛然，临危不惧，为抢救国家财产而壮烈牺牲，展示了财会人员敬业奉献的高尚品德，树立了新时代财会人员的楷模。广大财政干部和会计工作者要以刘宏涛同志为榜样，开拓进取，忠于职守，坚持原则，无私奉献，为全面建设小康社会与构建和谐社会、促进社会主义市场经济发展作出更大的贡献！

中华人民共和国财政部（印章）

二○○五年十二月十日

简析

这篇发文字号为财会函〔2005〕70号的例文是一篇指示性批复。该批复条理清晰，态度明朗，周密全面。第一自然段是批复引语。第二自然段是批复事项。在高度概括地介绍了刘宏涛同志的先进事迹后，标明发文机关的态度“经研究，追授刘宏涛同志‘忠诚财会卫士’荣誉称号”。第三自然段在分析评价先进人物重要意义的基础上，对广大财政干部和会计工作者提出了执行要求。

【例文2：指示性批复】

财政部　国家税务总局
关于非产权人重新购房征免个人所得税问题的批复

江苏省地方税务局：

你局《关于个人出售住房所得征收个人所得税有关问题的请示》（苏地税发〔2003〕11号）收悉。经研究，批复如下：

个人现自有住房房产证登记的产权人为1人，在出售后1年内又以产权人配偶名义或产权人夫妻双方名义按市场价重新购房的，产权人出售住房所得应缴纳的个人所得税，可以按照财政部、国家税务总局、建设部《关于个人出售住房所得征收个人所得税有关问题的通知》（财税字〔1999〕278号）第三条的规定，全部或部分予以免税；以其他人名义按市场价重新购房的，产权人出售住房所得应缴纳的个人所得税，不予免税。

财政部（印章）国家税务总局（印章）

二○○三年五月二十八日

简析

这篇发文字号是财税〔2003〕123号的例文是一篇指示性批复。该文行文简明扼要，态度明确，对个人出售住房所得征收个人所得税问题进行解释后，立即结束正文，直截了当，带有很强的权威性。

【例文3：指示性批复】

财政部　国家发展改革委
关于汽车综合性能检测费等有关问题的批复

云南省财政厅、发展计划委员会：

你们《关于能否继续收取汽车综合性能检测费的请示》（云财综〔2003〕9号）收悉。经研究，现就有关事项批复如下：

《国务院办公厅关于治理向机动车辆乱收费和整顿道路站点有关问题的通知》（国办发〔2002〕31号）明确规定“严禁对机动车综合性能检测收费”。《国务院减轻企业负担部际联席会议关于贯彻落实〈国务院办公厅关于治理向机动车辆乱收费和整顿道路站点有关问题的通知〉的实施意见》（国减负〔2002〕11号）进一步明确规定“机动车综合性能检测收费，属于经营服务性收费的，要认真进行整顿、规范，收费标准过高的要坚决降下来；属于行政事业性收费的，要一律取消”。据此，汽车综合性能检测费应作为经营服务性收费管理。有关检测机构对汽车进行综合性能检测，应遵循“自愿有偿”的原则，不得强行检测、强制收费，更不得借检测之名乱收费。

此复。

财政部（印章）　国家发展改革委（印章）

二〇〇三年五月二十日

简析

这篇发文字号为财综〔2003〕34号的例文是一篇指示性批复。第一自然段是批复引语，引述了请示机关来文的标题和发文字号，由过渡句“现就有关事项批复如下”引出下文。第二自然段从段首到“汽车综合性能检测费应作为经营服务性收费管理”是批复事项，表明发文机关对请示问题的态度。段尾一句话是批复的执行要求。体现了“表态+指示”的结构特点，文尾以惯用语“此复”自然结束正文。

【例文 4：批准性批复】

国家税务总局关于利用外国政府和国际金融组织贷款建设的招标项目准予退税的批复

北京市国家税务局：

你局《关于上报第十五批外国政府贷款和国际金融组织贷款建设的招标项目予以核准的请示》（京国税发〔2004〕141 号）收悉，现批复如下：

经审核，重庆城市环境项目等 34 个利用外国政府贷款和国际金融组织贷款建设的招标项目（具体项目见附件），符合总局规定的有关退税条件，因此，同意对上述 34 个招标项目国内企业中标的机电产品，按照《国家税务总局关于印发<出口货物退（免）税若干问题的具体规定>的通知》（国税发〔1999〕101 号）的有关规定，办理退（免）税手续。

附件：招标项目备案情况表（略）

国家税务总局（印章）

二〇〇四年六月十六日

简析

这篇发文字号为国税函〔2004〕801 号的例文是一篇批准性批复。此文内容和形式都写得较为规范。第一自然段是批复引语，引述了请示机关来文的标题和发文字号，由“现批复如下”转入批复事项部分。第二自然段是批复事项部分，“同意对上述 34 个招标项目国内企业中标的机电产品，按照《国家税务总局关于印发<出口货物退（免）税若干问题的具体规定>的通知》（国税发〔1999〕101 号）的有关规定，办理退（免）税手续”，对所请示问题表明了态度。

第十六章　议　案

第一节　写作理论

一、议案的概念、适用范围和特点

（一）概念

议案，是各级人民政府按照法律程序向同级人民代表大会或人民代表大会常务委员会提请审议事项时使用的一种公文。

议案有广义和狭义之分。广义的议案包括全国人民代表大会主席团、全国人大常委会、全国人大各专门委员会、国务院、中央军委、最高人民法院、最高人民检察院向全国人民代表大会提出的议案，既包括代表团30名以上代表向全国人大提出的议案，也包括地方各级人民代表大会提出的议案，范围较广。狭义的议案是行政公文的种类之一。本节讲述的议案，即指狭义的议案，是政府机关与人大及其常委会之间联系工作时使用的公文，政府的各职能部门和党群机关不使用这一文种。

（二）适用范围

《党政机关公文处理工作条例》规定议案适用于各级人民政府按照法律程序向同级人民代表大会或者人民代表大会常务委员会提请审议事项。

（三）特点

1. 制作主体的法定性

只有各级政府才能向同级人民代表大会提出议案。议案这种文体在基层使用很少。

2. 内容的特定性

宪法和人民代表大会组织法规定，议案的内容，必须是属于人民代表大会及其常委会职权范围之内的事项。超出人大职权范围的议案，不会被大会接受。

3. 适时性

议案必须在各级人民代表大会或其常委会举行会议期间提出，否则也不会被列为议案。

4. 必要性和可行性

适合提交人大会议审议的事项，必然是重要事项，而且议案中提出的方案、办法、措施，也必须是切实可行的，才有可能获得通过。

二、议案的基本类型

（一）根据立案的内容分类

1. 立法性议案

立法性议案主要在两种情况下使用：一是政府机构制定了某项法律或法规之后提请人大审议通过时；二是建议、请求某行政机构制定某项法规时。前者如《省政府关于提请审议<江苏省开发区条例（草案）>的议案》，后者如《南平市政府关于加快制定城区扬尘污染法规的议案》。

2. 重大事项的决策性议案

关于财政预算决算、城乡发展规划、重大工程上马以及政治、经济、文化、教育、科技、卫生等领域中的重大事项的决策，需要提请人民代表大会审议批准时使用的议案，就属于重大事项的决策性议案。如《关于提请审议<2019 年市级预算调整方案（草案）>的议案》。

3. 任免性议案

行政机关向权力机关提请任命、免去或撤消行政机关工作人员职务，请求人民代表大会审议批准的议案，就是任免性议案。如《国务院关于提请××等同志职务任免的议案》。

4. 建议性议案

以行政部门的身份向权力部门提出建议，也可以使用议案。这种议案有些像建议报告，供人民代表大会审议、采纳。

（二）根据议案的形成时间区分

1. 平日“议案”

平日“议案”主要是从人民政府就日常工作中的有关重大事项向本级人大常委会提出供常委会议审议的。

2. 会上“议案”

会上“议案”主要是人民代表大会召开期间，与会的人大常委会、人大专门委员会、人民政府和人大代表就有关重大事项向该次会议提出并供其审议的。

（三）根据“议案”的作者区分

（1）人大常委会“议案”。这是各级人大常委会在本级人民代表大会上提出的“议案”。

（2）人大专门委员会“议案”。这是各级人大的各专门委员会本级人民代表大会上提出的“议案”。

（3）人民政府“议案”。这是人民政府向本级人民代表大会或其常委会提出的“议案”既有会上的，也有平日的。

（4）人大代表“议案。这是各级人大代表在本级人民代表大会上提出的“议案”。

三、议案的格式与写法

（一）标题和主送机关

1. 标题

一是由发文机关+案由+文种构成。

二是省略发文机关，由案由+文种构成。前者如《崇阳县人民政府关于提请审议《崇阳县生态县建设规划纲要》的议案》；后者如《关于提请审议盐津生态县建设规划议案》。

议案标题一般不能采用发文机关加文种或者只有文种的写法。

2. 主送机关

议案的主送机关，只能是同级人民代表大会及其常务委员会，不能有其他并列机关。要采用全称或规范化简称，不得随意简化。

（二）正文

1. 案据

议案的第一部分叫做案据，顾名思义，这部分要提供提出议案的根据。由于内容不同，这部分的篇幅长短在不同议案中会有很大差异。

2. 方案

方案部分，就是对提请审议的事项或问题提出解决的途径、方法的部分。

如果是提请审议已制定的法律法规的，解决问题的方案就在法律法规之中，这部分只需写明提请审议的法律法规的名称即可，但要把法律或法规的文本作为附件。

如果是任免性议案，要将被任免人的姓名和拟担任的职务写明。如果是提请审议重大决策事项的，要把决策的内容一一列出，供大会审阅。

如果是建议采取行政手段解决某方面问题的，要把实施这一行政手段的方案详细列出，以便于审议。不能只指出问题，而没有解决问题的方案。

3. 结语

结语是议案的结尾部分，主要用于提出审议请求。一般都采用模式化写法，言简意赅。如“这个草案业经市政府同意，现提请审议。”

（三）附件

许多议案都有附件，诸如立法议案，很难在事项部分讲清楚，就要用附件的形式把有关文件材料附在正文之后。这些附件有的是“文本”，有的是与议案有关的书、表、事实或其他说明性材料。

（四）签署和日期

一般行政公文，最后签署的都是发文机关的名称，而议案有所不同，要由政府首长签署，不能以政府办公厅的名义上报。国务院提交给全国人大的议案，要由总理签署；各省、市、自治区提交给同级人民代表大会的议案，要由省长、市长或自治区主席签署。

日期格式与一般行政公文相同。

四、议案的写作要求

（一）符合法律法规

一方面，议案中的事项要符合国家法规政策。提请人大审议通过的事项，均是人民政府无权决定而只有同级人大才有权决定的重大事项，这些事项涉及的政策性、政治性很强。因此，写作议案时，必须熟悉国家的法律、法规，并且要以它们为写作依据。另一方面，议案提请者必须具备国家法律法规规定的资格。提“议案”的人员和单位是有一定的法律规定的，只有具有法定资格的人员和单位才能提“议案”。根据规定，只有各级人民政府有权直接向同级人民代表大会或人民代表大会常务委员会提议案（人大代表除外）。党群机关、企事业单位、社会团体不能使用议案这种公文。各级人民政府的职能部门要向人民代表大会或人民代表大会常务委员会提请审议有关事项，必须报请人民政府，经政府讨论通过后，以人民政府的名义提出议案，落款时署政府主要负责人姓名，不是单位名称。应署县长×××，而非××县人民政府。因此，提“议案”要体现庄重性、严肃性和规范性。

（二）坚持一案一事

一份议案，以提请审议一个事项为原则，这样有助于日后的处理和提高工作效率。有几个起因、依据等均有差异的事项，如果写成一个议案，不但容易造成文字表达的混乱，而且对人大在审议时的会议主题、程序安排等方面也会带来不必要的麻烦。几个事项在一个会议上审议，往往会使会议主题难以集中，造成混乱，若其中有一项不能通过，则会影响整篇议案的审议效果。

（三）深入调查研究

所提“议案”应是在认真进行调查研究，广泛听取人民群众意见和要求的基础上形成，以保证议案的正确性和合理性。

（四）用语准确庄重

议案的文字多为概括性质的，要准确表达，尤其是一些政治性、法规性很强的字眼、语句，更要琢磨清楚，以免导致不妥当之处。“议案”提出的目的和意见要明确具体、切实可行，提供的内容必须是成型的完整方案，以便与会人员掌握“议案”的精神实质，有利于大会审议和决定。写作用语要注意带上谦和庄重的色彩，不要有生硬之处，更不能用命令或指示的口吻。

（五）适时提出，备有附件

议案应当而且必须在同级人民代表大会或人民代表大会常务委员会举行期间提出，否则不能列为议案。列入会议议程的议案，提出议案的机关应提供有关资料，并向大会提供关于议案的补充材料，内容包括有关报表、法律法规、工作报告及说明等材料。

第二节　范例赏析

【例文 1：立法性议案】

国　　务　　院
关于提请审议《中华人民共和国劳动法（草案）》的议案

全国人民代表大会常务委员会：

为了适应建立社会主义市场经济体制的需要，推动劳动制度改革，保护劳动者的合法权益，确立、维护和发展用人单位与劳动者之间稳定和谐的劳动关系，促进经济发展和社会进步，劳动部会同有关部门草拟了《中华人民共和国劳动法（草案）》。这个草案已经国务院常务会议讨论通过。现提请审议。

国务院总理　李鹏

一九九四年二月十八日

简析

这是一份提请审议法律草案的议案。全文两句话，表达了三层意思：一是该法律草案出台的目的、原因，也是行文的缘由。二是提请审议事项，即该法律的名称《中华人民共和国劳动法（草案）》。三是提请审议的要求，简明扼要，精粹凝练。

【例文 2：重大事项的决策性议案】

×××区人民政府
关于提请通过×××区 2007 年财政收支预算调整方案的
议　　　　　案

区人大常委会：

今年以来，我区各级、各部门以邓小平理论和“三个代表”重要思想为指导，认真学习贯彻党的十七大精神，深入贯彻落实科学发展观，认真贯彻执行区八届人大一次会议的各项决议，振奋精神，克难奋进，创业创新，加快“一基地、两城区”建设，国民经济和社会各项事业持续稳定快速发展。

全区财政总收入1至11月份为255 316万元，比上年同期增长21%。其中：地方财政收入1至11月份为134 435万元，完成年初收入预算的95.6%，比上年同期增长20.1%；预计全年可实现地方财政收入146 764万元，比上年增长17%。全区财政支出1至11月份为87 407万元，比上年同期增长14.5%。经区政府常务会议研究，2007年全区财政收支预算拟作如下调整：

地方财政收入预算调整为146 764万元，调增6 214万元。收入分项目为：

(1) 工商税收收入调整为120 689万元，调增1 269万元；其中：

增值税（25%部分）调整为29 835万元，调增935万元；

营业税调整为36 461万元，调减739万元；

企业所得税调整为21 707万元，调增1 907万元；

个人所得税调整为9 089万元，调增489万元；

城市维护建设税调整为12 954万元，调增94万元；

其他地方工商各税调整为10 643万元，调减1 417万元。

(2) 农业二税收入调整为13 963万元，调增2 283万元。

(3) 国有企业亏损补贴（粮食政策性退库等）调整为-1 655万元，调减-845万元。

(4) 教育费附加收入调整为4 709万元，调减391万元。

(5) 其他收入调整为9 058万元，调增2 208万元。

根据现行财政体制和市、区两级政府商定的原则及机构上划等因素计算，预计2007年我区可用资金为88 800万元。因今年政策性增支因素较多，按照地方财政收支平衡，不打赤字的原则，相应地2007年我区地方财政支出预算调整为88 800万元。具体支出项目分为：

(1) 一般公共服务调整为21 910，调增1 889万元。

(2) 国防和公共安全调整为10 542万元，调增1 318万元。

(3) 教育调整为25 108万元，调增296万元。对预算执行中超收的部分相应安排增加对教育的分配比例，确保全年预算结果实现教育投入的增长高于财政经常性收入增长的要求。

(4) 科学技术调整为 3 236 万元，调增 220 万元。

(5) 文化体育与传媒调整为 1 885 万元，调增 163 万元。

(6) 社会保障和就业调整为 3 982 万元，调增 22 万元。

(7) 医疗卫生调整为 3 376 万元，调增 119 万元。

(8) 城乡社区事务调整为 6 937 万元，调增 97 万元。

(9) 农林水事务和环境保护调整为 4 042 万元，调增 363 万元。

(10) 交通运输调整为 513 万元，调增 15 万元。

(11) 工业商业金融等事务调整为 1 292 万元，调减 245 万元。

(12) 其他支出调整为 2 793 万元，调减 1 257 万元。

(13) 转移性支出为 3 184 万元，不调整。

若全年地方可用财力超过 88 800 万元，超出部分请区人大常委会授权区政府安排。

上述预算调整方案请予审议通过。

区长　×××

二〇〇七年十二月二十八日

简析

这是一篇提请审议某项重大事件并请求作出决定的决策性议案。正文第一、二自然段是议案的缘由。由“经区政府常务会议研究，2007 年全区财政收支预算拟作如下调整”引出起议案正文的第二部分——提请审议的事项。正文最后一句话“上述预算调整方案请予审议通过”是正文结尾，使用模式化语句提出了审议要求。议案全文显现了求真务实的精神和诚恳协商的态度，措辞得体，语气谦和。

第十七章　函

第一节　写作理论

一、函的概念、适用范围和特点

（一）概念

函是不相隶属机关之间相互商洽工作，询问和答复问题，请求有关主管部门或单位批准和答复审批事项时所使用的一种公文。

（二）适用范围

《党政机关公文处理工作条例》规定函适用于不相隶属机关之间商洽工作、询问和答复问题、请求批准和答复审批事项。

（三）特点

1. 平等性和沟通性

函对于不相隶属机关之间相互商洽工作、询问和答复问题，起着沟通作用，充分显示平行文种的功能，这是其他公文所不具备的特点。即使是向有关主管部门请求批准，在双方不是隶属关系的时候，也不能使用请示和批复，只能用函，并且姿态、措辞、口气也跟请示和批复大不相同，也要体现平等性和沟通性的特点。

2. 灵活性

灵活性表现在两个方面：一是行文关系灵活。函是平行公文，但是它除了平行行文外，还可以向上行文或向下行文，没有其他文种那样严格的特殊行文关系的限制。二是格式灵活，除了国家高级机关的主要函必须按照公文的格式、行文要求行文外，其他一般函，比较灵活自便，也可以按照公文的格式及行文要求办。可以有文头版，也可以没有文头版，不编发文字号，甚至可以不拟标题。

3. 单一性

函的主体内容应该具备单一性的特点，一份函只宜写一个事项。

通知与函混用：通知与函的区别是：通知只限于上级机关对所隶属的下级机关使用（行政上没有隶属关系，业务上有领导、指导关系也可以用通知），而函是在不相隶属的单位之间使用。所以，通知作为下行文，据有“告知性”，而函作为平行文，更多的是询问与商洽，二者行文关系不能混淆。若把通知发到不相隶属的单位，误用上级对下级的语言，告知任务，那就越出了自己的职权范围，是失礼的做法；若把函发到下属单位，误用对兄弟单位的商洽性语言告知任务，这就是放弃了自己的职权。只有明确行文关系，才能使通知、函正常发挥作用。

二、函的基本类型

函可以从不同角度分类：

（一）从重要程度上，函可分为公函与便函

公函是正式的公文，像一般公文一样，有文件头、有发文字号、有标题、有公章，即严格按照公文格式撰写制作，并且在行文程序上与其他正式公文相同。便函不属于正式公文，格式可以比较随意，没有文件头，没有发文字号，甚至可以没有标题。但正文之后，要有机关署名、日期和公章。我们在本章介绍的，主要是作为正式公文的公函。

（二）从行文方向上，函可分为发函、来函和复函

发函是指本机关主动制发的函。来函是指对方机关主动发来的函。复函是指回复对方来函的函。一般情况下，对方发来的是函，回复的也应该是函，但有时可以灵活处理。譬如前面说过，上级发函向下级询问有关情况，下级回复时用函虽然不为错，但使用答复报告则更合适。再如，对下级机关的请示，上级机关的办公厅（室）（一般与下级机关在级别上是平级的）在接到授权的情况下，可以给以答复，但因和下级单位级别相同，不能使用批复，只能用函的形式，俗称“函代批复”。

（三）从内容和作用上，函可分为告知函、商洽函、询问函、答复函和请求函

1. 告知函

告知函是不相隶属机关之间告知某项工作的进展情况或处理意见的

函，主要用于把某些具体事项告知有关单位，仅用于告知对方或要求对方协助办理，无须对方回复。如《财政部　中国残疾人联合会关于中央部门所属单位缴纳残疾人就业保障金有关问题的函》、《国家税务总局关于行政审批项目处理意见的函》。

2. 商洽函

商洽函是不相隶属机关之间相互商量事项、接洽联系工作时使用的函，如《××市财政局关于联系财政干部进修事宜的函》。这种函的使用范围很广泛，如联系业务学习、人事调动、信息交流等事宜。

3. 询问函

询问函是指向与所问问题有关的不相隶属机关发出的函。常用于询问问题、征求意见，如《财政部关于对企业会计核算制度改革征求意见的函》。

4. 答复函

答复函又称复函，指针对询问函而做的答复，常用于答复问题或答复审批事项，如《财政部关于确认 2001 年财政直接支付与财政授权支付资金范围的复函》。复函不能超越本机关的职权，有时上级机关因特殊的情况不便答复下级机关的某种请示，而授权让有关业务主管机关加以答复，在这种情况下，函就用来回答有关机关的请示。如果函答复的是一些重大事项，则它具有批复的性质，此时，它就不同于一般的答复函了，它回答的事项是各相关单位都应当遵守执行的。

5. 请求函

请求函是指向除上级机关以外的有关职能部门请求帮助、批准时使用的函，在此不得用请示行文，但却有代行请示的职能。请求函，仅用于向平行机关或者主管部门请求帮助或批准相关事项，如《国家税务总局关于申请增加 2004 年基本建设支出预算的函》和《关于请求将我局配楼项目建设资金列入市基本建设项目投资计划的函》。有隶属关系，下级就有关事项向上级请求帮助或批准，一律用“请示”行文。这两者界限很明确，不应混淆。

三、函的格式与写法

公函由首部、正文和尾部三部分组成。其各部分的格式、内容和写法要求如下：

（一）首部

首部主要包括标题、主送机关两个项目内容。

（1）标题。公函的标题一般有两种形式。一种是由发文机关名称、事由和文种构成；另一种是由事由和文种构成。

（2）主送机关。即受文并办理来函事项的机关单位，于文首顶格写明全称或者规范化简称，其后用冒号。

（二）正文

其结构一般由开头、主体、结语等三部分组成。

（1）开头。其主要说明发函的缘由。一般要求概括交代发函的目的、根据、原因等内容，然后用“现将有关问题说明如下:”或“现将有关事项函复如下:”等过渡语转入下文。复函的缘由部分，一般首先引叙来文的标题、发文字号，然后再交代根据，以说明发文的缘由。

（2）主体。这是函的核心内容部分，主要说明致函事项。函的事项部分内容单一，一函一事，行文要直陈其事。无论是商洽工作，询问和答复问题，还是向有关主管部门请求批准事项等，都要用简洁得体的语言把需要告诉对方的问题、意见叙写清楚。如果属于复函，还要注意答复事项的针对性和明确性。

（3）结语

通常应根据函询、函告、函商或函复的事项，选择运用不同的结束语。如“特此函询（商）”“请即复函”“特此函告”“特此函复”等。

（三）尾部

尾部一般指落款，一般包括署名和成文时间两项内容。

在正文右下方注明发文机关全称或者规范化简称，其下一行写成文日期，加盖发文机关印章。如标题中已写上发文机关全称的，可以不写落款，只在落款处署发文年月日，加盖发文机关印章即可。

四、函的写作要求

（一）扭转轻视倾向

函是一种正式公文，有它的法定权威性，不能当成公务信件。发文单位制发“函”都要严格按照《办法》规定办理，不能因是“函”而轻率发出；收文单位要郑重对待，公事公办，一丝不苟，不能因其是“函”而不予理睬。尤其是向主管部门请示批准的函，它代行请示职能，不能因其不使用“请示”而弃之不顾。平行机关或不相隶属机关向主管部门请求批准用“请示”，例如县教育局或乡政府向县财政局申请经费使用“请示”，就是用错了文种。

（二）行文开门见山

函件宜短不宜长，开头就应直陈其事，以简要的文字，将需要商洽、询问（答复）、申请、知照的事项（问题）明确具体地交代清楚。去函应把需要商洽和询问的问题、要求等写清楚，简明扼要。复函必须有针对性，对来函提出的问题，给予明确、全面、具体的答复。属于指示性的复函，还要阐明工作活动的指导原则和具体要求。

（三）事项条理系统

函的写作一般都较短小，但有些函的写作也有较长篇幅，其中主要关系到事项说明的系统条理化。如一财政干部教育中心准备致函某大学，想要若干博士、硕士学位毕业生，其事项说明的条理起码包括如下几个方面：专业人数说明；用人标准；用人待遇；面试方法等。把上述的事项分题或分项写清，才能做到有条理、有系统，从而构成一篇质量高的公函。

（四）符合对方实情

写作函时主题要突出，中心要明确，内容要实事求是，所提的意见、办法、请求等都要符合对方的实际情况，不能强加于人。话说要质朴诚实，说理有节，入情入理，令人信服，以引起对方的共鸣。如果是上级机关来函，下级机关在回复时，则不能用“复函”的形式，而应该用汇报性“报告”，以示尊重。

（五）讲究写作技法

“函”的写作倡导短小精悍，注意技法。“短小精悍”是指写“函”不必详述过程，大发议论，要求文约意丰。在缘由的写作方面，切忌长篇大论，应用一两句话说明发函的原因即可。因为长篇大论的工作意义阐释之类的话，在平级或不相隶属的单位之间，有可能造成不尊重人的感觉；在事项的写作方面，函以一函一事项为主，而不应有太多的事项。“注意技法”是指撰写公函应根据具体内容，推断对方见“函”后的心理特征，采用不同的写法。以答复函为例，假若属于肯定性的，开头就可以将答复的内容提出，然后再叙述其他有关事宜。这样既能使对方充分掌握函的内容，也能促进单位间的密切合作关系。假若属于否定性的，开头就不宜将否定的内容提出，而是先简明、恳切地说明理由，最后表明否定的态度，这样能使对方谅解，感到否定是正常的、合理的，不致产生误解和反感。

（六）用语诚恳谦和

按行政关系特点看，函用于平级或不相隶属机关之间。因此，言辞得体是它必须讲究的。具体说来，是要做到说话平和、有礼貌、把握分寸、不生硬等。避免使用命令和过分感激的词语，即使遇到纠纷、交涉性事情，相互致函时，也要注意掌握分寸，做到叙事入木三分，“外柔内刚”，以理服人。切不可使用怒斥、讨伐等语调。为此，函在结尾时常使用表达友好之意的语言，如询问函常用“盼复”“请研究函复”，告知函常用“专此函达”“特此函告”等。在现实公文中，因函的语言使用不当而得不到有关单位协助办理相关事项的事情不是没有的。

第二节　范例赏析

【例文1：告知函】

财政部　中国残疾人联合会
关于中央部门所属单位缴纳残疾人就业保障金
有关问题的函

国务院各部委，各直属机构，各省、自治区、直辖市及计划单列市财政厅（局）、残疾人联合会，新疆生产建设兵团财务局、残疾人联合会：

最近，一些中央部门所属单位（以下简称“中央单位”）反映无法按照所在地规定比例安排残疾人就业的问题，要求明确申请减免残疾人就业保障金的程序。经研究，现就有关问题函告如下：

一、根据《财政部关于发布〈残疾人就业保障金管理暂行规定〉的通知》（财综字〔1995〕5号）的规定，凡安排残疾人就业达不到所在省、自治区、直辖市人民政府规定比例的中央单位，都应缴纳残疾人就业保障金。残疾人就业保障金按属地原则缴纳，中央单位按照所在地有关规定执行。

二、中央单位确因经费困难或企业政策性亏损等原因，需减免残疾人就业保障金的，由中央主管部门提出申请，报财政部和中国残疾人联合会，经财政部会同中国残疾人联合会批准后，可以给予减免照顾。财政部、中国残疾人联合会在审批时征求有关省、自治区、直辖市财政部门、残疾人联合会的意见。

财政部（印章）　中国残联（印章）

二〇〇一年三月二十日

简析

这篇发文字号为财综〔2001〕16号的例文是一则告知函。第一自然段是发函的缘由，由“经研究，现就有关问题函告如下”过渡到下文。第二、三自然段是函告事项。

【例文2：请求函】

××市财政局
关于请求将我局配楼项目建设资金列入
市基本建设项目投资计划的函

市发改委：

随着财政改革的不断深入，我局的工作任务日益加重，内设机构和人员相应增多，办公用房不足的矛盾更加突出，现在已严重影响了正常工作的开展。为了改善办公条件，促进我市财政事业又好又快地发展。经市领导同意，我局决定再新建配楼一栋，建筑面积为×××平方米。配楼一楼是财政服务大厅，二楼是办公室，三楼是函授学校教室。整个工程预计造价为××××万元。请贵委将我局配楼项目建设资金列入市基本建设项目投资计划。其中，今年×××万元，明年×××万元，后年×××万元，请予批准。

附件：1. ××市市长办公会议纪要（第××期）（略）

2. ××市财政局配楼工程预算表（略）

××市财政局（印章）

××××年××月××日

简析

这是一篇请求函。例文的正文自开头到“整个工程预计造价为××××万元”是请求批准的缘由，其余部分是请求批准的事项。该例文将“××市市长办公会议纪要（第××期）”和“××市财政局配楼工程预算表”作为附件放在正文之后，更有利于对方批准请求事项。

【例文3：询问函】

财政部会计司关于征求《工会会计制度（修订征求意见稿）》意见的函

财会便〔2020〕69号

中华全国总工会财务部，各省、自治区、直辖市、计划单列市财政厅（局），新疆生产建设兵团财政局，有关单位：

为了适应工会组织财务改革的需要，进一步规范工会会计核算，提高会计信息质量，根据《中华人民共和国会计法》、《中华人民共和国工会法》等法律法规，我们起草了《工会会计制度（修订征求意见稿）》，现印发给你们，请组织征求意见，并于2020年11月20日前将书面意见和电子文本反馈我司。同时，欢迎有关方面提出宝贵意见。

联系人：财政部会计司制度一处 刘铮 杨海峰

通讯地址：北京市西城区三里河南三巷3号 100820

电话：010-68552529/68552898

传真：010-68552531

电子邮件：zhiduyichu@163.com

附件：1. 工会会计制度（修订征求意见稿）

2. 关于《工会会计制度（修订征求意见稿）》的说明

财政部会计司（印章）

2020年10月20日

简析

这篇发文字号为财会便〔2020〕69号的例文是一则询问函。正文虽然采用篇段合一的形式，但询问函正文的三个组成部分一个不缺。正文开头“为了适应工会组织财务改革的需要，进一步规范工会会计核算，提高会计信息质量”是第一部分，阐述询问的目的；自“我们起草了”到“请组织征求意见”是第二部分，写询问的具体事项，详细内容则以附件的形式放于文后；“并于2020年11月20日前将书面意见和电子文本反馈我司。同时，欢迎有关方面提出宝贵意见”是第三部分，即回复的要求。文尾附有联系人、联系电话、传真、地址等，便于受文单位与发文机关联系，有助于对询问的问题及时进行回复。

【例文4：商洽函】

××市财政局关于建立全面协作关系的函

××大学：

近年来，我局与你校双方在一些科学研究项目上互相支持，取得了一定的成绩，建立了良好的协作基础。为了巩固成果，建议我们双方今后能进一步在学术思想、科学研究、人员培训等方面建立全面的交流协作关系，特提出如下意见：

一、定期举行局、校之间学术讨论与学术交流。（略）

二、根据局、校各自的科研发展方向和特点，对双方共同感兴趣的课题进行协作。（略）

三、根据局、校各自人员配备情况，校方在可能的条件下对局方研究生、科研人员的培训予以帮助。（略）

四、双方科研教学所需要高、精、尖仪器设备以及实习基地，在可能的条件下，给予对方提供利用。（略）

五、加强图书资料、财政和会计改革情况的交流。

以上各项，如蒙同意，建议互派科研主管人员就有关内容进一步磋商，达成协议，以利工作。特此函达，务希研究见复。

××市财政局（印章）

××××年×月×日

简析

这是一则用于商洽的发函。开头首先说明了发函的依据，接着分条写明发函的事项，最后表明态度。行文条理清晰，语气恳切得体，充分体现出函的特点。

【例文 5：批复函】

国务院办公厅关于同意调整完善全面推行河湖长制工作部际联席会议制度的函

国办函〔2021〕21 号

水利部：

你部关于调整完善全面推行河湖长制工作部际联席会议制度的请示收悉。经国务院同意，现函复如下：

国务院同意调整完善全面推行河湖长制工作部际联席会议制度。联席会议不刻制印章，不正式行文，请按照党中央、国务院有关文件精神认真组织开展工作。

附件：全面推行河湖长制工作部际联席会议制度

国务院办公厅（印章）

2021 年 3 月 1 日

（此件公开发布）

附件

全面推行河湖长制工作部际联席会议制度（略）

简析

这篇发文字号为国办函〔2021〕21 号的例文是一则批复函，从表面看例文文种是函，实质文种是批复。因此，该文的写作方法与批复的写法基本相同。缘由部分“你部关于调整完善全面推行河湖长制工作部际联席会议制度的请示收悉。经国务院同意”交代来函的情况及复函的依据。然后，由过渡语“现函复如下”引出事项部分，该部分按有关文件精神对来函要求事项进行解答。事项“全面推行河湖长制工作部际联席会议制度”内容多，篇幅长，例文用“附件”形式进行了写作处理。例文结构合理，层次清晰，言简意赅。而且在正文左下角还列示了附注“（此件公开发布）”，说明属于政务信息公开的范畴。

第十八章　纪　要

第一节　写作理论

一、纪要的概念、适用范围和特点

（一）概念

纪要是用于记载和传达会议情况与议定事项时所使用的一种公文文种。

（二）适用范围

《党政机关公文处理工作条例》规定纪要适用于记载会议主要情况和议定事项。下行文。如：《省政府开发区工作会议纪要》《省政府常务会议纪要》《省政府省长办公会议纪要》等。

纪要与会议记录的区别：

第一，性质不同。会议记录是讨论发言的实录，属事务文书。会议纪要只记要点，是法定行政公文。

第二，功能不同。会议记录一般不公开，无须传达或传阅，只作资料存档；会议纪要通常要在一定范围内传达或传阅，要求贯彻执行。

（三）特点

（1）纪要性：把会议的主要精神和议定事项，经归纳整理。表述出来，而不涉及会议的一般过程，议而未决的事项。

（2）约束性：反映统一精神和议定事项的会议纪要，对与会者和有关人员，具有约束力。

（3）知照型：公开发表或内部交流的会议纪要，可以让群众或有关人员了解会议情况。

二、纪要的基本类型

有人按会议类型的名目来称呼会议纪要，将会议纪要分为办公会纪要、专题会议纪要、经验交流会纪要、学术会议纪要等，这种分法重复了会议名称，对写作来说并无太大意义。我们根据会议是否作出决定或决议，是交流为主还是研讨为主，将会议纪要分为决策型纪要、交流型纪要、研讨型纪要三种类型，不同类型的纪要，其写法也不相同。

（一）决策型纪要

以会议形成的决定、决议或者议定事项为主要内容的会议纪要，称为决策型纪要。这种会议纪要的特点是指导性强，会议上确定的工作重点，对工作的步骤、方法和措施的安排，都要求与会单位共同遵守或执行。这种会议纪要的内容有些类似于指示和安排工作的通知，只是发出的指导性意见不是由领导机关作出的，而是由会议讨论议定的。这样的会议纪要，除大家共同遵守的内容外，还常常会有一些工作分工，每个与会单位除完成共同任务之外，还要完成会议确定自己承担的那些工作。如《关于改革北京、太原铁路局管理体制的会议纪要》，就议定了成立北京铁路管理局，下设北京、太原、天津、石家庄四个铁路局，不再设铁路分局。确定山西煤炭运输主要由北京、太原及相关的郑州铁路局承担，有一些具体的分工，并对各方如何协调工作进行了安排。由于最后议定的事项是与会单位的共识，这样的指导性公文落实起来应该是比较顺利的。

（二）交流型纪要

以思想沟通或情况交流为主要内容的会议纪要，属于交流性会议纪要。它的主要特点是：以统一思想、达成原则共识或树立学习榜样为目的，而不布置具体工作，有明显的思想引导性，但没有明显的工作指导性。一些理论务虚会、经验交流会形成的会议纪要，大多属于这种类型。这样的会议纪要，往往多处采用“会议认为”的说法来表达会议在原则问题上达成的共识。或者将会议上介绍的先进经验以及与会单位的评价、态度作为主要内容。

（三）研讨型纪要

这种会议纪要的鲜明特点是并不以共识和议定事项为主要内容，而是以介绍各种不同的观点和争鸣情况为主。研讨会和学术讨论会的纪要多是这种类型。会议开完了，各家的观点也发表过了，但是并没有形成统一意见，当然更谈不上确定什么议定事项，在这种情况下，仍然有必要发会议纪要，以便让更多的人了解会议的情况，了解不同的观点及其争鸣过程。这对启发和活跃思想，对百花齐放、百家争鸣的学术空气的形成是有促进作用的。

三、纪要的格式与写法

（一）标题

会议纪要的标题与一般公文略有不同，因为会议纪要是以会议的名义发出的，而不是以领导机关的名义发出的，所以会议纪要的标题主要有如下三种情况：

（1）会议名称+文种，如《东北三省四市工商行政管理工作第五次协作会议纪要》。

（2）事由+文种，如《关于规范社区居委会财务管理问题的会议纪要》《关于解决粮食购销体制改革后遗留问题的会议纪要》。

（3）正副标题式，如《反复才能倡廉——××市反腐工作座谈会纪要》。这种标题往往在新闻报道的标题中应用。

（二）正文

会议纪要的正文分为导言、主体、结尾三大部分。

1. 导言

导言的写法与一般公文区别较大，主要用来记述会议的基本情况。它包括：召开会议的时间、地点、会议名称、主持人、参加人员、会议主题、领导人讲话等，在上述各要素中，时间、地点、主持人和会议主题四者缺一不可，其他可视具体写作情况而定。导言交代了会议的背景，其作用使阅读会议纪要者先对会议基本情况有一定的了解，从而为理解会议的精神或决定的事项提供必要的基础。如：

怀柔县第十二届人大常委会于2001年5月30日举行了第二十一次会议。县人大常委会主任丁学济，副主任徐志增、武占文、张凤玉、李凤先和14位委员出席会议。县委副书记梅占山、张延昆，副县长王仕龙列席会议；列席会议的还有县人民检察院检察长吴同平、副检察长龚世昌、段福华，县直各工委书记，县政府法制办、县公安局、县司法局、县人大机关有关委室的负责同志，县人民法院审判委员会委员、庭长、副庭长、审判员及10名县人大代表和各乡镇人大主席。

张凤玉副主任主持会议。本次会议的议程是对县人民法院正、副院长进行述职评议。

对会议基本情况的介绍，要根据需要把握好详略。这部分表达完毕后，可用“会议纪要如下”或“会议确定了如下事项”为过渡，转入主体部分。

2. 主体

主体是会议纪要的核心部分，会议的主要精神、会议议定的事项、会议上达成的共识、会议对与会单位布置的工作和提出的要求、会议上各种主要观点及争鸣情况等，都在这一部分予以表达。主体写作要求是观点鲜明、主题突出、内容充实，不可出现重要缺漏。

决议型、交流型、研讨型的会议纪要，各自在主体部分的写作上有较大的不同，前面在分类时已有介绍。这里主要介绍一下主体部分常用的条项式、综合式、摘要式写法：

（1）条项式。条项式就是把会议讨论或决定的事项分条分项，依主次轻重有序地写下来。多见于讨论具体工作的会议的精神，一般是把今后要做的工作逐条列出。它特别适宜于传达议定事项的会议纪要的写法。这种写法的优点在于写作结构眉目清晰，事项读来十分清楚。

（2）综合式。综合式是指把相关内容整理归纳为同一部分的写作方法。即把会议的主要内容归纳为几个问题或几个方面，并逐个加以阐述、概括，而不像上述条项式一样按内容分条分项加以概括，它经常采用分题式写作结构，这种写作结构包括了条项式结构的若干条和项在内的，这是这两种写作结构的主要不同点。但要注意，综合式写作结构中不宜把内容的各个方面分述得太多，一般以三到四个方面为宜，如分述得太多，因其还带有条和项的分级结构，就会给人内容太庞杂的感觉，读来不好把握。多用“会议认为”“会议指出”“会议提出”等惯用语作为各层意思的开头语，以体现内容的层次感。

综合式适宜于概述会议内容的纪要写作。这种写作方法如果按照内容的不同方面加以归纳，如成绩、经验及今后的意见加以概括，同样能起到使行文结构清楚、有条不紊的作用。

（3）摘要式。摘要式是指把会议的发言按顺序或按性质轻重而摘要归类安排的写法，有时也按领导人身份高低而摘言。它一般适宜于对未来工作发表看法或意见的纪要写作。

3. 结尾

结尾是正文的小结，比较简短，通常用来强调意义，对与会者、下级机关、有关群众提出一些希望、要求和号召等，如下面这段结尾：

改革铁路体制是一项复杂的工作，步子一定要稳妥。北京、太原铁路局管理体制的改革，作为全国铁路管理体制改革的试点，今年下半年做好准备，明年初开始实行。铁道部和有关省市要密切配合，加强领导，注意研究解决出现的问题，不断总结经验，把这项工作扎扎实实地搞好。

结尾处还可以对会议的情况作一些补充说明。在不影响全文结构完整的前提下，也可以省略不写专门的结尾部分，主体内容写完，全文就结束。

（三）落款

纪要由会议主持机关撰写，可以在最后署机关名称和撰写日期，也可以只在正文中写出主持机关，不另署名。署名只用于办公会议纪要，一般纪要不署名，只写成文时间。纪要的成文日期一般加括号标写于标题或文头之下正中位置，以会议通过日期或领导人签发日期为准。也有出现在正文之后的。会议时间与落款时间不一致的，其生效时间应以落款时间为准。以机关名义印发的应以机关印发时间为准。纪要除以机关名义印发的外，一般不鉴印。对于一些协调问题的纪要，为突出其权威性，也有将牵头单位名称与公章和成文日期置于文尾的。

四、纪要的写作要求

（一）做好会前准备和会议记录

此项要求是写好纪要的基础。写作者应该在参加会议之前，把有关的文件和材料找出来进行学习，领会精神，并且对整个会议的主旨有所了解。会议中除了认真听会，注意收集和阅读发言人员的讲稿、会议简报和会议印发的其他材料外，还要认真作好会议记录，以全面准确掌握会议情况。

（二）忠实会议，真实准确

要想忠实会议主旨，客观反映会议内容，纪要必须以会议记录、会议报告和发言、会议决议为依据，准确概括问题，尊重原意，不能随心所欲增减或更改内容，不能添枝加叶，不能加进会议以外的东西和写作者个人的意见。在书写当中，感到有的地方需要有所增减时，要经单位主要领导同志同意，必要时还应在一定范围内征求有关人员的意见，这样才能做到准确、集中而概括。

（三）突出重点，简明精炼

一次工作会议，涉及问题很多。在写纪要时，作者在对会议主要内容了解透彻的基础上，围绕会议中心，对会议的相关材料进行认真分析与归纳，妥善提炼和概括，纪其要实，即把会议集中解决的几个主要问题，形成纪要的中心。切不可有录必写，平铺直叙，面面俱到。对于不能突出会议主要精神的其他繁杂或程度不太重要的材料，要坚决舍去。不能以偏概全，要抓重点、抓结论、抓落实。遇有不同意见的，应以会议主持人最终表明的意见为准。对反映会议中心议题的正确意见，采用“会议研究了”“会议认为”“会议决定”等提法，加以集中概括，简明扼要地反映出来。对有分歧的意见，除学术性的研讨会纪要外，不可写入“纪要”。

（四）讲究用语，条理清楚

纪要的文字要简朴、凝练，语气要准确、得体，经得起推敲。要按照纪要的不同用途，恰当地使用不同的用语。上报的纪要，应使用对上的语气，如“会议讨论了以下几个问题”“会议考虑”等。下发的纪要，则可用“会议决议”“会议要求”“会议强调”“会议号召”等。条理化、理论化、对外公开是纪要与会议记录的主要区别。会议记录一般要把每个人的发言尽量客观、详细地记录下来，内容比较庞杂。而纪要的内容则是以会议记录为基础和依据，概括、总结或摘要提取会议记录的内容，需要有一个对会议讨论意见的综合分析、加工整理的过程，这就需要纪要的起草者发挥主观能动作用。所谓条理化，就是对会议讨论的意见，分类归纳，层次清晰。所谓理论化，就是给予理论上的概括，提纲挈领，画龙点睛。当然条理化、理论化，并不是脱离会议实际，搞虚假的粉饰和拔高。

（五）行文单、复结合，及时协商会签

通知型的“纪要”，由于有固定的版式，所以，它们大都是直接行文，且不加盖印章。指示型的“纪要”，一般多是复体行文，即在上报或下发时，分别使用“报告”或“通知”等做文件头，“纪要”作为附件随之运行。

“纪要”的整理要及时，纪要不用盖印章。凡是“纪要”中的问题涉及其他有关部门的，必须先与有关部门协商，取得一致意见之后才能定稿。否则，“纪要”中所列的问题就等于没有落实。

第二节　范例赏析

【例文 1：决策型会议纪要】

局长办公会议纪要

（2007）5 号

9 月 3 日下午，×××局长在局 801 会议室主持召开了局长办公会，会议通报了 1—8 月份全市财政预算执行情况、我市第三次石油价格改革财政补贴工作进展情况和第三届全市会计知识大赛准备工作进展情况，初步安排召开全市财政局长座谈会的工作，进一步加强会务工作的管理。纪要如下：

一、关于财政收支情况

1—8 月份我市地方财政收入累计完成 173.9 亿元，较上年同期增长 28.11%，其中：一般预算收入完成 142.8 亿元，较上年同期增长 25.18%。1—8 月份我市地方财政支出累计完成 161.2 亿元，较上年同期增长 41.47%，其中：一般预算支出完成 128 亿元，较上年同期增 39.2%。财政收支执行情况良好，财政收入质量稳步提高，税收收入占一般预算收入的比重为 81.68%，较全省平均水平高 10.38 个百分点。

二、关于石油价格改革财政补贴工作

根据省财政厅要求，我市已于 8 月 31 日开始此项工作，我市及时召开了全市石油价格改革财政补贴工作会议，目前此项工作正在对补贴对象的数据进行采集、更新和核对，其他工作也都在提前进行安排准备，确保圆满完成油补工作。

此项工作由××副局长负责。

三、关于第三届全市会计知识大赛准备工作

全市会计知识大赛初选工作已结束，从 31 支队伍中选出 6 支队伍的 18 名选手参加全市会计知识大赛，全市会计知识大赛正在积极准备中，将于近期进行比赛。

此项工作由×××副局长负责，办公室、会计处、机关党委组织配合。

四、关于召开全市财政局长座谈会工作

初步定于9月11日召开全市财政局长座谈会，各县（市）区财政局长届时参加。会议内容主要是传达全国、全省厅（局）长座谈会会议精神，分析我市1—8月份预算执行情况特点以及存在的问题，并安排部署今后4个月我市财政工作的重点。

五、关于加强会务管理工作

局办公室715室负责对各类会议通知和参会情况进行日常登记。对一些没有通过局办公室而由会务单位直接通知局领导本人的情况，局领导应及时告知局办公室进行补充登记。

凡召开省、市级以上会议，通知要求局领导参加的，原则上必须由领导本人参加。如果确实因为特殊原因，局领导不能亲自参会的，应及时告知办公室主任或局办公室715室，由办公室负责协调替会人员。

（出席会议人员名单省略）

简析

这是一篇决策型会议纪要。它反映的内容非常重要，政策性较强，带有指示性质，又称指示型纪要。本会议纪要由会议概况、会议内容两部分组成。虽然没有专门写出结束语部分，但不影响全文的结构完整。

会议概况部分：本纪要的第一自然段，简要地叙述会议召开的时间、主持人、会议名称、会议议题，并由“纪要如下”过渡句引领下文。

会议内容部分：采用条项式写法，把会议讨论的内容和议定的问题分条列出。条理清楚，使人一看就明白。

【例文2：交流型会议纪要】

××市税务局市场征收工作经验交流大会纪要

19××年5月20日，××市税务局在××区召开了“市场征收工作经验交流大会”，各分局的领导和有关干部38人出席会议。市局办公室张主任主持会议，他说明会议的目的、中心和议程后，各区代表先后发言。下午市局×××副局长做了总结，并对今后的工作开展提出了意见。大家认为这次会议开得及时，总结了成绩、交流了经验、鼓舞了士气，十分有利于今后工作的开展。

各分局代表的发言都受到了与会者的欢迎，其中××分局、××分局、××分局的发言引起了更大的关注：

××区税务分局第二税务所×××同志介绍了他们“从宣传着手、提高商贩的遵纪守法的观念；从检查着手，促使商贩正确申报；从管理着手，做到十足收齐”的经验。

××区税务分局×××同志讲了他们注意和工商局密切配合，做到思想上统一认识、管理上统一步调、处理上统一行动的做法。

××区税务分局第三税务所×××同志谈了他们在实践中坚持“晓之以理，导之以行，抓紧队伍建设”的体会。

×××副局长在下午的总结中强调指出：我市在农贸市场实行征税仅仅一年，在这一年的时间里，市场物价基本稳定，摊位档口、商品品种不仅没有减少，而且增多了，交易活跃、买卖有序。这一年来征收税款×××万元，为国家增加了收入。这证明了在农贸市场实行征税的决定是正确的、可行的。

×××副局长说，一年来我们在保证市场活跃、增加国家税收的同时，也锻炼了队伍、积累了宝贵的工作经验。这些经验是：

一、运用税收经济杠杆，是加强税收管理的有力措施。……

二、坚决执法与积极做好思想工作结合，是使征收工作顺利进行的重要保证。……

三、主动与兄弟局配合，就可以加强征收管理的有效性。……

四、抓好队伍建设，是保证征收工作按方针政策正确开展的基本条件。……

×××副局长说，我们征收工作进行刚一年，就取得这样明显的成绩，是应该肯定的。但有没有问题？大家心里明白，这次会议也讲了。这里要指出的是，成绩的取得，除了我们自身的努力外，和党的领导、各级政府的支持、各兄弟部门的积极配合是分不开的。在今后的工作中要认真贯彻市委 18 号文件，要注意：

一、要在党的统一领导下，更主动积极地争取政府的支持和兄弟部门的配合。……

二、认真地组织干部学习有关的税法，加强干部秉公执法、依法征税的观念。……

三、……

四、……

与会者认为×××副局长的总结和对今后工作提出的意见是符合实际的、正确的，表示回去后认真传达、贯彻。

××市税务局

××××年×月××日

简析

这是一篇交流型会议纪要。正文由会议概况、会议内容和结束语三部分组成。第一、二自然段是会议概况部分，简要叙述了会议名称、会议召开的时间、地点、组织者、主持人、与会人员的范围及人数、中心议题、会议议程等基本情况。“各分局代表的发言都受到了与会者的欢迎，其中××分局、××分局、××分局的发言引起了更大的关注”既点明了会议议题，又承启下文。第三至十四自然段是会议内容部分。此部分采用摘录式写法，按照发言重要程度摘录了三位代表的发言，最后是×××副局长的总结发言。最后一段是结束语部分，是对这次会议情况的补充说明，介绍了与会代表对×××副局长发言的总体评价和贯彻会议精神的态度。

【例文 3：研讨型会议纪要】

华东区第 19 次预算管理与会计座谈会会议纪要

2005 年 8 月 8 日至 10 日在威海市召开的华东地区第 19 次预算管理与会计工作座谈会上，与会代表就缓解县乡财政困难、防范和化解县乡财政风险、会计集中核算向国库集中收付转换以及出口退税机制改革等议题进行了认真讨论和交流。现纪要如下。

一、关于缓解县乡财政困难问题

（一）与会代表一致认为，当前县乡财政困难主要是：

(1) 县乡经济基础薄弱，自有财力增长缓慢。县乡两级财源基础薄弱、结构单一，工业发展水平低。第三产业严重滞后。

(2) 政策性减收增支因素多，超出了县乡财政承受能力。近年来，国家陆续出台的调整工资、完善社会保障制度和实施农村税费改革等各项政策措施，使县乡财政支出大幅度增加。

（3）政府职能转变缓慢，财政供养人员增长过快。

（4）财税体制不够完善，县乡两级财权事权不对称。

（二）对如何缓解县乡财政困难提出了如下建议：①建议中央进一步完善分税制财政体制，除加大财政转移支付力度以外，还需要适当调整财政收入分配格局，以调动地方做大蛋糕的积极性。②建议中央财政将“减债”纳入“奖补”范围，对减债成绩显著的县乡，也应当给予适当补助或奖励。③逐步取消乡镇一级财政，以减少财政级次。④完善地方税收体制。

二、关于防范和化解县乡财政债务风险问题

与会代表对防范和化解县乡财政债务风险这一议题进行了深入讨论。

（一）大家认为地方政府债务形成的原因是多方面的：①许多地方为了发展经济，不顾客观实际，盲目投资上项目，大搞招商引资项目。搞园区建设。②县乡财权与事权划分不对称。近几年，县以上政府层层向上集中财力造成收不抵支。③政府债务管理体制不顺，多头举债，缺乏必要的监督机制。

（二）如何解决县乡债务问题。大家的意见是：①各级政府要根据建设需要和承受能力，在编审年度财政收支预算的同时，要编制统一的地方政府性债务收支计划，明确政府性负债建设项目、投资规模和偿还本息等计划。政府性债务收支计划须经同级政府常务会议讨论通过后执行，并报上级财政部门备案。②加强债务管理，提高资金使用效益。要严格控制新增债务；建立偿债准备金，专项用于偿还债务；完善政府债务预警机制，防范债务风险；加强管理，提高资金使用效益。③鼓励县乡大力发展财源经济，增加财政收入。完善县乡财政管理体制，推行“乡财县管”的财政管理改革试点。进一步完善转移支付管理办法，充分发挥转移支付政策功能，实现区域经济协调发展。

三、关于会计集中核算向国库集中收付转换问题

（一）大家认为，转轨工作必须坚持三条基本原则。一是以国库单一账户体系为基础不能变；二是转轨或衔接的具体方式不搞一刀切；三是核算中心的实有资金要改为零余额账户。实现“规范支付、因地制宜、日终清零”。

（二）转轨途径的选择。①彻底式转轨，对现行会计集中核算制度进行根本改革。②具体做法不宜“一刀切”。允许一些条件不成熟的地方选

择时机和转轨模式。

会议商定，华东地区预算管理与会计工作座谈会第20次会议于2006年在江苏省举行，会议由安徽省财政厅主持，南京市财政局整理会议纪要。

（出席会议人员名单省略）

简析

这是一篇研讨会会议纪要。标题由会议名称加文种组成。正文包括三个部分：

会议概况部分：写明了会议名称，会议召开的时间、地点和议题等，然后由“现纪要如下”承启会议纪要的会议内容部分。

会议内容部分：这是集中反映研讨会精神的部分。例文采用“分条列项”结构，把会议上具有典型性、代表性的发言按内容加以整理。第一是关于缓解县乡财政困难问题；第二是关于防范和化解县乡财政债务风险问题；第三是关于会计集中核算向国库集中收付转换问题。按逻辑顺序设序号，主次分明，条理清晰。

结束语部分：该会议纪要结束语一段是对会议情况的补充说明。交代了华东地区预算管理与会计工作座谈会第20次会议召开的时间、地点、主持单位，以及本次会议纪要的整理单位。

本纪要中表达综合意见时，用语是“与会代表一致认为”“大家认为”等，以表达代表们认识的统一。

这个研讨型会议纪要，是一个专题式纪要，是华东区第19次预算管理与会计座谈会围绕中心议题展开讨论，最后取得成功的纪要。

参考文献

[1] 全国会计专业技术资格考试领导小组办公室. 财经实用写作[M]. 北京：中国财政经济出版社，1993.

[2] 财政部办公厅. 财政公文处理手册 [M]. 北京：经济科学出版社，2001.

[3] 夏静文. 财经应用文 [M]. 大连：东北财经大学出版社，1998.

[4] 黄荣志. 应用公文写作 [M]. 广州：暨南大学出版社，2000.

[5] 王桂森，陈群力. 最新实用公文规范与写作 [M]. 济南：山东人民出版社，2001.

[6] 任治忠. 国家机关公务员竞岗演讲辞精选 [M]. 昆明：云南人民出版社 2001.

[7] 聂炳华. 但有一分智 当为改革谋 [M]. 济南：山东人民出版社，2002.

[8] 彭兰群. 会计文案撰写模式写作大全 [M]. 广州：广东经济出版社，2002.

[9] 胡阳. 最新公务员实用文书写作大全 [M]. 北京：蓝天出版社，2002.

[10]《实用审计应用文写作》编写组. 实用审计应用文写作 [M]. 3版. 北京：中国时代经济出版社，2002.

[11] 余飞. 领导干部实用讲话稿写作 [M]. 南宁：广西民族出版社，2003.

[12] 朱悦雄，杨桐. 应用写作病文评析与修改 [M]. 广州：广东高等教育出版社，2004.

[13] 孙春旻. 现代实用文体写作大全 [M]. 西安：西北大学出版社，2004.

[14] 张保忠，岳海翔. 最新公文写作答疑解惑 350 题 [M]. 北京：

中国言实出版社，2004.

［15］张秉钊，苏子麟，刘攀桂. 新编应用文写作［M］. 广州：中山大学出版社，2005.

［16］马伟胜. 公文写作、处理与病例评改［M］. 南宁：广西人民出版社，2005

［17］国家税务总局办公厅. 税务公文处理实用手册［M］. 北京：中国税务出版社，2005

［18］张浩. 最新公文写作必备全书［M］. 北京：蓝天出版社，2005.

［19］倪建中. 财税应用文写作教程［M］. 北京：中国财政经济出版社，2006.

［20］马伟胜. 机关公文写作规范［M］. 南宁：广西人民出版社，2006.

［21］李保初，吴明芳. 应用文写作技巧［M］. 北京：华文出版社，2006.

［22］赵华，张宇. 经典公文赏析［M］. 北京：中国农业出版社，2006.

［23］刘安产. 当代实用演讲大全［M］. 北京：石油工业出版社，2006.

［24］张锋. 表解应用文大全［M］. 广州：广州经济出版社，2006.

［25］陈伟，谢伦浩，符声乐，等. 当代演讲辞写作格式与构思技巧［M］. 北京：石油工业出版社，2007.

［26］邓启权. 常见公文错误实例解析［M］. 北京：中国民主法制出版社，2007.

［27］财政部干教中心，河北省财政厅. 公文写作案例教程［M］. 北京：中国财政经济出版社，2008.

［28］袁克伦，蒋秀生，王灿发. 内部信息工作及媒体公关方略［M］. 北京. 人民日报出版社，2008.

［29］陈功伟. 公文解析与文模大全［M］. 广州：广东经济出版社，2008.

［30］卢建超. 财政公文写作范例［M］. 成都：西南财经大学出版社，2009.

［31］文天谷. 财经应用文写作教程［M］. 2版. 上海：立信会计出版

社，2011.

［32］王保平，宋学军. 职称论文写作指南［M］. 北京：经济科学出版社，2012.

［33］邱宣煌. 财经应用文写作［M］. 大连：东北财经大学出版社，2016.

［34］郝丹. 学术期刊论文写作技巧与实战［M］. 北京：人民邮电出版社，2022.

［35］邵龙青. 财经应用写作［M］. 大连：东北财经大学出版社，2022.

附　录

附录 A　党政机关公文处理工作条例

第一章　总　则

第一条　为了适应中国共产党机关和国家行政机关（以下简称党政机关）工作需要，推进党政机关公文处理工作科学化、制度化、规范化，制定本条例。

第二条　本条例适用于各级党政机关公文处理工作。

第三条　党政机关公文是党政机关实施领导、履行职能、处理公务的具有特定效力和规范体式的文书，是传达贯彻党和国家方针政策，公布法规和规章，指导、布置和商洽工作，请示和答复问题，报告、通报和交流情况等的重要工具。

第四条　公文处理工作是指公文拟制、办理、管理等一系列相互关联、衔接有序的工作。

第五条　公文处理工作应当坚持实事求是、准确规范、精简高效、安全保密的原则。

第六条　各级党政机关应当高度重视公文处理工作，加强组织领导，强化队伍建设，设立文秘部门或者由专人负责公文处理工作。

第七条　各级党政机关办公厅（室）主管本机关的公文处理工作，并对下级机关的公文处理工作进行业务指导和督促检查。

第二章　公文种类

第八条　公文种类主要有：

（一）决议。适用于会议讨论通过的重大决策事项。

（二）决定。适用于对重要事项作出决策和部署、奖惩有关单位和人员、变更或者撤销下级机关不适当的决定事项。

（三）命令（令）。适用于公布行政法规和规章、宣布施行重大强制性措施、批准授予和晋升衔级、嘉奖有关单位和人员。

（四）公报。适用于公布重要决定或者重大事项。

（五）公告。适用于向国内外宣布重要事项或者法定事项。

（六）通告。适用于在一定范围内公布应当遵守或者周知的事项。

（七）意见。适用于对重要问题提出见解和处理办法。

（八）通知。适用于发布、传达要求下级机关执行和有关单位周知或者执行的事项，批转、转发公文。

（九）通报。适用于表彰先进、批评错误、传达重要精神和告知重要情况。

（十）报告。适用于向上级机关汇报工作、反映情况，回复上级机关的询问。

（十一）请示。适用于向上级机关请求指示、批准。

（十二）批复。适用于答复下级机关请示事项。

（十三）议案。适用于各级人民政府按照法律程序向同级人民代表大会或者人民代表大会常务委员会提请审议事项。

（十四）函。适用于不相隶属机关之间商洽工作、询问和答复问题、请求批准和答复审批事项。

（十五）纪要。适用于记载会议主要情况和议定事项。

第三章　公文格式

第九条　公文一般由份号、密级和保密期限、紧急程度、发文机关标志、发文字号、签发人、标题、主送机关、正文、附件说明、发文机关署名、成文日期、印章、附注、附件、抄送机关、印发机关和印发日期、页码等组成。

（一）份号。公文印制份数的顺序号。涉密公文应当标注份号。

（二）密级和保密期限。公文的秘密等级和保密的期限。涉密公文应当根据涉密程度分别标注“绝密”“机密”“秘密”和保密期限。

（三）紧急程度。公文送达和办理的时限要求。根据紧急程度，紧急公文应当分别标注“特急”“加急”，电报应当分别标注“特提”“特急”“加急”“平急”。

（四）发文机关标志。由发文机关全称或者规范化简称加“文件”二字组成，也可以使用发文机关全称或者规范化简称。联合行文时，发文机关标志可以并用联合发文机关名称，也可以单独用主办机关名称。

（五）发文字号。由发文机关代字、年份、发文顺序号组成。联合行文时，使用主办机关的发文字号。

（六）签发人。上行文应当标注签发人姓名。

（七）标题。由发文机关名称、事由和文种组成。

（八）主送机关。公文的主要受理机关，应当使用机关全称、规范化简称或者同类型机关统称。

（九）正文。公文的主体，用来表述公文的内容。

（十）附件说明。公文附件的顺序号和名称。

（十一）发文机关署名。署发文机关全称或者规范化简称。

（十二）成文日期。署会议通过或者发文机关负责人签发的日期。联合行文时，署最后签发机关负责人签发的日期。

（十三）印章。公文中有发文机关署名的，应当加盖发文机关印章，并与署名机关相符。有特定发文机关标志的普发性公文和电报可以不加盖印章。

（十四）附注。公文印发传达范围等需要说明的事项。

（十五）附件。公文正文的说明、补充或者参考资料。

（十六）抄送机关。除主送机关外需要执行或者知晓公文内容的其他机关，应当使用机关全称、规范化简称或者同类型机关统称。

（十七）印发机关和印发日期。公文的送印机关和送印日期。

第十条　公文的版式按照《党政机关公文格式》国家标准执行。

第十一条　公文使用的汉字、数字、外文字符、计量单位和标点符号等，按照有关国家标准和规定执行。民族自治地方的公文，可以并用汉字和当地通用的少数民族文字。

第十二条　公文用纸幅面采用国际标准 A4 型。特殊形式的公文用纸幅面，根据实际需要确定。

第四章　行文规则

第十三条　行文应当确有必要，讲求实效，注重针对性和可操作性。

第十四条　行文关系根据隶属关系和职权范围确定。一般不得越级行文，特殊情况需要越级行文的，应当同时抄送被越过的机关。

第十五条　向上级机关行文，应当遵循以下规则：

（一）原则上主送一个上级机关，根据需要同时抄送相关上级机关和同级机关，不抄送下级机关。

（二）党委、政府的部门向上级主管部门请示、报告重大事项，应当经本级党委、政府同意或者授权；属于部门职权范围内的事项应当直接报送上级主管部门。

（三）下级机关的请示事项，如需以本机关名义向上级机关请示，应当提出倾向性意见后上报，不得原文转报上级机关。

（四）请示应当一文一事。不得在报告等非请示性公文中夹带请示事项。

（五）除上级机关负责人直接交办事项外，不得以本机关名义向上级机关负责人报送公文，不得以本机关负责人名义向上级机关报送公文。

（六）受双重领导的机关向一个上级机关行文，必要时抄送另一个上级机关。

第十六条　向下级机关行文，应当遵循以下规则：

（一）主送受理机关，根据需要抄送相关机关。重要行文应当同时抄送发文机关的直接上级机关。

（二）党委、政府的办公厅（室）根据本级党委、政府授权，可以向下级党委、政府行文，其他部门和单位不得向下级党委、政府发布指令性公文或者在公文中向下级党委、政府提出指令性要求。需经政府审批的具体事项，经政府同意后可以由政府职能部门行文，文中须注明已经政府同意。

（三）党委、政府的部门在各自职权范围内可以向下级党委、政府的相关部门行文。

（四）涉及多个部门职权范围内的事务，部门之间未协商一致的，不得向下行文；擅自行文的，上级机关应当责令其纠正或者撤销。

（五）上级机关向受双重领导的下级机关行文，必要时抄送该下级机关的另一个上级机关。

第十七条　同级党政机关、党政机关与其他同级机关必要时可以联合行文。属于党委、政府各自职权范围内的工作，不得联合行文。党委、政府的部门依据职权可以相互行文。部门内设机构除办公厅（室）外不得对外正式行文。

第五章　公文拟制

第十八条　公文拟制包括公文的起草、审核、签发等程序。

第十九条　公文起草应当做到：

（一）符合国家法律法规和党的路线方针政策，完整准确体现发文机关意图，并同现行有关公文相衔接。

（二）一切从实际出发，分析问题实事求是，所提政策措施和办法切实可行。

（三）内容简洁，主题突出，观点鲜明，结构严谨，表述准确，文字精炼。

（四）文种正确，格式规范。

（五）深入调查研究，充分进行论证，广泛听取意见。

（六）公文涉及其他地区或者部门职权范围内的事项，起草单位必须征求相关地区或者部门意见，力求达成一致。

（七）机关负责人应当主持、指导重要公文起草工作。

第二十条　公文文稿签发前，应当由发文机关办公厅（室）进行审核。审核的重点是：

（一）行文理由是否充分，行文依据是否准确。

（二）内容是否符合国家法律法规和党的路线方针政策；是否完整准确体现发文机关意图；是否同现行有关公文相衔接；所提政策措施和办法是否切实可行。

（三）涉及有关地区或者部门职权范围内的事项是否经过充分协商并达成一致意见。

（四）文种是否正确，格式是否规范；人名、地名、时间、数字、段落顺序、引文等是否准确；文字、数字、计量单位和标点符号等用法是否规范。

（五）其他内容是否符合公文起草的有关要求。

需要发文机关审议的重要公文文稿，审议前由发文机关办公厅（室）进行初核。

第二十一条　经审核不宜发文的公文文稿，应当退回起草单位并说明理由；符合发文条件但内容需作进一步研究和修改的，由起草单位修改后重新报送。

第二十二条　公文应当经本机关负责人审批签发。重要公文和上行文由机关主要负责人签发。党委、政府的办公厅（室）根据党委、政府授权制发的公文，由受权机关主要负责人签发或者按照有关规定签发。签发人签发公文，应当签署意见、姓名和完整日期；圈阅或者签名的，视为同意。联合发文由所有联署机关的负责人会签。

第六章　公文办理

第二十三条　公文办理包括收文办理、发文办理和整理归档。

第二十四条　收文办理主要程序是：

（一）签收。对收到的公文应当逐件清点，核对无误后签字或者盖章，并注明签收时间。

（二）登记。对公文的主要信息和办理情况应当详细记载。

（三）初审。对收到的公文应当进行初审。初审的重点是：是否应当由本机关办理，是否符合行文规则，文种、格式是否符合要求，涉及其他地区或者部门职权范围内的事项是否已经协商、会签，是否符合公文起草的其他要求。经初审不符合规定的公文，应当及时退回来文单位并说明理由。

（四）承办。阅知性公文应当根据公文内容、要求和工作需要确定范围后分送。批办性公文应当提出拟办意见报本机关负责人批示或者转有关部门办理；需要两个以上部门办理的，应当明确主办部门。紧急公文应当明确办理时限。承办部门对交办的公文应当及时办理，有明确办理时限要求的应当在规定时限内办理完毕。

（五）传阅。根据领导批示和工作需要将公文及时送传阅对象阅知或者批示。办理公文传阅应当随时掌握公文去向，不得漏传、误传、延误。

（六）催办。及时了解掌握公文的办理进展情况，督促承办部门按期办结。紧急公文或者重要公文应当由专人负责催办。

（七）答复。公文的办理结果应当及时答复来文单位，并根据需要告知相关单位。

第二十五条　发文办理主要程序是：

（一）复核。已经发文机关负责人签批的公文，印发前应当对公文的审批手续、内容、文种、格式等进行复核；需作实质性修改的，应当报原签批人复审。

（二）登记。对复核后的公文，应当确定发文字号、分送范围和印制份数并详细记载。

（三）印制。公文印制必须确保质量和时效。涉密公文应当在符合保密要求的场所印制。

（四）核发。公文印制完毕，应当对公文的文字、格式和印刷质量进行检查后分发。

第二十六条　涉密公文应当通过机要交通、邮政机要通信、城市机要文件交换站或者收发件机关机要收发人员进行传递，通过密码电报或者符合国家保密规定的计算机信息系统进行传输。

第二十七条　需要归档的公文及有关材料，应当根据有关档案法律法规以及机关档案管理规定，及时收集齐全、整理归档。两个以上机关联合办理的公文，原件由主办机关归档，相关机关保存复制件。机关负责人兼任其他机关职务的，在履行所兼职务过程中形成的公文，由其兼职机关归档。

第二十八条　各级党政机关应当建立健全本机关公文管理制度，确保管理严格规范，充分发挥公文效用。

第二十九条　党政机关公文由文秘部门或者专人统一管理。设立党委（党组）的县级以上单位应当建立机要保密室和机要阅文室，并按照有关保密规定配备工作人员和必要的安全保密设施设备。

第三十条　公文确定密级前，应当按照拟定的密级先行采取保密措施。确定密级后，应当按照所定密级严格管理。绝密级公文应当由专人管理。公文的密级需要变更或者解除的，由原确定密级的机关或者其上级机关决定。

第三十一条　公文的印发传达范围应当按照发文机关的要求执行；需要变更的，应当经发文机关批准。涉密公文公开发布前应当履行解密程序。公开发布的时间、形式和渠道，由发文机关确定。经批准公开发布的公文，同发文机关正式印发的公文具有同等效力。

第三十二条　复制、汇编机密级、秘密级公文，应当符合有关规定并经本机关负责人批准。绝密级公文一般不得复制、汇编，确有工作需要的，应当经发文机关或者其上级机关批准。复制、汇编的公文视同原件管理。复制件应当加盖复制机关戳记。翻印件应当注明翻印的机关名称、日期。汇编本的密级按照编入公文的最高密级标注。汇编，确有工作需要的，应当经发文机关或者其上级机关批准。复制、汇编的公文视同原件管理。

复制件应当加盖复制机关戳记。翻印件应当注明翻印的机关名称、日期。汇编本的密级按照编入公文的最高密级标注。

第三十三条　公文的撤销和废止，由发文机关、上级机关或者权力机关根据职权范围和有关法律法规决定。公文被撤销的，视为自始无效；公文被废止的，视为自废止之日起失效。

第三十四条　涉密公文应当按照发文机关的要求和有关规定进行清退或者销毁。

第三十五条　不具备归档和保存价值的公文，经批准后可以销毁。销毁涉密公文必须严格按照有关规定履行审批登记手续，确保不丢失、不漏销。个人不得私自销毁、留存涉密公文。

第三十六条　机关合并时，全部公文应当随之合并管理；机关撤销时，需要归档的公文经整理后按照有关规定移交档案管理部门。

工作人员离岗离职时，所在机关应当督促其将暂存、借用的公文按照有关规定移交、清退。

第三十七条　新设立的机关应当向本级党委、政府的办公厅（室）提出发文立户申请。经审查符合条件的，列为发文单位，机关合并或者撤销时，相应进行调整。

第八章　附　则

第三十八条　党政机关公文含电子公文。电子公文处理工作的具体办法另行制定。

第三十九条　法规、规章方面的公文，依照有关规定处理。外事方面的公文，依照外事主管部门的有关规定处理。

第四十条　其他机关和单位的公文处理工作，可以参照本条例执行。

第四十一条　本条例由中共中央办公厅、国务院办公厅负责解释。

第四十二条　本条例自 2012 年 7 月 1 日起施行。1996 年 5 月 3 日中共中央办公厅发布的《中国共产党机关公文处理条例》和 2000 年 8 月 24 日国务院发布的《国家行政机关公文处理办法》停止执行。

附录 B　党政机关公文格式 (GB/9704-2012)

1　范围

本标准规定了党政机关公文通用的纸张要求、排版和印制装订要求、公文格式各要素的编排规则，并给出了公文的式样。

本标准适用于各级党政机关制发的公文。其他机关和单位的公文可以参照执行。

使用少数民族文字印制的公文，其用纸、幅面尺寸及版面、印制等要求按照本标准执行，其余可以参照本标准并按照有关规定执行。

2　规范性引用文件

下列文件对于本标准的应用是必不可少的。凡是注日期的引用文件，仅所注日期的版本适用于本标准。凡是不注日期的引用文件，其最新版本（包括所有的修改单）适用于本标准。

GB/T 148 印刷、书写和绘图纸幅面尺寸

GB 3100 国际单位制及其应用

GB 3101 有关量、单位和符号的一般原则

GB 3102（所有部分）　量和单位

GB/T 15834 标点符号用法

GB/T 15835 出版物上数字用法

3　术语和定义

下列术语和定义适用于本标准。

3.1　字 word

标示公文中横向距离的长度单位。在本标准中，一字指一个汉字宽度的距离。

3.2　行 line

标示公文中纵向距离的长度单位。在本标准中，一行指一个汉字的高度加 3 号汉字高度的 7/8 的距离。

4 公文用纸主要技术指标

公文用纸一般使用纸张定量为 60 g/m^2—80 g/m^{2}的胶版印刷纸或复印纸。纸张白度 80%—90%，横向耐折度≥15 次，不透明度≥85%，pH 值为 7.5—9.5。

5 公文用纸幅面尺寸及版面要求

5.1 幅面尺寸

公文用纸采用 GB/T 148 中规定的 A4 型纸，其成品幅面尺寸为：210 mm×297 mm。

5.2 版面

5.2.1 页边与版心尺寸

公文用纸天头（上白边）为 37 mm±1 mm，公文用纸订口（左白边）为 28mm±1mm，版心尺寸为 156 mm×225 mm。

5.2.2 字体和字号

如无特殊说明，公文格式各要素一般用 3 号仿宋体字。特定情况可以作适当调整。

5.2.3 行数和字数

一般每面排 22 行，每行排 28 个字，并撑满版心。特定情况可以作适当调整。

5.2.4 文字的颜色

如无特殊说明，公文中文字的颜色均为黑色。

6 印制装订要求

6.1 制版要求

版面干净无底灰，字迹清楚无断划，尺寸标准，版心不斜，误差不超过 1 mm。

6.2 印刷要求

双面印刷；页码套正，两面误差不超过 2 mm。黑色油墨应当达到色谱所标 BL100%，红色油墨应当达到色谱所标 Y80%、M80%。印品着墨实、均匀；字面不花、不白、无断划。

6.3 装订要求

公文应当左侧装订，不掉页，两页页码之间误差不超过 4 mm，裁切后的成品尺寸允许误差±2mm，四角成90°，无毛茬或缺损。

骑马订或平订的公文应当：

a）订位为两钉外订眼距版面上下边缘各70 mm处，允许误差±4mm；

b）无坏钉、漏钉、重钉，钉脚平伏牢固；

c）骑马订钉锯均订在折缝线上，平订钉锯与书脊间的距离为3mm—5mm。

包本装订公文的封皮（封面、书脊、封底）与书芯应吻合、包紧、包平、不脱落。

7 公文格式各要素编排规则

7.1 公文格式各要素的划分

本标准将版心内的公文格式各要素划分为版头、主体、版记三部分。公文首页红色分隔线以上的部分称为版头；公文首页红色分隔线（不含）以下、公文末页首条分隔线（不含）以上的部分称为主体；公文末页首条分隔线以下、末条分隔线以上的部分称为版记。页码位于版心外。

7.2 版头

7.2.1 份号

如需标注份号，一般用6位3号阿拉伯数字，顶格编排在版心左上角第一行。

7.2.2 密级和保密期限

如需标注密级和保密期限，一般用3号黑体字，顶格编排在版心左上角第二行；保密期限中的数字用阿拉伯数字标注。

7.2.3 紧急程度

如需标注紧急程度，一般用3号黑体字，顶格编排在版心左上角；如需同时标注份号、密级和保密期限、紧急程度，按照份号、密级和保密期限、紧急程度的顺序自上而下分行排列。

7.2.4 发文机关标志

由发文机关全称或者规范化简称加“文件”二字组成，也可以使用发文机关全称或者规范化简称。

发文机关标志居中排布，上边缘至版心上边缘为35mm，推荐使用小标宋体字，颜色为红色，以醒目、美观、庄重为原则。

联合行文时，如需同时标注联署发文机关名称，一般应当将主办机关名称排列在前；如有“文件”二字，应当置于发文机关名称右侧，以联署发文机关名称为准上下居中排布。

7.2.5　发文字号

编排在发文机关标志下空二行位置，居中排布。年份、发文顺序号用阿拉伯数字标注；年份应标全称，用六角括号“〔〕”括入；发文顺序号不加“第”字，不编虚位（即1不编为01），在阿拉伯数字后加“号”字。

上行文的发文字号居左空一字编排，与最后一个签发人姓名处在同一行。

7.2.6　签发人

由“签发人”三字加全角冒号和签发人姓名组成，居右空一字，编排在发文机关标志下空二行位置。“签发人”三字用3号仿宋体字，签发人姓名用3号楷体字。

如有多个签发人，签发人姓名按照发文机关的排列顺序从左到右、自上而下依次均匀编排，一般每行排两个姓名，回行时与上一行第一个签发人姓名对齐。

7.2.7　版头中的分隔线

发文字号之下4 mm处居中印一条与版心等宽的红色分隔线。

7.3　主体

7.3.1　标题

一般用2号小标宋体字，编排于红色分隔线下空二行位置，分一行或多行居中排布；回行时，要做到词意完整，排列对称，长短适宜，间距恰当，标题排列应当使用梯形或菱形。

7.3.2　主送机关

编排于标题下空一行位置，居左顶格，回行时仍顶格，最后一个机关名称后标全角冒号。如主送机关名称过多导致公文首页不能显示正文时，应当将主送机关名称移至版记，标注方法见7.4.2。

7.3.3　正文

公文首页必须显示正文。一般用3号仿宋体字，编排于主送机关名称下一行，每个自然段左空二字，回行顶格。文中结构层次序数依次可以用“一、”“（一）”“1.”“（1）”标注；一般第一层用黑体字、第二层用楷体字、第三层和第四层用仿宋体字标注。

7.3.4　附件说明

如有附件，在正文下空一行左空二字编排“附件”二字，后标全角冒号和附件名称。如有多个附件，使用阿拉伯数字标注附件顺序号（如“附件：1. XXXXX”）；附件名称后不加标点符号。附件名称较长需回行时，应当与上一行附件名称的首字对齐。

7.3.5　发文机关署名、成文日期和印章

7.3.5.1　加盖印章的公文

成文日期一般右空四字编排，印章用红色，不得出现空白印章。

单一机关行文时，一般在成文日期之上、以成文日期为准居中编排发文机关署名，印章端正、居中下压发文机关署名和成文日期，使发文机关署名和成文日期居印章中心偏下位置，印章顶端应当上距正文（或附件说明）一行之内。

联合行文时，一般将各发文机关署名按照发文机关顺序整齐排列在相应位置，并将印章一一对应、端正、居中下压发文机关署名，最后一个印章端正、居中下压发文机关署名和成文日期，印章之间排列整齐、互不相交或相切，每排印章两端不得超出版心，首排印章顶端应当上距正文（或附件说明）一行之内。

7.3.5.2　不加盖印章的公文

单一机关行文时，在正文（或附件说明）下空一行右空二字编排发文机关署名，在发文机关署名下一行编排成文日期，首字比发文机关署名首字右移二字，如成文日期长于发文机关署名，应当使成文日期右空二字编排，并相应增加发文机关署名右空字数。

联合行文时，应当先编排主办机关署名，其余发文机关署名依次向下编排。

7.3.5.3　加盖签发人签名章的公文

单一机关制发的公文加盖签发人签名章时，在正文（或附件说明）下空二行右空四字加盖签发人签名章，签名章左空二字标注签发人职务，以签名章为准上下居中排布。在签发人签名章下空一行右空四字编排成文日期。

联合行文时，应当先编排主办机关签发人职务、签名章，其余机关签发人职务、签名章依次向下编排，与主办机关签发人职务、签名章上下对齐；每行只编排一个机关的签发人职务、签名章；签发人职务应当标注全

称。签名章一般用红色。

7.3.5.4　成文日期中的数字

用阿拉伯数字将年、月、日标全，年份应标全称，月、日不编虚位（即1不编为01）。

7.3.5.5　特殊情况说明

当公文排版后所剩空白处不能容下印章或签发人签名章、成文日期时，可以采取调整行距、字距的措施解决。

7.3.6　附注

如有附注，居左空二字加圆括号编排在成文日期下一行。

7.3.7　附件

附件应当另面编排，并在版记之前，与公文正文一起装订。“附件”二字及附件顺序号用3号黑体字顶格编排在版心左上角第一行。附件标题居中编排在版心第三行。附件顺序号和附件标题应当与附件说明的表述一致。附件格式要求同正文。

如附件与正文不能一起装订，应当在附件左上角第一行顶格编排公文的发文字号并在其后标注“附件”二字及附件顺序号。

7.4　版记

7.4.1　版记中的分隔线

版记中的分隔线与版心等宽，首条分隔线和末条分隔线用粗线（推荐高度为0.35 mm），中间的分隔线用细线（推荐高度为0.25 mm）。首条分隔线位于版记中第一个要素之上，末条分隔线与公文最后一面的版心下边缘重合。

7.4.2　抄送机关

如有抄送机关，一般用4号仿宋体字，在印发机关和印发日期之上一行、左右各空一字编排。“抄送”二字后加全角冒号和抄送机关名称，回行时与冒号后的首字对齐，最后一个抄送机关名称后标句号。

如需把主送机关移至版记，除将“抄送”二字改为“主送”外，编排方法同抄送机关。既有主送机关又有抄送机关时，应当将主送机关置于抄送机关之上一行，之间不加分隔线。

7.4.3　印发机关和印发日期

印发机关和印发日期一般用4号仿宋体字，编排在末条分隔线之上，印发机关左空一字，印发日期右空一字，用阿拉伯数字将年、月、日标全，年份应标全称，月、日不编虚位（即 1 不编为 01），后加“印发”二字。

版记中如有其他要素，应当将其与印发机关和印发日期用一条细分隔线隔开。

7.5 页码

一般用 4 号半角宋体阿拉伯数字，编排在公文版心下边缘之下，数字左右各放一条一字线；一字线上距版心下边缘 7 mm。单页码居右空一字，双页码居左空一字。公文的版记页前有空白页的，空白页和版记页均不编排页码。公文的附件与正文一起装订时，页码应当连续编排。

8 公文中的横排表格

A4 纸型的表格横排时，页码位置与公文其他页码保持一致，单页码表头在订口一边，双页码表头在切口一边。

9 公文中计量单位、标点符号和数字的用法

公文中计量单位的用法应当符合 GB 3100、GB 3101 和 GB 3102（所有部分），标点符号的用法应当符合 GB/T 15834，数字用法应当符合 GB/T 15835。

10 公文的特定格式

10.1 信函格式

发文机关标志使用发文机关全称或者规范化简称，居中排布，上边缘至上页边为 30 mm，推荐使用红色小标宋体字。联合行文时，使用主办机关标志。

发文机关标志下 4 mm 处印一条红色双线（上粗下细），距下页边 20 mm处印一条红色双线（上细下粗），线长均为 170 mm，居中排布。

如需标注份号、密级和保密期限、紧急程度，应当顶格居版心左边缘编排在第一条红色双线下，按照份号、密级和保密期限、紧急程度的顺序自上而下分行排列，第一个要素与该线的距离为 3 号汉字高度的 7/8。

发文字号顶格居版心右边缘编排在第一条红色双线下，与该线的距离为 3 号汉字高度的 7/8。

标题居中编排，与其上最后一个要素相距二行。

第二条红色双线上一行如有文字，与该线的距离为 3 号汉字高度的 7/8。

首页不显示页码。

版记不加印发机关和印发日期、分隔线，位于公文最后一面版心内最下方。

10.2 命令（令）格式

发文机关标志由发文机关全称加“命令”或“令”字组成，居中排布，上边缘至版心上边缘为 20 mm，推荐使用红色小标宋体字。

发文机关标志下空二行居中编排令号，令号下空二行编排正文。

签发人职务、签名章和成文日期的编排见 7.3.5.3。

10.3 纪要格式

纪要标志由“×××××纪要”组成，居中排布，上边缘至版心上边缘为 35 mm，推荐使用红色小标宋体字。

标注出席人员名单，一般用 3 号黑体字，在正文或附件说明下空一行左空二字编排“出席”二字，后标全角冒号，冒号后用 3 号仿宋体字标注出席人单位、姓名，回行时与冒号后的首字对齐。

标注请假和列席人员名单，除依次另起一行并将“出席”二字改为“请假”或“列席”外，编排方法同出席人员名单。

纪要格式可以根据实际制定。

11 式样

A4 型公文用纸页边及版心尺寸见图 1；公文首页版式见图 2；联合行文公文首页版式 1 见图 3；联合行文公文首页版式 2 见图 4；公文末页版式 1 见图 5；公文末页版式 2 见图 6；联合行文公文末页版式 1 见图 7；联合行文公文末页版式 2 见图 8；附件说明页版式见图 9；带附件公文末页版式见图 10；信函格式首页版式见图 11；命令（令）格式首页版式见图 12。

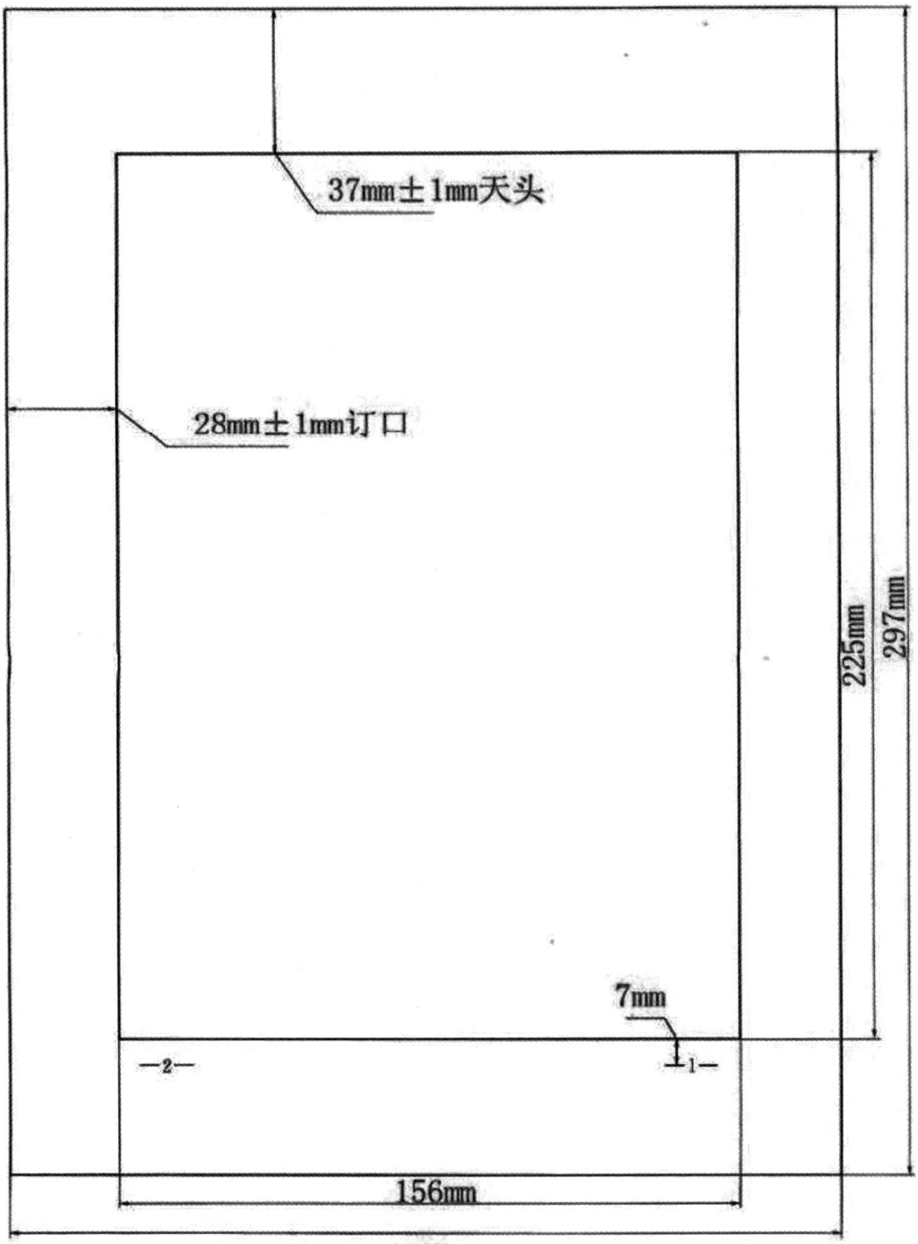

图 1　A4 型公文用纸页边及版心尺寸

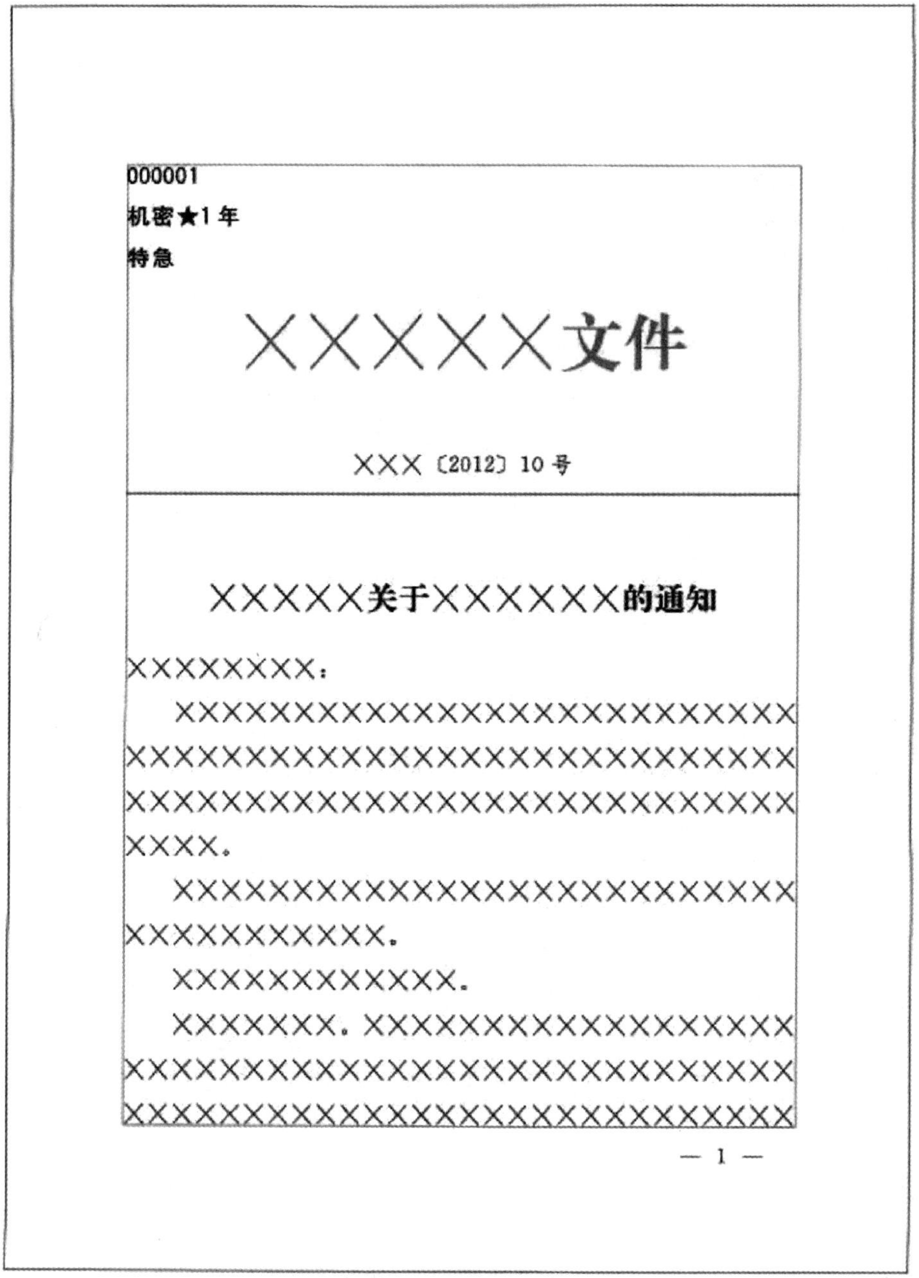

000001

机密★1年

特急

××××××文件

×××〔2012〕10号

×××××关于××××××的通知

××××××××：

　　×××××××××××××××××××××××××××
×××××××××××××××××××××××××××××
×××××××××××××××××××××××××××××
××××。

　　×××××××××××××××××××××××××××
×××××××××××。

　　×××××××××××××。

　　×××××××。×××××××××××××××××××
×××××××××××××××××××××××××××××
×××××××××××××××××××××××××××××

— 1 —

图2　公文首页版式

注：版心实线框仅为示意，在印制公文时并不印出。

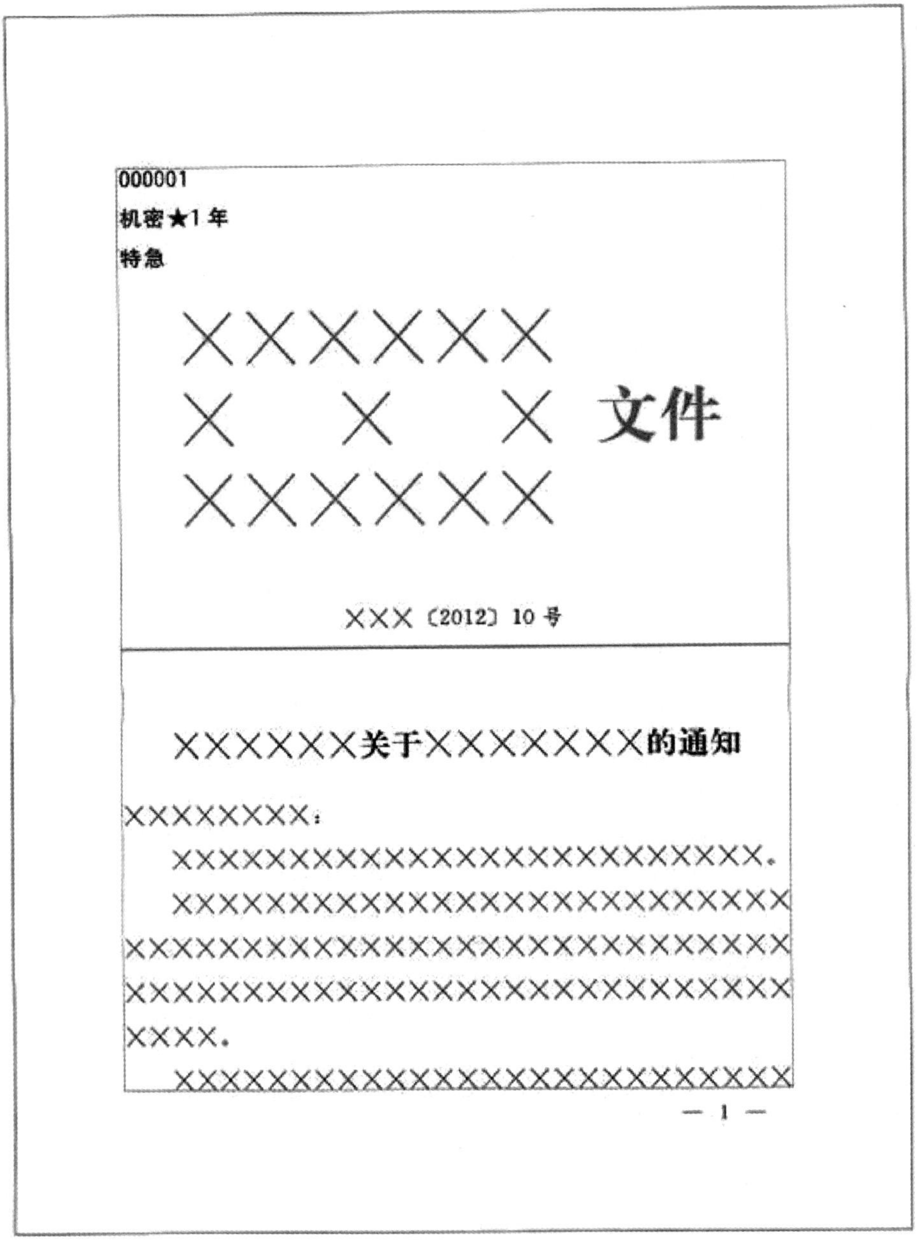

000001

机密★1年

特急

××××××
×　×　× 文件
××××××

×××〔2012〕10号

××××××关于×××××××的通知

××××××××：

　　××××××××××××××××××××××××××。

　　××。

　　××××××××××××××××××××××××××

— 1 —

图 3　联合行文公文首页版式 1

注：版心实线框仅为示意，在印制公文时并不印出。

000001

机 密

特 急

XXXXXX

X X X

XXXXXX

签发人：XXX XXX

XXX〔2012〕10 号 XXX

XXXXXX关于XXXXXXX的请示

XXXXXXXX：

XXXXXXXXXXXXXXXXXXXXXXXXXXXXXXXXXXXXXXXXXXXXXXXXXXXXXXXXXXXXXXXXXXXXXXXXXXXXXXXXXXXXXX。

XXXXXXXXXXXXXXXXXXXXXXXXXXX

— 1 —

图 4 联合行文公文首页版式 2

注：版心实线框仅为示意，在印制公文时并不印出。

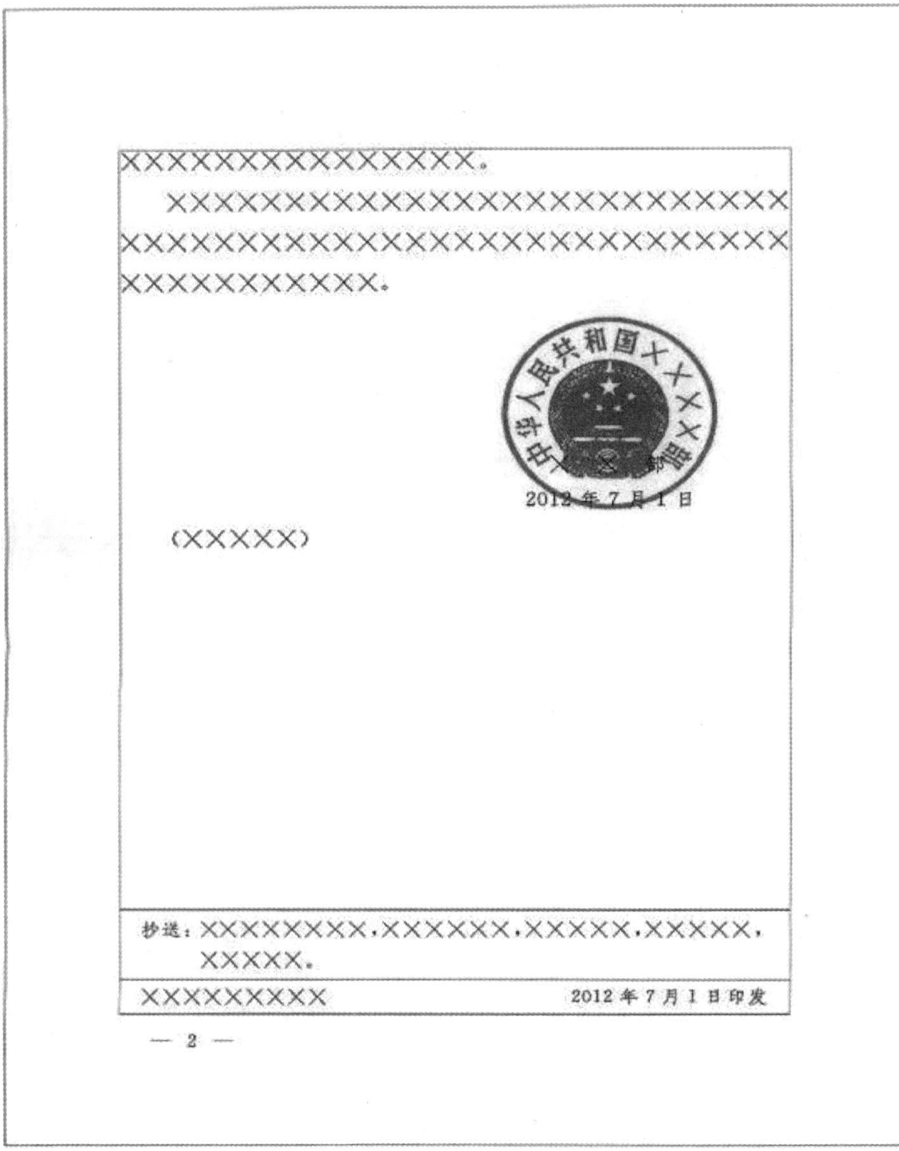

XXXXXXXXXXXXXXX。

XXXXXXXXXXXXXXXXXXXXXXXXXXXXXXXXXXXXXXXXXXXXXXXXXXXXXXXXXXXXXXXXXXXXXXXXXX。

中华人民共和国XXXX部

2012年7月1日

（XXXXX）

抄送：XXXXXXXX，XXXXXX，XXXXX，XXXXX，XXXXX。

XXXXXXXXX　　2012年7月1日印发

— 2 —

图5　公文末页版式1

注：版心实线框仅为示意，在印制公文时并不印出。

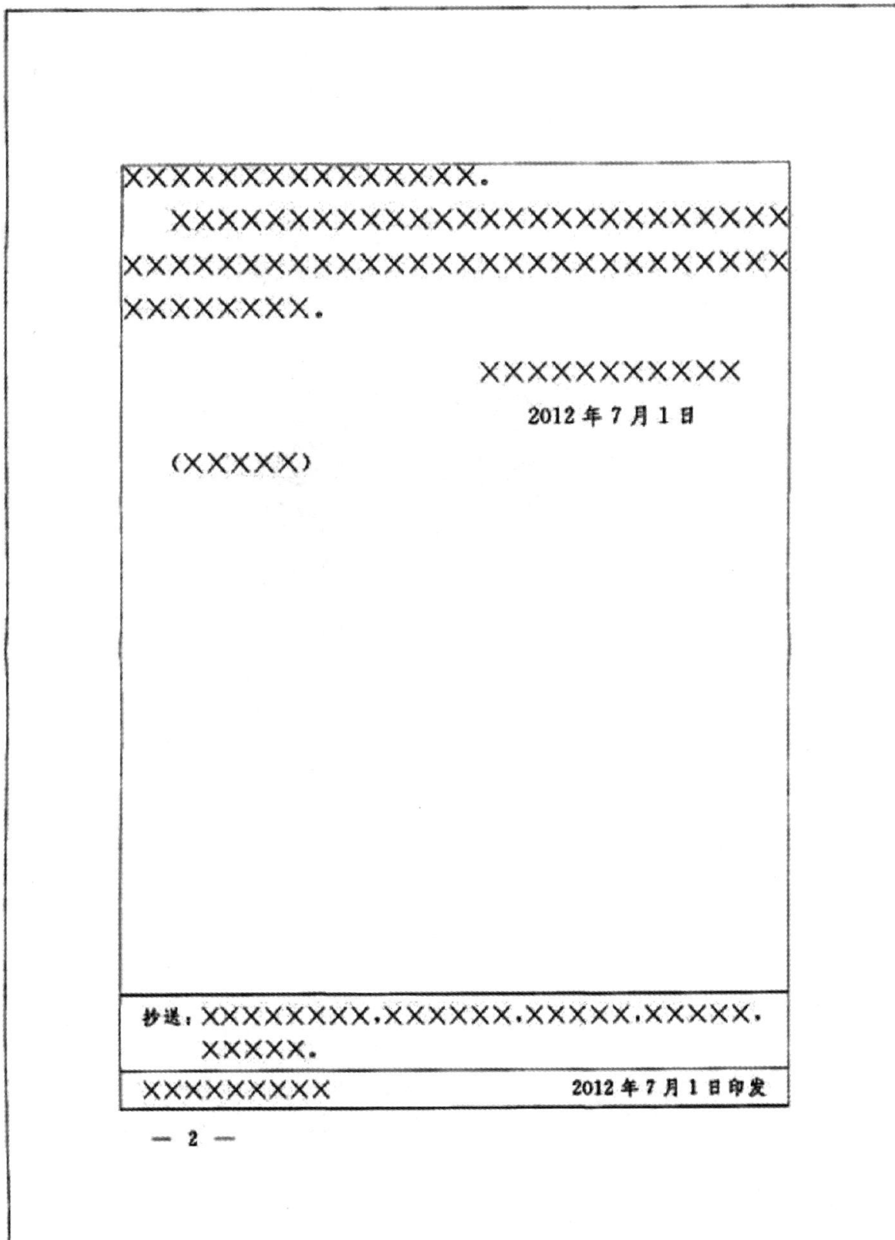
XXXXXXXXXXXXXXX。

XXXXXXXXXXXXXXXXXXXXXXXXXXXXXXXXXXXXXXXXXXXXXXXXXXXXXXXXXXXXXXXXXXXXXXX。

XXXXXXXXXXXX

2012年7月1日

（XXXXX）

抄送：XXXXXXXX，XXXXXXX，XXXXXX，XXXXXX，XXXXX。

XXXXXXXXX　2012年7月1日印发

— 2 —

图6　公文末页版式2

注：版心实线框仅为示意，在印制公文时并不印出。

XXXXXXXXXXXXXXX。

XXXXXXXXXXXXXXXXXXXXXXXXXXXXXXXXXXXXXXXXXXXXXXXXXXXXXXXXXXXXXXXXXXXXXXXX。

中共中央XXXX部　　中华人民共和国XXXX部

2012年7月1日

（XXXXX）

抄送：XXXXXXXX，XXXXXX，XXXXX，XXXXX，XXXXX。

XXXXXXXXX　　2012年7月1日印发

— 2 —

图7　联合行文公文末页版式1

注：版心实线框仅为示意，在印制公文时并不印出。

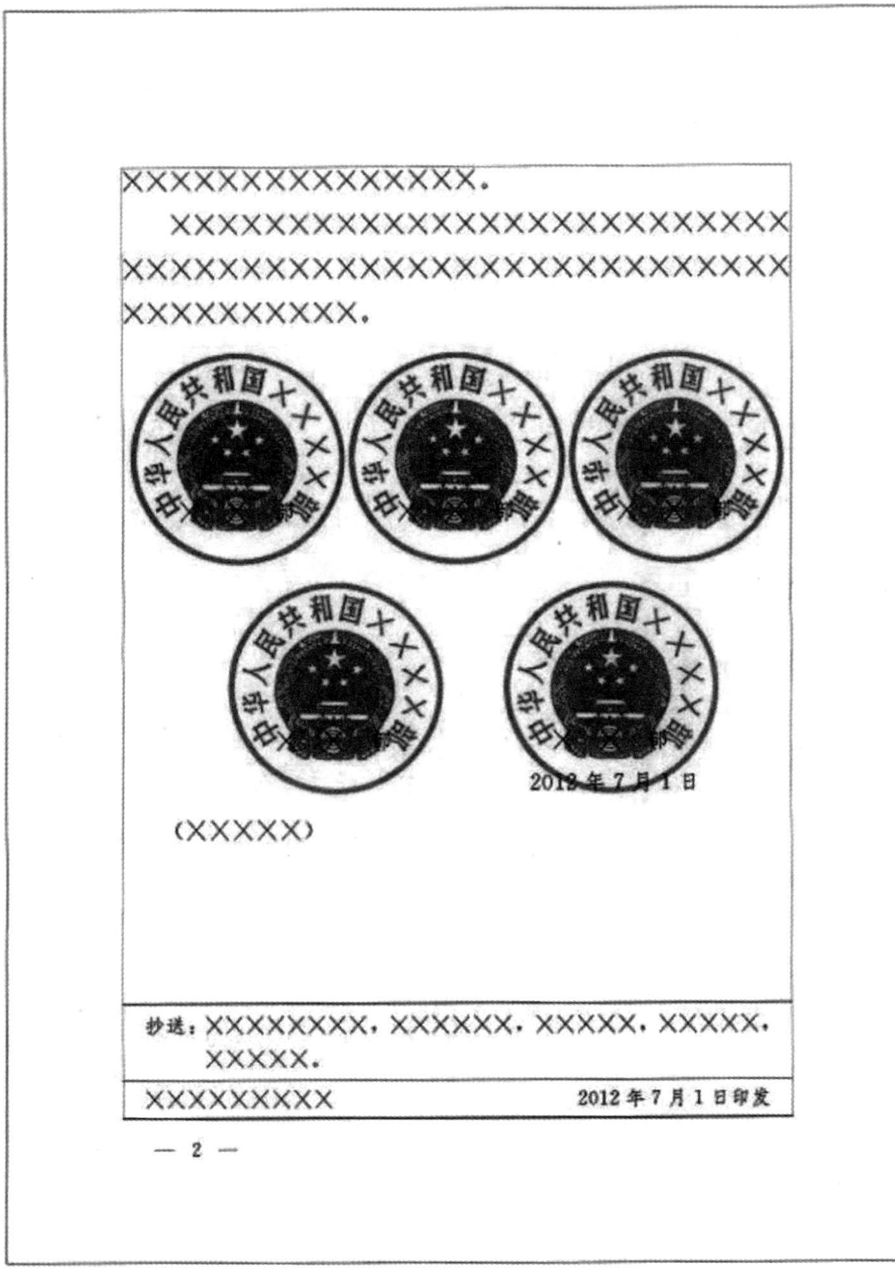

XXXXXXXXXXXXXXX。

XXXXXXXXXXXXXXXXXXXXXXXXXXXXXXXXXXXXXXXXXXXXXXXXXXXXXXXXXXXXXXXXX。

2012年7月1日

（XXXXX）

抄送：XXXXXXXX，XXXXXX，XXXXX，XXXXX，XXXXX。

XXXXXXXXX　　2012年7月1日印发

— 2 —

图8　联合行文公文末页版式2

注：版心实线框仅为示意，在印制公文时并不印出。

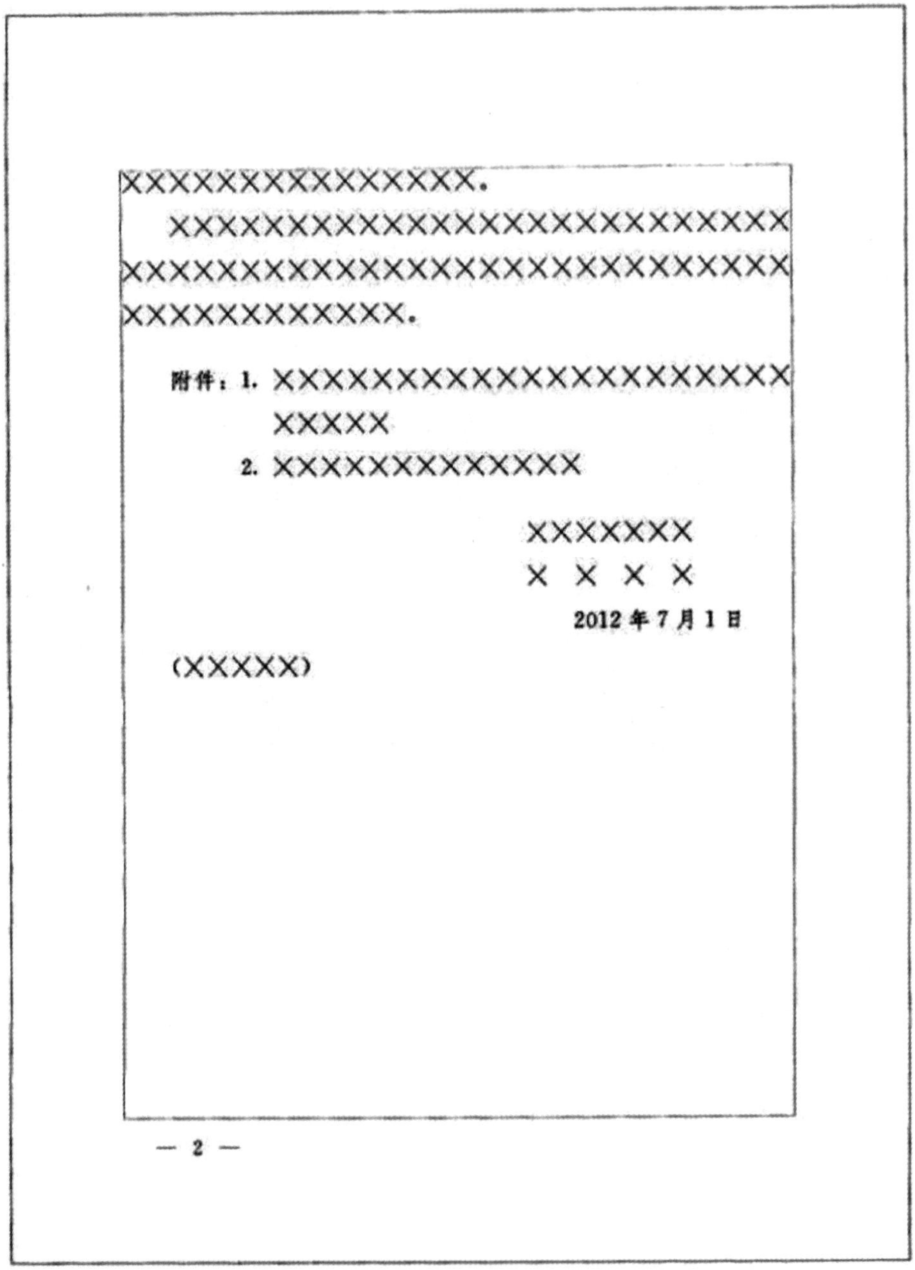

XXXXXXXXXXXXXXX。

XXXXXXXXXXXXXXXXXXXXXXXXXXXXXXXXXXXXXXXXXXXXXXXXXXXXXXXXXXXXXXXXX。

附件：1. XXXXXXXXXXXXXXXXXXXXXXXXX
XXXXX

2. XXXXXXXXXXXXX

XXXXXXX
X X X X
2012年7月1日

（XXXXX）

— 2 —

图9　附件说明页版式

注：版心实线框仅为示意，在印制公文时并不印出。

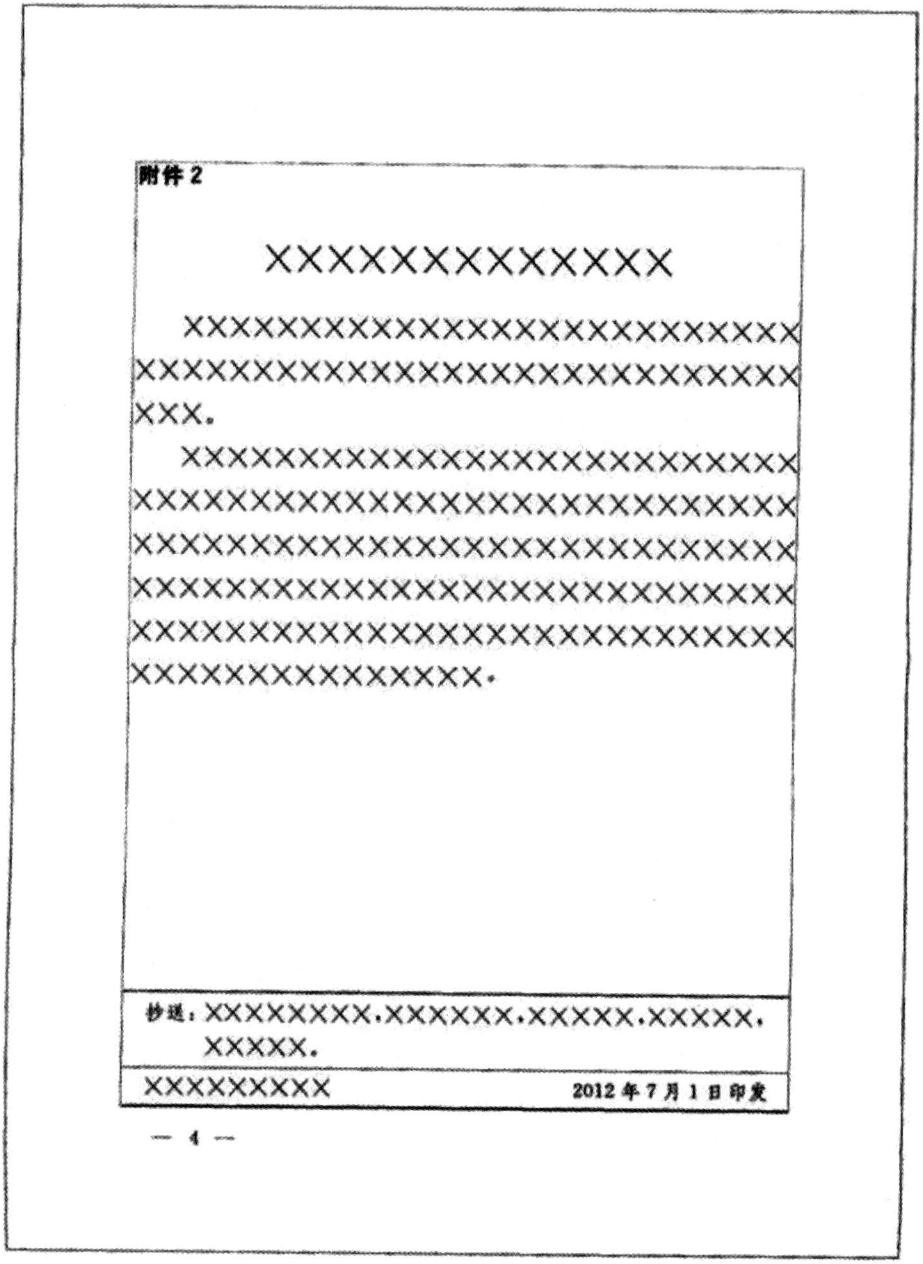
附件 2

XXXXXXXXXXXXXX

XXXXXXXXXXXXXXXXXXXXXXXXXXXXXXXXXXXXXXXXXXXXXXXXXXXXXXXXXXX。

XXXXXXXXXXXXXXXXXXXXXXXXXXXXXXXXXXXXXXXXXXXXXXXXXXXXXXXXXXXXXXXXXXXXXXXXXXXXXXXXXXXXXXXXXXXXXXXXXXXXXXXXXXXXXXXXXXXXXXXXXXXXXXXXXXXXXXXXXXXXXXXXXXXXXXXXXXXXXXXXX。

抄送：XXXXXXXX，XXXXXX，XXXXX，XXXXX，XXXXX。

XXXXXXXXX　　2012年7月1日印发

— 4 —

图 10　带附件公文末页版式

注：版心实线框仅为示意，在印制公文时并不印出。

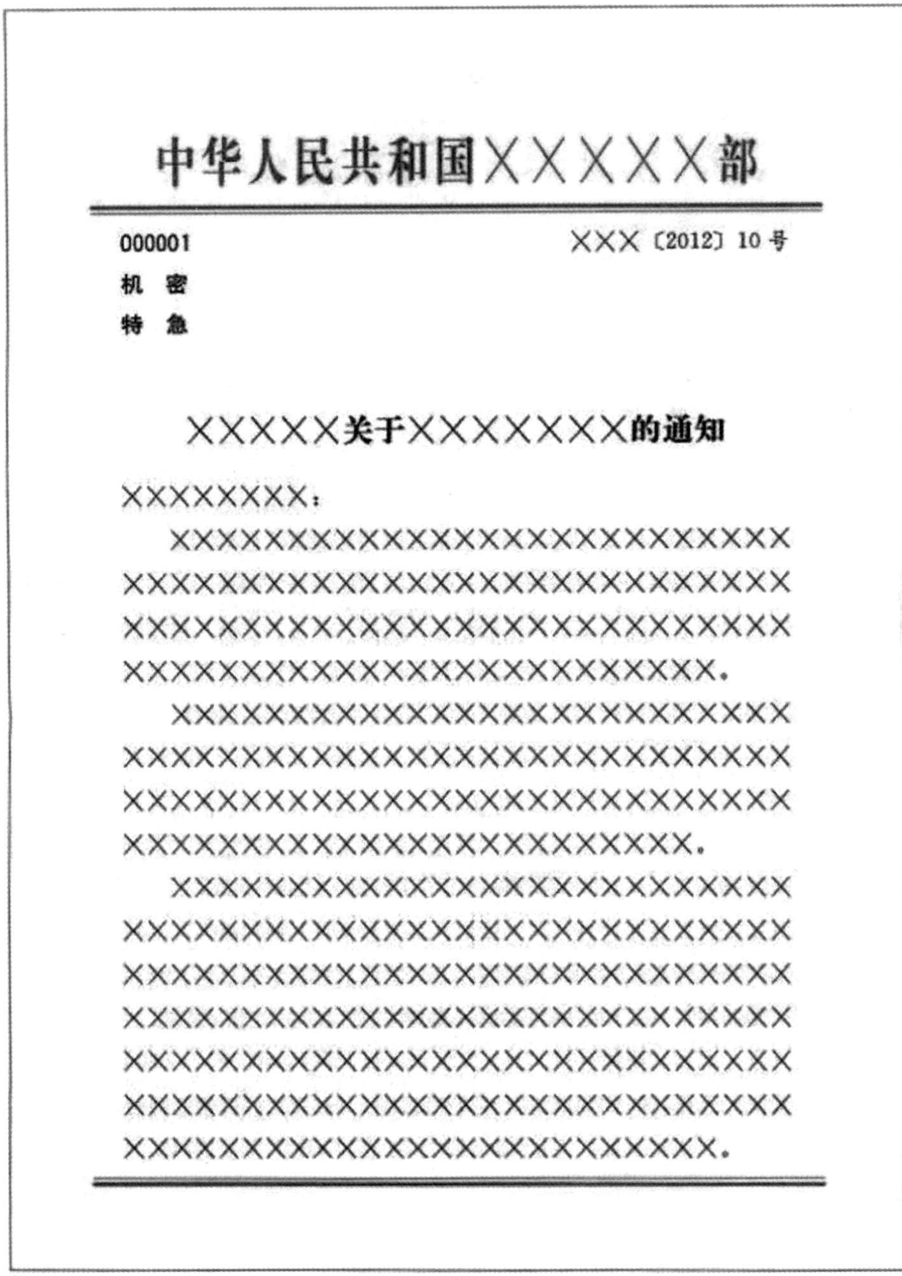

中华人民共和国×××××部

000001　　　　　　　　　　×××〔2012〕10号

机　密

特　急

×××××关于×××××××的通知

××××××××：

××。

××。

××。

图 11　信函格式首页版式

注：版心实线框仅为示意，在印制公文时并不印出。

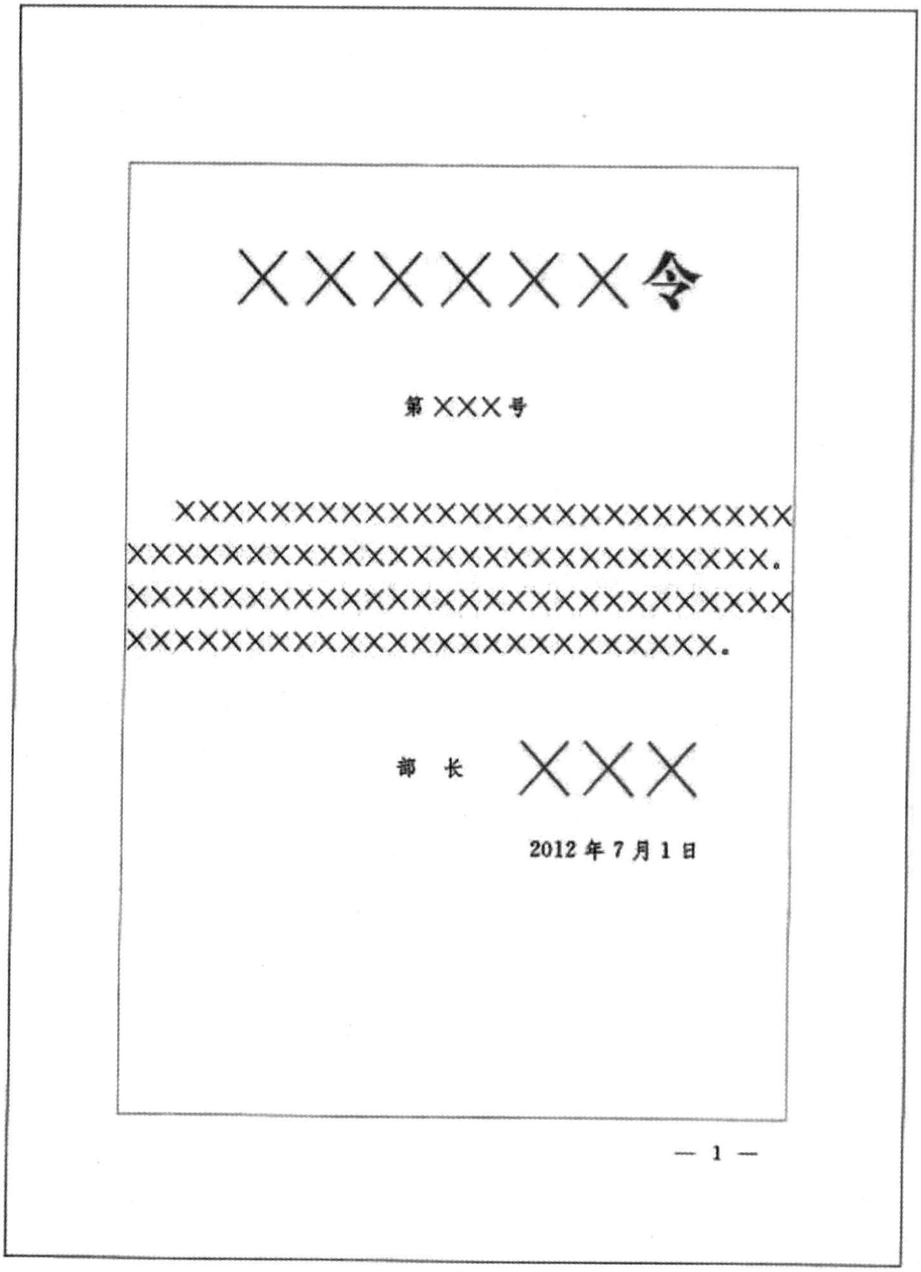

图12　命令（令）格式首页版式

注：版心实线框仅为示意，在印制公文时并不印出。